Dana Horáková

Starke Frauen
verehrt, geliebt, verteufelt

QUADRIGA

Eine Urfassung der in diesem Buch
versammelten Porträts erschien in wöchentlicher
Folge in der *Bild am Sonntag.*

Dieser Titel ist auch als E-Book erschienen

Quadriga Verlag, Berlin, in der Bastei Lübbe GmbH & Co. KG

Originalausgabe

Die Veröffentlichung dieses Werkes erfolgt auf Vermittlung der
Autoren- und Verlagsagentur Peter Molden, Köln

Umschlaggestaltung: Kristina Kienast, Berlin
Gesamtgestaltung und Satz: Christina Krutz Design, Riedstadt
Gesetzt aus der Adobe Caslon Pro und Impact
Druck und Einband: CPI-Books Ebner & Spiegel, Ulm

Printed in Germany
ISBN 978-3-86995-016-7

1   3   5   4   2

Sie finden uns im Internet unter: www.quadrigaverlag.de

INHALT

Anna Amalia

GOETHES GÖNNERIN,
HERZOGIN VON
SACHSEN-WEIMAR-EISENACH
(1739–1807)

*»So bitte ich Sie, mein sehr
lieber Papa, nur um ein wenig
Geduld und Sie werden sehen,
dass ich nur zurückblieb, um
desto besser zu springen …
wenn ich ein bisschen größer bin«,
schrieb die sechsjährige Prinzessin
ihrem Vater, dem Herzog von
Braunschweig-Wolfenbüttel.*

Und wie sie »sprang«! Sie verwandelte das Provinznest Weimar in ein geistiges Zentrum, auf das sich die Deutschen immer wieder besinnen, wenn es der nationalen Identität an den Kragen geht.

Als die 16-jährige frisch vermählte Anna Amalia am 16. März 1756 zum ersten Mal ihre künftige Residenzstadt sieht, ist sie schockiert. Verglichen mit ihrer Heimatstadt Braunschweig (22 500 Einwohner) ist Weimar kaum mehr als ein Dorf: 6000 Einwohner, Schäfer treiben ihre Herden durch die Straßen, der unbedeckte Abwasserkanal verpestet die Luft.

»Man verheiratet mich so, wie man gewöhnlich Fürstinnen vermählt«, heißt es lakonisch in ihrem Büchlein *Meine Gedanken*.

Ein Jahr später wird Erbprinz Carl August geboren, die dynastische Kontinuität im Herzogtum Sachsen-Weimar-Eisenach ist gesichert. »Könnte ich Ihnen beschreiben das Gefühl, welches ich bekam, als ich Mutter wurde! Es war die erste und reinste Freude, die ich in meinem Leben hatte!« 14 sorgfältig ausgesuchte Paten sollten die Unabhängigkeit des Herzogtums innerhalb von Deutschland sichern – damals ein von Machtgezerre zerrütteter Flickenteppich. Drei Monate nach dem Tod ihres 19-jährigen Gatten kommt der zweite Sohn auf die Welt: »Die schnellen Veränderungen, welche Schlag auf Schlag kamen, machten einen solchen Tumult in meiner Seele, dass ich nicht zu mir selber kommen konnte.«

Was folgt, verblüfft ganz Europa. Die 18-Jährige schafft es, gegen alle Widerstände vom Kaiser zum alleinigen Vormund ihrer Söhne und zur Regentin ernannt zu werden. Das Wort der Rokoko-Fürstin wird Gesetz. Ab sofort unterschreibt sie ihre Erlasse: »Wir, Anna Amalia, von Gottes Gnaden Herzogin zu Sachsen ...« 16 Jahre wird sie ihren landschaftlich schönen, wirtschaftlich schwachen, politisch unbedeutenden und nach dem Siebenjährigen Krieg hoch verschuldeten Zwergstaat (100 000 Einwohner) regieren. Und zwar mit einer Energie und Entschlusskraft, die sogar ihren Onkel, Friedrich den Großen, verblüffen: »Ich fühlte meine Untüchtigkeit, und dennoch musste ich alles in mir selber finden ... Da stand ich nun ganz nackend.«

»Ich sollte ganz durch eigene Erfahrung gebildet werden«

Das Hauptproblem lautet: Die Finanzen sind zu konsolidieren. Sie kürzt Beamtengehälter, verkleinert die Armee, kümmert sich um den Verkauf von Getreide und Holz aus ihren Wäldern. Auch die Sitten ihrer Untertanen sind verbesserungswürdig: Anna Amalia verbietet Karten- und Würfelspiel an Sonn- und Feiertagen, Männer unter 24 dürfen nicht heiraten, Huren werden des Landes verwiesen. In den Wirtshäusern wird Meldepflicht eingeführt, die Abwasserkanäle werden überwölbt, Hauptstraßen mit Laternen beleuchtet, für alle Neubauten Ziegeldächer vorgeschrieben, aber auch ein Stipendienfonds für das Gymnasium wird eingerichtet, da die Alleinherrin großen Wert auf Bildung, Kultur und Wissenschaft legt – wie ihr Vater, der den Dichter Lessing als Bibliothekar nach Wolfenbüttel berief.

Um die Steuerzahler zu entlasten, bezahlt sie höfische Bälle aus ihrem Privatvermögen, ebenso ihre Garderobe, Juwelen, Präsente, Almosen, Reisen, Verluste beim Kartenspielen.

Der Alltag. Sie schläft auf einem Strohsack, die Wände ihres Schlafzimmers sind mit grüner Seide bespannt, und sie besitzt knapp 1000 Paar Schuhe aus Stoff, Leinen, Seide, mit Schleifen, Schnallen, Edelsteinen, meist hochhackig. Sie spricht Französisch, Deutsch, Italienisch, Englisch, Griechisch, Latein, vertont Goethes Stück *Erwin und Elmire*. Als Regentin beschäftigt sie an ihrem Hof rund 500 Menschen, eröffnet 1766 ihre Bibliothek im »Grünen Schloss« neu (rund 50 000 der Werke werden 2004 bei einem Brand in der Nacht vom 2. auf den 3. September vernichtet).

Doch für ihre wichtigste Aufgabe hält sie die Erziehung ihrer beiden Söhne. Und auch hier wagt die Regentin etwas Neues: Sie beauftragt mit der Anleitung der Prinzen den Bürgerlichen Christoph Martin Wieland. Seine Berufung markiert den Anfang eines Prozesses, der die Standesschranken auflösen wird: Denn die Fürstin holt noch mehr Dichter und Denker, die Habenichtse waren, und stellt sie in Lohn und Brot. In ihrem »Musenhof« haben die Stimmen von Geistesschaffenden, egal ob als Prinzen-Erzieher, Pfarrer, Uni-Professoren oder Beamte, zum ersten Mal in Deutschland gesellschaftliches Gewicht bekommen.

Wie sie selbst so glaubt auch der Erbprinz, dass da, wo kein Geld vorhanden ist, Genies das Entscheidende leisten und mit der Kraft ihres

Geistes ein verschuldetes Land aus der Rückständigkeit befreien können. Am 3. September 1775 wird Carl August zum Herzog proklamiert – und Anna Amalia mit 35 Jahren in den Ruhestand geschickt. Sie zieht in das Wittumspalais an der Esplanade um. Die »Herzogin Mutter« versucht, sich mit einer »Tafelrunde« aus Freunden, in der die Gäste nach ihren Eigenschaften und nicht nach der Geburt beurteilt werden, zu beschäftigen. Hier entsteht ihr »Musenhof«. Sie lernt loszulassen, beginnt sich zu langweilen.

Und dann kommt Goethe.

Der 26-jährige Jurist ist seit dem Erfolg seines Romans *Die Leiden des jungen Werthers* (präsentiert 1774 auf der Leipziger Buchmesse) ein Popstar seiner Generation. Als er am frühen Morgen des 7. November 1775 am Töpfermarkt eintrifft (er kommt auf Einladung des 18-jährigen Carl August, der ihn während seiner Kavalierstour in Frankfurt am Main kennenlernte), hat er vor, höchstens 14 Tage in diesem »Nest« zu bleiben. Er bleibt 57 Jahre, bis zu seinem Tod. Und mit ihm zieht in Weimar »Sturm und Drang« ein. Mit Goethe konnte man sich nicht langweilen.

Er gibt den Hofpoeten, arrangiert Feste, Leseabende und Maskenbälle wie ein geborener Event-Manager. Wieland fällt auf, dass Goethe die Fürstin »respektlos« behandelt, »sich in deren Gegenwart oft auf dem Boden im Zimmer herumwälzt und durch Verdrehung der Hände und Füße ihr Lachen erregt« – sie ihn aber dennoch »äußerst liebenswürdig und witzig« findet.

Und der Shootingstar aus Frankfurt? Goethe verliebt sich. Aber nicht in seine Gebieterin, sondern angeblich in deren Hofdame Charlotte von Stein. Sie ist sieben Jahre älter, verheiratet, nach sieben Entbindungen zur Melancholie neigend, aber intelligent, taktvoll und höchst loyal. Fast 1700 Briefe soll er, dieser gesunde, temperamentvolle Bursche, Reiter, Fechter, Boxer, ihr geschrieben haben. Eine bizarre Vorstellung.

Also muss die Frage erlaubt sein: War Charlotte nur vorgeschoben wegen der notwendigen strengsten Geheimhaltung seiner wahren Geliebten? War es nicht doch die lebensfrohe Herzogin, die der junge Poet begehrte?

Noch am 29. Januar 1776 schreibt Goethe: »Es geht mir verflucht durch Kopf und Herz, ob ich bleibe oder gehe.« Am 14. Februar 1776 heißt es schon: »Mit der Herzogin Mutter habe ich sehr gute Zeiten, wir treiben auch wohl allerlei Schwänck und Schabernack.«

Anna Amalia, nicht Charlotte, sorgt dafür, dass ihr Sohn den Quereinsteiger zum Geheimen Legationsrat beruft, sie bewegt den Kaiser, ihn zu adeln. Sie schenkt ihm das repräsentative Haus am Frauenplan, besucht seine verwitwete Mutter in Frankfurt. Welche Frau würde all das für den Freund ihres Sohnes tun, geschweige denn für den Geliebten einer ihrer Angestellten? Weitere Indizien: Goethe diskutiert in seinen Briefen mit der Adressatin über italienische und lateinische Literatur, die er ihr im Original vorlesen möchte. Charlotte beherrscht keine Fremdsprache, Anna Amalia schon. Auf einem von Goethes Zetteln steht: »Der verfluchte Name Charlotte verfolgt mich überall.« Muss man das erklären?

Andererseits: Weimar war ein Nest. Unvorstellbar, dass im Laufe der Jahre kein Getuschel über ein so inniges Verhältnis an die Öffentlichkeit gedrungen wäre.

In seinem autobiografischen Buch *Dichtung und Wahrheit* schreibt Goethe, diese stürmische Zeit ließe sich allein »im Gewand der Fabel oder eines Märchens darstellen; als wirkliche Tatsache würde die Welt es nimmermehr glauben«.

Am 3. September 1786 flieht Goethe nach Italien, heimlich und ohne sich zu verabschieden. Könnte es sein, dass die »Affäre« zwischen ihm und Anna Amalia zu platzen drohte?

Der Weimarer Geheimrat bleibt 563 Tage weg. Nach der Heimkehr behandelt ihn die Dame seines Herzens betont reserviert. Er beschließt, sich in sein Häuschen im grünen Park an der Ilm zurückzuziehen und sich »elend« zu fühlen. Knapp einen Monat später trifft er die 23-jährige Kunstblumenbinderin Christiane Vulpius. Sie wird seine Geliebte, zieht bei ihm ein, das erste ihrer fünf Kinder kommt »zeitgerecht« auf die Welt.

Goethes Mesalliance schockiert die Stadt – und die Frau, die er bislang liebte. Wie muss sie Christiane beneidet haben! Um den Mann, der endlich die häusliche Behaglichkeit und das erotische Glück (die

Vulpius nennt seinen Penis »Herr Schönfuß« und den Sex »Schlampampen«) fand. Zwei Seelen wohnen, ach, in seiner Brust: Hier die spröde Göttin seines Geistes, dort ein geistloses Pummelchen, göttlich im Bett.

Anna Amalia reist nach Italien. Ohne Goethe, aber auf seinen Spuren. Er stürzt sich in seine Pflichten als Staatsminister und heiratet nach 18 Jahren wilder Ehe 1806 doch noch seinen »Bettschatz«. Aber ein Jahr später, nach Anna Amalias Tod, bezeichnet er sich als »Witwer«.

Als die Herzogin stirbt, ist »ihre« Welt bereits untergegangen. Preußen bangt um seine Existenz, nachdem Napoleon seine Armeen vernichtet hat. Das nationale Selbstverständnis ist erschüttert. Erst vor diesem Hintergrund wird deutlich, was Anna Amalia, die Protagonistin einer liberalen Erneuerung, geleistet hat. Materiell kann ihr Herzogtum weder mit Preußen noch mit Bayern mithalten. Aber in »ihrem« Weimar entfaltet sich jene Kultur, Kunst und Sprache, der wir bis heute anhängen.

> Goethe über
> Anna Amalia:
> »*Vollkommene Fürstin mit vollkommen menschlichem Sinne*«

Gedankt hat ihr keiner. Und wir tun ihr immer noch unrecht, wenn man sie lediglich als Goethes Anhängsel sieht. Kein Kultur-Deutschland ohne Goethe? Möglich. Aber: Kein Goethe ohne Anna Amalia. Und er hat sie enttäuscht – als Mann und als Mensch. Den *Faust*-Dichter erlebte sie nicht mehr.

Auf ihren Sohn hingegen kann sie stolz sein. Carl August verzichtet auf eine militärische Karriere, um das Werk seiner Mutter fortzuführen. 1816 schafft Sachsen-Weimar-Eisenach als erstes deutsches Land die Pressezensur ab und gewährt seinen Untertanen das Recht auf freie Meinungsäußerung.

Lou
Andreas-Salomé

DIE TREULOSE MUSE
DER DICHTER UND DENKER

(1861–1937)

*»Ich bin Erinnerungen
treu für immer, Menschen
werde ich es niemals sein« –
ihre Aphorismen schockierten
ebenso wie ihr Lebensstil,
denn Lou Andreas-Salomé
war eine Femme fatale
wider Willen.*

Im feudalen Russland der Zarenzeit, in St. Petersburg geboren, wird sie von ihrer deutschstämmigen Mutter erzogen, die sittsam, prinzipienhörig und unauffällig ist, also genau das, was die Tochter nicht sein will: »Es ist unbeschreiblich schwer, still zu sein, sich zu beugen, wenn die ganze Seele glüht, zu streben, zu ringen, zu handeln.«

Als die Mama einmal in einem Fluss zu ertrinken scheint, ruft »Ljolja« (so ihr Kosename) vom Ufer: »Nitschewo!« (»Macht nichts.«) »Meine früheste Kindheitserinnerung ist mein Umgang mit Gott«, schreibt die knapp 70-jährige Lou in ihrem *Lebensrückblick*, und zwar »mit meinem ganz alleinigen Spezialgott«. Diesem Gott erzählt sie jeden Abend, was sie erlebt hat, ihm stellt sie Fragen, die sich nicht »ziemen«.

Zärtlichen Rückhalt findet Louise bei ihrem Vater, dem Zaren-General Gustav von Salomé. Er ist 57, als seine Frau nach fünf Söhnen eine Tochter gebiert – Louises Geburtstag fällt fast auf den Tag genau mit der Aufhebung der Leibeigenschaft zusammen.

Der entzückte Vater fördert den Eigensinn seines »kleinen Weibs«: »Schulzwang braucht die nicht«, entscheidet er, als sie ihm beichtet, dass sie Schule langweilig findet. Eines Tages hört Louise einen Diener von einem Ehepaar erzählen, das sich über Nacht in nichts auflöste (dass es Schneemänner waren, sagt er nicht). Vorm Einschlafen fragt sie den Allwissenden, wieso er dies geschehen ließ. Er schweigt, Louise ist verwirrt: Sollte Gott nicht antworten, weil er nicht existiert?

Im Konfirmationsunterricht hört sie, es gebe keinen Ort, an dem Gott nicht gegenwärtig sei. »Doch«, wirft sie ein, »die Hölle.« Die Hölle ist für sie »ein Ort der Vereinsamung, wo wir selbst uns entwendet werden. Also nicht einmal mehr allein, sondern in der Gesellschaft des Unheimlichen sind.« Am 23. Februar 1879 stirbt der idealisierte Vater. Jetzt hat Louise beide »Götter« verloren, ist in der »Hölle«. Aber auch in Aufbruchstimmung: Ist Gott tot (wie Nietzsche später behauptet), ist dann nicht alles erlaubt (wie der russische Schriftsteller Dostojewski beteuert)? Ist dann der Mensch nicht frei? Und was braucht man mehr als »Freiheit und immer wieder Freiheit, um die geltenden Verhaltungsmaßregeln zu zerbrechen«. Ab sofort weigert sich Louise, zum Konfirmationsunterricht zu gehen. Und verschafft sich – heimlich – einen Ersatz.

Sie bittet den Pastor Hendrik Gillot, sie in Philosophie zu unterrichten. Auf seinem Schoß sitzend, liest sie Kant, diskutiert über Atheismus und »wilde Ehe«. Gillot, 25 Jahre älter, ist der Erste, der von ihrer Überschwänglichkeit, ihrem Drang, Unkonventionelles zu wagen, ihrem Intellekt fasziniert ist. Er verliebt sich. Als er ihr mitteilt, dass er (endlich!) ihrer Mutter gestand, dass sie sich treffen und dass er sich scheiden lässt, um sie heiraten zu können, fällt Louise in Ohnmacht: »Mit einem Schlag fiel das von mir Angebetete mir aus Herz und Sinne ins Fremde.« Von irdischer Liebe hat sie erst einmal genug. Louise liebt Gillot ebenfalls, aber nicht als Mann, sondern als väterlichen »Gottmenschen« (so nennt sie ihn). Und mit einem Vater schläft man nicht. Louise wird vermutlich niemals mit einem

> *»Was braucht man mehr
> als Freiheit
> und immer wieder
> Freiheit?«*

Mann ins Bett gehen, der älter ist als sie. Was bleibt, ist ein Schlüsselerlebnis: Immer wenn sie glaubt, das Normalste zu tun, wird ihr Benehmen falsch interpretiert, sie richtet Katastrophen an.

Dennoch lässt sie sich von Gillot konfirmieren, der beendet seine Einsegnung mit den Worten: »Fürchte dich nicht, denn ich habe dich erlöst, ich habe dich beim Namen gerufen, du bist mein« (Jesaja 43,1). Er gibt ihr einen neuen Namen, so einzigartig wie sie selbst: Lou. Lou akzeptiert den Auftrag: »Mir mein eigenes Leben nach mir selber bilden, das werde ich ganz gewiss.«

1880 schreibt sich Lou in Zürich für Philosophie und Kunstgeschichte ein, schon ein Jahr später ist sie in Rom – Reisen bleibt Lous große Leidenschaft. In Rom trifft sie den Philosophen Paul Rée, sie diskutieren tagelang. Er behauptet, es gebe kein angeborenes Moralgefühl und Gott sei eine Illusion. Lou ist begeistert, Paul unsterblich verliebt. Hat sie ihn ermutigt? Im Gegenteil, sie lässt ihn unmissverständlich wissen, dass in ihrem Leben das Kapitel Liebe abgeschlossen ist.

Sein Freund, der Philosophieprofessor Friedrich Nietzsche, will »Pauls Russin« kennenlernen. Statt einer Begrüßung stottert er: »Von welchen Sternen sind wir hier einander zugefallen?« Paul (12 Jahre älter) und Friedrich (17 Jahre älter) wollen sie heiraten, sie lehnt beide ab: »Lou – Charakter der Katze –, das Raubtier, das sich als Haustier stellt«, notiert Nietzsche.

Es entsteht ein Foto, das ganz Europa entsetzt: Die beiden Philosophen sind wie Maulesel vor einem Karren angeschirrt, und Lou schwingt die Peitsche. Einige Monate später schreibt der Prophet des Nihilismus sein berühmtes Werk *Also sprach Zarathustra* mit dem berühmten Spruch: »Du gehst zu den Frauen? Vergiss die Peitsche nicht!«

Lou geht auf Reisen, lernt Europas geistige Elite kennen, unter anderem den Dramatiker Frank Wedekind (*Frühlings Erwachen*). Nachts auf den Champs-Elysées marschierend, reden sie über Gott und die Welt. Sie geht mit ihm auf sein Zimmer und staunt, als er plötzlich mehr will als plaudern ... Die Titelheldin von Wedekinds bekanntestem Drama, ein verführerisches Kind-Weib, heißt »Lulu«.

Mit 24 veröffentlich Lou ihr erstes Buch *Im Kampf um Gott* und lässt ihren Protagonisten darin fragen: Wo sind die moralischen Leitbilder, an denen man sich ausrichten kann, wenn man seinen Glauben verliert?

Am 20. Juni 1887 wird Lou von Pastor Gillot mit dem Berliner Orientalisten Friedrich Carl Andreas verheiratet. Nur die beiden wissen vermutlich, warum. Ein halbes Jahr zuvor, am 30. November 1886, besuchte der Sohn eines armenischen Fürsten und einer Deutschen Lou, um die mystische Einheit von Mensch und Tier zu erörtern. Plötzlich »hatte er nach dem Messer gegriffen und es sich in die Brust gestoßen«. Der herbeigerufene Arzt hält sie für die Mörderin, bis Andreas »mit ein paar Silben deutlich macht, wer hier das Messer gehandhabt haben mochte«. Tags darauf findet die Verlobung statt, Lou besteht auf einem »Ehevertrag«: Kein Sex, niemals. Andreas stimmt zu, hält er doch die Bedingung für die Marotte einer Jungfrau. Als er also über sie herfällt, erwürgt sie ihn fast und wundert sich, wieso er sich nicht an die Abmachung hält.

Lou trägt den Doppelnamen Andreas-Salomé – die Ehe endet erst nach 43 Jahren. Scheidung lehnte er, 15 Jahre älter, mehrmals ab, nennt seine Frau »Töchting« und sie ihn »Älterchen«. Trost findet er bei der Haushälterin, die Lou ausgesucht hatte und die mit dem Ehepaar nach

Göttingen zieht, wo Andreas eine Professur für Orientalistik erhält. Ihre Tochter Mariechen setzt Lou als ihre Universalerbin ein.

Als Literatin ist die keusche »Frau Professor« mittlerweile berühmt. Ihre Bücher über Ibsen, Nietzsche, Tolstoi, die sie als Vorläufer einer neuen Geistesbewegung erkennt, verschaffen ihr Zugang zu August Strindberg, Gerhart Hauptmann, Hugo von Hofmannsthal.

Und die Liebe? Sie ist, schreibt sie, wie »das gute, gesegnete Brot, womit wir täglich unseren Hunger stillen. Das Wichtigste, Schönste, Selbstverständlichste, dem wir alles verdanken.« Lou Andreas-Salomé muss mindestens 35 Jahre alt gewesen sein, als sie vom »gesegneten Brot« kostete. Und hat nie verraten, wer sie entjungferte. Danach jedenfalls genießt sie Sex, diese »anbetungswürdige Tollheit«. Und ihre Umarmungen sollen so »elementar und archaisch« gewesen sein, dass die meisten ihrer Männer nach der Trennung keine andere Frau mehr begeistern konnte.

Der Dichter Rainer Maria Rilke, der 22-jährig, kaum bekannt, die berühmte Frau 1897 trifft und sie stürmisch umwirbt, ist betört: »Du allein bist wirklich ... Du allein weißt, wer ich bin«, schreibt er. Als sie zu zweit eine Russlandreise unternehmen, merkt Lou, wie stark ihr Begleiter sich von seinen Neurosen treiben lässt: »Ich kann nicht gut lieben, denn ich liebte meine Mutter nicht.« Lou verlässt ihn, Rilke ist fassungslos, wie schon Nietzsche und andere. Lou gibt sich erleichtert: »Erst jetzt darf ich sein, was andere mit 18 Jahren werden: ganz ich selbst!«

1901 wird Lou schwanger. Der Vater, der Wiener Arzt Friedrich Pineles, sieben Jahre jünger, sucht Andreas in Berlin auf, in der Hoffnung, ihn zur Scheidung bewegen zu können. Vergeblich. Lou verliert das Kind, als sie beim Apfelpflücken von der Leiter stürzt. Bereut hat sie das nie. Der nächste Geliebte, der schwedische Nervenarzt Poul Bjerre, 15 Jahre jünger, nimmt sie 1911 mit zum Kongress der Internationalen Psychoanalytischen Vereinigung nach Weimar. Hier trifft Lou mit Sigmund Freud zusammen. Lou ist der Psychoanalyse in ihren Romanen ohnehin auf der

> *»Das natürliche Liebesleben ist aufgebaut auf dem Prinzip der Untreue«*

Spur. Nun hofft sie, in der Lehre des Wiener Professors den Schlüssel zur Lösung ihres Gottesrätsels zu finden.

Freud, da älter, ist für sie als Mann tabu – und er selbst jenseits aller Triebe. Er lädt sie nach Wien ein, sie lässt sich von ihm sechs Monate lang ausbilden. Freud ist erquickt von ihrem Drang, alles auf der Stelle begreifen zu wollen, Lou findet einige seiner Jünger attraktiv und gönnt sich, mit Freuds Segen, einige Affären. Die gegenseitige Hochachtung wird tiefer, ihre Freundschaft herzlicher.

Lou, die als 54-Jährige in Göttingen noch eine psychoanalytische Praxis eröffnet, fühlt sich als »Frau ohne Alter«. Bis sie, nach einer seltsamen Grippe, ihr Haar komplett verliert. Jetzt »sehe ich aus wie ein altes Weiberl mit Häubchen«. Aber sie bewahrt ihren Humor, auch nachdem man Krebs diagnostiziert hat (die amputierte Brust ersetzt sie durch ein Polster unter ihrem Kleid). Erst als ihr alter Hund stirbt, verliert Lou die Fassung: »Eins kommt zum andern, bis man sich fragt, aus welcher Freude man noch leben kann.« Jetzt quält sie die Frage: »Warum haben meine spontanen Handlungen so viel Unglück verursacht?« Als sie mal wieder ins Krankenhaus muss, ist es ausgerechnet ihr Ehemann, der sie täglich besucht. Nach Dekaden gegenseitiger Kränkungen und andauernder Sprachlosigkeit kommen sich die beiden wieder näher. Die Zeit der wirklichen Einsamkeit beginnt also erst mit Andreas' Tod im Oktober 1930.

Ihre Bücher sind heute vergessen. Aber Lou empfand das Schreiben nicht als ihre Lebensaufgabe, ihr Werk war ihr Leben. Und so wird die Solo-Kämpferin zur Galionsfigur für Generationen von Frauen, denn sie wusste genau, was sie wollte. Nach ihrem Credo leben: »Alles dürfen – nichts bedürfen.«

Louise Andreas-Salomé hat weder den Gottmenschen gefunden noch das Gottesrätsel gelöst. Aber »für uns Freidenker, welche nichts Heiliges mehr haben, was sie als religiös oder moralisch groß anbeten könnten, gibt es trotzdem noch Größe, welche uns zu Bewunderung, ja zu Ehrfurcht zwingt ... eine Größe der Kraft«. Die hat sie.

Hannah
Arendt

PARTISANIN DER FREIEN LIEBE
UND DER FREIEN GEDANKEN
(1906–1975)

*»Ich habe immer gewusst –
schon als Gör –, dass ich wirklich nur
existieren kann in der Liebe.«
Aber wirklich geliebt hat Hannah
Arendt wohl nur einen einzigen
Mann – ihren egomanischen
Professor Martin Heidegger.
Umso entschlossener erhebt die
rebellische Philosophin die Liebe
zum Kern ihrer Weltanschauung:
als jene Form der Kommunikation,
die den Menschen zum Menschen
macht – im Alltag wie
in der Politik.*

Falls einer der Lehrer eine antisemitische Bemerkung fallen lässt, muss Hannah, so die Anweisung ihrer Mutter, wortlos die Klasse verlassen und nach Hause kommen. Dann schreibt Martha Arendt, eine jüdische Akademikertochter, eine ihrer vielen Beschwerden an die Schulleitung. Fanatismus vergifte die Seelen, steht darin. Dabei ist sie gar nicht übermäßig religiös. Als Kind im ostpreußischen Königsberg ist Hannah kein einziges Mal in der Synagoge: »Das Wort ›Jude‹ ist bei uns nie gefallen«, erinnert sie sich später. Aber die Mutter »würde mich rechts und links geohrfeigt haben, wäre sie je dahintergekommen, dass ich etwa verleugnet hätte, Jüdin zu sein.«

Als Hannahs Vater Paul Arendt 1913 an Syphilis stirbt, tröstet die Sechsjährige ihre Mutter: »Man muss an traurige Dinge so wenig wie möglich denken.« Das frühreife Einzelkind kommt auf ein Mädchengymnasium, liest – im Schatten von Immanuel Kants Denkmal – die *Kritik der reinen Vernunft* und entwickelt Allüren. Da der Unterricht »zu früh« beginnt, lässt sie sich von den Frühstunden befreien. Den Religionslehrer reizt sie mit dem Bekenntnis, sie würde an keinen Gott glauben. Und die Nachbarn schockiert sie, weil ihre Affäre mit einem Philosophiestudenten alles außer platonisch ist. Mit 15 wird sie der Schule verwiesen, doch die Mama sorgt dafür, dass sie ihr Abitur als Externe ablegen darf. Sie schreibt geradezu prophetische Gedichte: »Was ich geliebt / kann ich nicht fassen / Was mich umgibt / kann ich nicht lassen.« Und sie will Philosophie studieren, »das Studium entschlossener Hungerleider«, vermutlich um den Lover nicht zu verlieren.

Auch als Erstsemesterin in Marburg fällt Hannah auf – nicht nur weil sie in ihrer Dachkammer eine Maus dressiert und sie auf die Besucher loslässt. Ihr Professor Martin Heidegger findet sie entzückend. Von Februar 1925 an sind der Philosoph und die 19-jährige Studentin ein Paar. Da er weder seinen Ruf noch seine Ehe riskieren möchte, erfinden die beiden ein ausgeklügeltes Versteckspiel mit Geheimzeichen. Geöffnetes Fenster: Komm! Angeschaltete Lampe: Morgen bei dir.

Heidegger schreibt bereits an seinem Schlüsselwerk *Sein und Zeit* und betont später, »ohne sie, ihren Geist« hätte er es nicht schreiben können. Und Hannah – sie ist ihm bis zur Hörigkeit ergeben. 1926 versucht sie, sich loszureißen, wechselt nach Heidelberg. Aber Herr Professor ruft, bestellt sie zu einem Rendezvous in die Schweiz – und sie folgt.

Sie promoviert bei Karl Jaspers. Thema: *Der Liebesbegriff bei Augustin*. Dem Kirchenlehrer wird die Aussage zugeschrieben: »Amo. Volo ut sis.« (»Liebe heißt: Ich will, dass du bist.«) Für Hannah ist Liebe die wichtigste aller antidemagogischen Kräfte, weil sie sich jenseits der Gesetze entfaltet und die bestehenden Doktrinen ignoriert.

»Menschen, die nicht denken, sind wie Schlafwandler«

In Heideggers Thesenreich findet Liebe übrigens nicht statt. Mit 22 wird Fräulein Arendt Doktorin der Philosophie und weiß nicht so recht, was nun: »Ich hätte mein Recht zu leben verloren, wenn ich meine Liebe zu dir verlieren würde. Der Weg, den du mir zeigtest, ist länger und schwerer, als ich dachte. Er verlangt ein ganzes langes Leben.« Heidegger macht Schluss mit ihr.

Jetzt gönnt sie sich etliche Affären, heiratet 1929 den jüdischen Sozialphilosophen Günther Stern und zieht mit ihm nach Berlin. Man sieht sie beinahe nie ohne eine Zigarette in der einen, einen Marx-Band in der anderen Hand: Stern hat sie mit seinem Antikapitalismus infiziert. Dennoch weigert sie sich nach Hitlers Machtübernahme, mit ihm ins Exil zu gehen. Aber sie verwandelt ihre Wohnung zu einem Zufluchtsort für Kommunisten und beginnt, Beweismaterial für den programmatischen Antisemitismus der Nazis zu sammeln. Sie wird verhaftet, flieht nach Paris, wo sie Transporte jüdischer Kinder nach Palästina organisiert. Heidegger wird NSDAP-Mitglied und von den Nazis zum Rektor der Freiburger Universität berufen. Seinem Lehrer Edmund Husserl verbietet er das Betreten des Uni-Geländes, weil er ein Jude ist. 1935 besucht sie selbst das Land, das 1948 zum überlebenswichtigen Rückzugsort der Israelis wird. Sie ist beeindruckt, dennoch nüchtern, was den Kibbuz-Mythos betrifft: »Ich wusste schon damals, dass man dort nicht leben konnte.«

1937 lässt sich Hanna Arendt von Stern scheiden. 1940 lernt sie den bettelarmen Kommunisten Heinrich Blücher kennen und heiratet ihn.

Im April 1941 ist das Paar, mit 50 Dollar in der Tasche, an Bord eines Schiffes unterwegs nach New York. Sie bleiben auch nach Kriegsende. Hannah schickt ihrem Mentor Karl Jaspers Care-Pakete und engagiert sich in der Jewish Cultural Reconstruction. Sie beginnt, sich in der Neuen Welt einzuleben, bleibt aber geistig in Europa, fragt sich, wie es zu der braunen Barbarei kommen konnte, und schreibt an einem Buch, das ihr Weltruhm (und viele Feinde) beschert: *Elemente und Ursprünge totaler Herrschaft*. Hauptthese: Imperialismus und Rassismus gehören zusammen, kollektive Schuld gibt es nicht. Nicht alle Nazis waren Sadisten, eher feige Mitläufer, für die private Sicherheit das Höchste war. Siehe Heidegger. Dem hat die französische Militärregierung mittlerweile die Lehrerlaubnis entzogen.

Im November 1949 reist Hannah erstmals wieder nach Deutschland, um die Sicherung jüdischer Kulturgüter zu überwachen. Noch macht sie einen großen Bogen um Freiburg. Während einer Dienstreise, im Februar 1950, fährt sie dann doch hin. Sie lässt ihrem Ex-Professor vom Hotel aus einen Zettel mit drei Worten zustellen: »Ich bin hier.« Und dann steht er da wie »ein begossener Pudel. Es war, als stünde plötzlich die Zeit stille.« Sie trifft auch Heideggers Frau, eine bekennende Antisemitin: »Die Frau ist halb blödsinnig vor Eifersucht ... dies äußerte sie mir in einer halb antisemitischen Szene ohne ihn«, berichtet sie ihrem Gatten.

Warum kreuzt sie überhaupt auf, bringt seine Ehe durcheinander? Wie es scheint, um seinen politischen Fehltritt zu entschuldigen: Heidegger sei der »letzte Romantiker, dessen komplette Verantwortungslosigkeit bereits jener Verspieltheit geschuldet war, die teils aus dem Geniewahn und teils aus der Verzweiflung stammt«. Außerdem: »Die Neigung zum Tyrannischen lässt sich theoretisch bei fast alles großen Denkern nachweisen (Kant ist die große Ausnahme).«

1951 erscheint ihr Buch über Totalitarismus. Ein grandioser Erfolg: Sie wird überhäuft mit Ehrungen und Einladungen zu Vorträgen. »Was ist mit Heidegger?«, fragt Heinrich. Nichts ist. Er meldet sich nicht, ignoriert ihren Durchbruch. Trotzdem schickt sie ihm 1960 ihr neues Buch *Vita activa oder Vom tätigen Leben*: »Wäre es zwischen uns je mit rechten Dingen zugegangen ... so hätte ich dich gefragt, ob ich es dir widmen darf«, steht im Begleitbrief: »Dem Vertrauten, dem ich die

Treue gehalten habe und nicht gehalten habe, und beides in Liebe.« Er geht mit keinem Wort darauf ein. Sie sorgt trotzdem dafür, dass sein Werk in den USA erscheint.

Mit Heinrich, dem »Prinzgemahl«, der seit 1951 Philosophie unterrichtet, macht sie Urlaub in den Wäldern Nordamerikas, er bringt ihr Billard bei. Sie hängen sehr aneinander, da sie kinderlos geblieben sind: »Als wir jung waren, hatten wir kein Geld, und als wir Geld hatten, waren wir zu alt.«

1969 besucht das Ehepaar Arendt-Blücher die Heideggers. Die beiden Männer sehen sich zum ersten Mal. Es wird eine seltsam nichtssagende Begegnung. Hannah wird Professorin, nennt ihre Studenten »Kinder«, ist beliebt, obwohl sie auf Manieren und Disziplin besteht. Ihre »Kinder« dürfen keine Jeans tragen, dürfen nicht »ungewaschen« antreten, müssen »anständig« sitzen usw. Anders ist ein sinnvoller Unterricht nicht möglich. Und doch vergeht kein Tag, an dem die »Despotin« kein kleines Geschenk vor ihrer Tür findet: Kirschen, Gedichte, Bücher: »Was ist bloß mit der Welt los, dass das möglich ist! Schöne Welt.«

Am 11. April 1961 beginnt in Jerusalem der Prozess gegen Adolf Eichmann, der die Vernichtung von rund sechs Millionen Juden organisiert hat. Hannah ist als Berichterstatterin dabei. Ihr geht es nicht um das schlichte »Auge um Auge«, sie will begreifen, denn das ist für sie der erste Schritt, um zu verhindern, dass Ähnliches je wieder geschehen kann: »Jetzt wissen wir, dass in jedem von uns ein Eichmann steckt«, schreibt sie und spricht von der »Banalität des Bösen«, weil das Böse keine Naturgewalt ist, sondern aus dem »Nicht-Nachdenken« entsteht. Es folgt ein weltweiter Tsunami der Entrüstung. Jüdische Organisationen haben ihr den Krieg erklärt. Sie sei »unerträglich arrogant«, getrieben von »perverser Sucht, originell zu sein«.

»Wenn man als Jude angegriffen wird, muss man sich als Jude verteidigen«

Heinrich bezahlt die Kampagne gegen seine Frau mit Depressionen. Jaspers kündigt an, ein Buch über die »Unabhängigkeit des Denkens« zu schreiben, um sie zu schützen. Heidegger hüllt sich in Schweigen. Eichmann wird gehängt.

Am 19. März 1962 wird sie bei einem Taxi-Unfall in New York schwer verletzt: »Ich habe immer so gerne gelebt, aber so gerne, dass es immer weiterdauern sollte, wieder auch nicht. Mir war der Tod immer ein angenehmer Genosse«, schreibt sie Jaspers. »Was ich gerne hätte, wäre ein sicheres, anständiges Mittel zum eventuellen Selbstmord; ich hätte es gern in der Hand.«

Am 31. Oktober 1970 erleidet Heinrich einen Herzinfarkt. Sterbend nimmt er Hannahs Hand und flüstert: »Das war's.« Ihre Freunde finden sie ratlos: »Wie soll ich jetzt leben?« Aber sie hält am selben Tag ein Seminar. Hannah Arendt funktioniert. Sie raucht, ist gefragt wie nie zuvor, lehnt zwei Heiratsanträge ab und ist 1974 wieder in Freiburg. Frau Heidegger lässt es nicht zu, dass die Witwe ihren Gatten allein sprechen kann. Wieso lässt Hannah nicht los? Will sie ihm ein Geständnis, von dem die Rechtfertigung ihres Lebens abhängt, abringen?

August 1975. Das letzte Treffen. Ein Desaster: »Er ist nun plötzlich wirklich sehr alt«, gesteht sie ihrer Intimfreundin Mary McCarthy. »Durch Heidegger fühlte ich mich als denkendes Wesen wie als Frau erhoben.« Möglich. Aber indem er ihr die Anerkennung ihrer Arbeit verweigerte, hielt er sie bis zuletzt an der Leine. Dennoch glaubt sie: »Nur das ist wahr, dem wir bis zuletzt die Treue halten.«

Am 4. Dezember genehmigt sich Hannah eine Arbeitspause, hat Gäste, setzt sich in ihren Lieblingsstuhl neben dem Schreibtisch, zündet sich eine Zigarette an – es wird ihre letzte. Auf ihrem Schreibtisch stehen drei Bilderrahmen mit den Fotos der Menschen, die sie prägten: die Mutter, ihr Ehemann und Heidegger.

Den Linken war Hannah Arendt zu konservativ, den Konservativen suspekt. Gefragt, wo sie wirklich steht, antwortet sie: »Ich weiß nicht. Ich weiß es wirklich nicht und habe es nie gewusst.« Und sie lehnt es in ihren späten Jahren ab, als »Philosophin« bezeichnet zu werden, denn: »Ich fühle mich als das, was ich nun einmal bin, das Mädchen aus der Ferne.«

Pina
Bausch

DIE CHOREOGRAFIN
DER SEELE
(1940–2009)

»Eigentlich wollte ich immer
nur tanzen. Das war die Sprache,
mit der ich mich ausdrücken konnte« –
und zwar so unmissverständlich
wie kaum ein anderer ihrer
Zeitgenossen. Denn Pina Bausch,
die Erfinderin des German
Tanztheaters made in Wuppertal,
war zeitlebens rastlose
Missionarin einer Sprache,
die jeder versteht, weil sie
ohne Worte auskommt.

Pinas Eltern betreiben ein kleines Hotel in Solingen: »Da musste ich ebenso wie meine Geschwister helfen. Ich habe stundenlang Kartoffeln geschält, die Treppen geputzt, Zimmer aufgeräumt«, erzählt sie 2007 in Tokio in ihrer Dankesrede für den Kyoto-Preis – die höchste Auszeichnung, mit der ein Bühnenkünstler geehrt werden kann.

Da nervös wie immer, wenn sie öffentlich reden muss, liest die Choreografin ihre Erinnerungen ab: »Meine Eltern hatten auch nie Zeit, sich viel um mich zu kümmern.« Die offenherzigen Gespräche der späten Gäste, ein verwilderter Garten mit alten Kirschbäumen zum Klettern – das Nachkriegskind muss träumen, statt zu glotzen oder zu shoppen. Und Philippina (so ihr Taufname) träumt von der Pirouetten-Queen Marika Rökk.

Wie aber landet eine Wirtstochter beim Ballett? Chorsänger aus dem Essener Theater, Stammgäste im väterlichen Lokal, nehmen die Fünfjährige »eines Tages mit ins Theater, zum Kinderballett«. Die Mädchen müssen, auf dem Bauch liegend, die Beine an den Kopf legen: »Und da sagte dann die Lehrerin: Du bist ja ein Schlangenmensch! ... Ab da wollte ich unbedingt immer dorthin gehen.«

Mit 14 kommt Pina in die Tanzabteilung der Essener Folkwang-schule und entpuppt sich früh als Authentizitäts-Fanatikerin: Spielt sie einen Liftboy, der einen schweren Koffer tragen muss, packt sie sich den Koffer voll, »um zu wissen, wie man einen schweren Koffer richtig trägt. Mir war wichtig, dass es echt war und nicht nur so, als ob.«

Als Meisterschülerin des legendären Erneuerers des Ausdrucks-tanzes Kurt Jooss reist sie, mit einem Stipendium für die Juilliard School of Dance ausgestattet, nach New York. Bei ihren Gastauftritten in der Metropolitan Opera tanzt sie zwar auf Spitzen, aber erprobt auch ihren eigenen Stil, indem sie den Tanz an das Sprechtheater annähert. Die Tänzer in Pinas Stücken schreien, lachen, erzählen absurde Geschichten, servieren dem Publikum Kekse oder Tee, rauchen, fragen die Zuschauer: Darf ich mit dir schlafen? Die Frauen tragen dazu das »Pina-Bausch-Kleid« (ein Unterkleid mit Spaghettiträgern in verschiedensten Farben), die Musik kommt vom Band und nicht aus dem Orchestergraben. Es gibt auch keine abendfüllende Geschichte, vielmehr aussagestarke Szenen, die sich wie Puzzleteile zu einer Botschaft vermengen.

1973 übernimmt Pina Bausch die Leitung des Wuppertaler Balletts, das sie prompt in »Tanztheater Wuppertal Pina Bausch« umbenennt. Außerdem muss sich jedes Ensemblemitglied vertraglich verpflichten, seine Kindheitserinnerungen, seine heiligsten Gedanken für Pinas »Gefühlsdramaturgie« zur Verfügung zu stellen. Das Provinzpublikum ist mit diesem Psycho-Striptease meistens überfordert. Bei einigen Zuschauern schlägt das Unverständnis in Aggression um, etliche verlassen türknallend die Vorstellung. Pina wird bespuckt, als »Hure« beschimpft.

In den aufgewühlten Siebzigern war Provokation Programm. Aber nur zu reizen, »das war ja nie die Absicht. Ich habe einfach nur versucht, irgendwie ehrlich zu sagen, wie ich es dachte, ich konnte es nicht besser.« Und so wird der unvermeidliche wie gesunde Kampf der Geschmäcker auch ein Schritt in Richtung gesellschaftliche Befreiung: »Ich bin kein Mensch, der einfach aufgibt.«

Nicht nur Pinas Choreografien, auch ihre neuartigen Bühnenbilder irritieren. Es gibt keine gemalten pseudorealistischen Kulissen mehr. Auf der Bühne bewegen sich echte Hunde beziehungsweise falsche Nilpferde und Krokodile. Der Bühnenboden ist mit Erde, Laub, Wasser bedeckt. Oder, wie 1982 in Pinas Klassiker *Nelken*, mit Tausenden von künstlichen rosa Nelken.

Erfinder dieser Bühnenwelten ist der Grafiker Rolf Borzik, ein bescheidener, unbequemer Mann mit souveränem Stilempfinden. Elf Stücke haben er und Pina Bausch gemeinsam erarbeitet: »Er war immer da. Er hat mich immer unterstützt und beschützt.« Auch privat. Rolf ist gerade 35, als er am 27. Januar 1980 stirbt. Ihre Trauer verarbeitet sie in einem Stück, das (wie so oft und immer wieder) keinen Namen hat; also geht es einfach unter der Jahreszahl »1980« in Pinas Werkverzeichnis ein. Aber im Unterschied zu früher, als ihre Farben düster, Dunkelgrau oder Schwarz, waren, dominiert hier die Farbe der Hoffnung: Grün. »Es hat mit meinen Gefühlen zu tun – von denen ich vermute, dass wir sie alle ähnlich haben.« Sie sagt: »Im Tanz kann ich alle Gefühle ausdrücken, die ich mit Worten nicht sagen konnte.«

Ein Jahr nach Borziks Tod bekommt Pina einen Sohn, dem sie den Namen ihres toten Partners gibt: Rolf Salomon. Bis dahin glaubt sie, es sei aus mit dem Tanz, wenn man Mutter wird. Nun strahlt sie: »Da läuft man sein Leben lang mit einem Busen durch die Gegend und natürlich weiß man, wozu der da ist. Aber plötzlich spürt man seine Funktion. Ich weiß, das sind ganz simple Dinge. Aber es ist eine große Erfahrung.«

»Ich musste immer und immer tanzen«

Rolf Salomons Vater ist der deutsch-chilenische Dichter und Literaturwissenschaftler Ronald Kay, den Pina während einer Gastspielreise kennenlernt. Ronald kommt nach Wuppertal, versucht, seine Lebensgefährtin zu »weniger Arbeit und Zigaretten« zu überreden. Vergeblich. »Das Einzige, was sie wollte, wenn sie ein Stück machte, war: kurz was essen und dann weitermachen. Und dann war sie so kaputt. Wie ein Häufchen Asche«, erinnert er sich.

Es dauert, bis der Professor (der sich einen Namen als Herausgeber des Nachlasses der Ethnologen Hubert Fichte machte) erkennt, dass es das Beste ist, diese Schwächephasen zu ignorieren: »Das tat ihr gut, dass man sich nicht in ihr Leid hineinkniete.« Und Pina stellt dankbar richtig: »Viele denken, ich bräuchte nie eine starke Schulter.« Apropos: Sie hatte keinen Führerschein, machte sich nichts aus Mode, trug meistens Schwarz und bequeme Männerschuhe.

Ronald Kay und Rolf Salomon Bausch leiten heute die »Pina Bausch Stiftung«.

Aus Skandalen werden Erfolge, aus der Chefin wird eine echte Prinzipalin: Nach den Proben oder Aufführungen sitzt sie mit ihren Tänzern in einer Kneipe und gibt jedem das Gefühl, unentbehrlich zu sein. Sie schützt ihre Tänzer, achtet darauf, dass sie sich künstlerisch weiterentwickeln, gräbt nach der Wahrheit jedes individuellen Tänzerlebens. 1997, während eines Gastspiels in Istanbul, zeigen die Tänzer, die im »Fensterputzer« auftreten, den Zuschauern ihre Privatfotos. Die Leute reagieren, holen ihre eigenen Familienfotos raus, zeigen sie und manchmal weinen sie auch. Auch Heiner Müller, der Star-Dramatiker der DDR, der im Theater eigentlich nie eine Träne vergießen konnte, gestand, bei Pina Bausch geweint zu haben, weil sie »Theater ohne Plastiktüten« macht: Man wird emotional in die Zange genommen, aber fühlt sich gleichzeitig frei.

Apropos: das Zuhause: »Meine Heimat ist überall. Es ist eher ein Zufall, dass ich hier bin. Das hat die Arbeit so bestimmt ... Ich glaube an die Kraft der Fantasie: Wenn ich will, dass die Sonne scheint, lasse ich sie einfach aufgehen – auch in Wuppertal.« Wie es scheint, hat sie die »Wuppertaler Sonne« auch für ihre Tänzer, die zu ihr aus Mexiko, Peru, Italien, Korea, Japan, Brasilien, Amerika kamen, aufgehen lassen.

Pina Bausch raucht. Viel und gern. Sie lehnt lange Flugstrecken ab, um nicht ewig auf eine Zigarette verzichten zu müssen. Nachts, wenn alle schon todmüde sind, bittet sie, geplagt von der Angst, nicht fertig zu werden bis zur nächsten Premiere: »Noch ein Weinchen. Und ein Zigarettchen. Aber noch nicht nach Hause.« In den letzten Jahren merkt man, dass sie Schmerzen hat. Doch die berufsmäßige Herrin ihres Körpers ignoriert sie, solange es geht. »Das ist das Wunderbare am Tanz: dass der Körper eine Realität ist, ohne den nichts möglich ist, aber über den man sich auch hinweg-

»An Wuppertal mag ich, dass es so richtig Alltag ist. Es gibt keine Illusionen in Wuppertal und das hat auch etwas Positives«

setzen muss.« Aus einem »Instrument« ist ein Wegweiser geworden: »Im eigenen Körper ist man sich selbst der Nächste. Das ist man selber, ganz direkt ... Aber was wir fühlen, gehört uns nicht allein, sondern gehört uns allen zusammen.«

Sie lässt sich untersuchen, allerdings erst nachdem ihr neues, namenloses Stück vollendet ist; bei der Premierenfeier am 12. Juni 2009 sitzt sie noch unter den Tänzern und Gästen. Fünf Tage nach der Krebsdiagnose, am 30. Juni 2009, besiegt ihr Körper ihren Geist.

Einmal, nach einer Vorstellung in Griechenland, ist sie zu Gast bei einigen Zigeunerfamilien. Man fängt an zu tanzen, Pina hat Hemmungen mitzumachen, bis eine Zwölfjährige »mich wieder und wieder aufgefordert hatte mitzutanzen: ›Dance, dance, otherwise we are lost!‹«

Sagte Nietzsche nicht: »Ich würde nur an einen Gott glauben, der zu tanzen verstünde«?

Die First Lady des Tanztheaters wusste, dass »die Realität viel größer (ist), als wir begreifen können ... Und manchmal bringen uns die Fragen zu Erfahrungen, die viel älter sind, die nicht nur aus unserer Kultur stammen und nicht nur von hier und von heute handeln. Es ist so, als bekämen wir dadurch ein Wissen zurück, das uns an etwas erinnert, das uns allen gemeinsam ist.«

Pina Bausch suchte, so wie Mystiker aller Kulturen und aller Zeiten, nach einer Urkraft, die jedes Menschenkind zum Nächsten aller Weltbürger macht, und tastete sich an sie heran, Schritt für Schritt. Sie interessierte sich weit mehr dafür, was die Menschen bewegt, als dafür, wie sie sich bewegen. Kein Wunder, dass man sie auf der ganzen Welt verstand. Gefragt, ob sie sich als deutsche Künstlerin sieht, schaute sie lang und konzentriert in die Ferne und meinte: »Wenn ich ein Vogel wäre, würden Sie mich dann als deutschen Vogel bezeichnen wollen?«

Hedwig
Courths-Mahler

EIN LEBEN, SO SCHILLERND WIE
IHRE EIGENEN ROMANE
(1867 – 1950)

»Ich halte Thomas Mann für
außerordentlich begabt, aber finde
etwas Krankhaftes in seinem
Wesen. Ein Roman soll dich
erquicken und stark und frisch machen,
aber nicht krank und nervös!«,
sagte Hedwig Courths-Mahler.
»Ich schreibe für Millionen,
die auf der Schattenseite
des Lebens wohnen.«

Die Kritiker haben immer wieder versucht, sie literarisch abzuschlachten, aber ihre Leser kürten sie zur frühen Schutzheiligen der »Desperate Housewives« & Co.

Grafen, Comtessen, Stubenmädchen, Waisen, Offiziere, Gutsbesitzer, Diplomaten – das waren die Protagonisten ihrer 208 Romane. Oft von Adel, meistens züchtig, aber niemals »Nippesfiguren ohne Unterleib«, wie ein Spötter meinte. Ihrer *Griseldis*, der *Armen kleinen Anni* oder *Der wilden Ursula* waren sinnliche Sehnsüchte keineswegs unbekannt: »Glühende Leidenschaft durchtobte ihr ganzes Sein. Erbarme Dich meiner! Lass mich nur ein einziges Mal erfahren, was Liebe geben kann!«, stöhnt die Heldin von Hedwigs Roman *Glückshunger*. Denn die Autorin wusste sehr wohl, dass Frauen heftige sexuelle Sehnsüchte haben, aber sie aus Sittlichkeitszwängen verdorren lassen müssen.

Es sei denn, sie leben sie aus, wie Hedwigs Mutter Henriette Mahler. Vier ihrer fünf Kinder, einschließlich der erstgeborenen Hedwig, kommen unehelich auf die Welt. Und als es Henriette schafft, endlich geehelicht zu werden, da wieder schwanger, stirbt das Baby an Pocken, woraufhin die Ehe geschieden wird. Sie muss ihr Dorf Nebra an der Unstrut verlassen. Hätte Hedwig die Geschichte ihrer Mutter erfunden, hätte es ein Happy End gegeben.

Die wahre Henriette hingegen gibt ihre Kinder in Pflege und zieht 1872 nach Leipzig, um in der Anonymität der Großstadt unterzutauchen. Sie wechselt bis 1900 17-mal die Wohnung und geht »anschaffen«, wie die etwa 2500 Prostituierten in 131 registrierten Bordellen. 1899 wird sie zu einem Monat Gefängnis wegen Kuppelei verurteilt und steht anschließend unter Polizeiaufsicht, aber schafft es zu einem bescheidenen Wohlstand und lässt sich mit allen Insignien einer ehrbaren Frau fotografieren: das Kleid hochgeschlossen, goldene Uhrkette, Medaillon.

Ernestine Friederike Elisabeth, so Hedwigs Taufname, vermisst die Mutter kaum, sie liebt die Geschichten, die der Pflegevater Birkner, ein Schuster im sächsischen Weißenfels, seinen Zöglingen vor dem Einschlafen erzählt: »Sagen von Bergen und Burgen und Ländern, die er nie gesehen hat und die er schildern kann, als wären sie ihm vertraut.« Eines Tages kommt ein Wanderzirkus durch und Hedwig darf sich für

15 Pfennige eine Karte kaufen. Gegeben wird »Hedwig, die Zigeunerbraut«. Wie betörend, der Freiheitsdrang der wunderschönen Jungfer! Ab sofort hört Elisabeth nur, wenn man sie »Hedwig« ruft. Und dann passiert ein Wunder: Der Zirkusdirektor engagiert das Mädchen als »Dornröschen«! Hedwig geht in ihrer Rolle auf und läuft davon, um, von einem Prinzen träumend, für immer beim Zirkus zu bleiben. Zwei Gendarmen bringen die Flüchtige zurück.

Mit 12 endet für sie die Schule. Sie folgt ihrer Mutter nach Leipzig, arbeitet als Dienstmädchen, ehe sie als Betreuerin einer alten Dame angestellt wird. Sie muss vorlesen. Aus Heftchen-Romanen, Zeitungen und aus der *Gartenlaube*, dem Familienblatt des Deutschen Reichs (Auflage 400 000). Liest sie eine Geschichte von Eugenie John, die unter dem Pseudonym Marlitt schrieb, sind die Dame und ihre Vorleserin zu Tränen gerührt: »Ich wollte werden wie die von mir so angebetete Marlitt. Kurz und gut, ich schrieb Geschichten.« Damals ließ sie »alle sterben, die in meinen Romanen zu tun hatten. Damals hatte ich ja wenig Grund zu der Hoffnung, dass auch einmal etwas gut ausgehen könnte.«

Erst als ihr der Kunstmaler und Dekorateur Fritz Courths Zettel mit pfeildurchbohrten Herzen zusteckt, beschert sie ihren Helden ein Happy End. Das Paar zieht nach Halle, wo Fritz eine Stelle als Dekorationsmaler findet, aber so wenig verdient, dass Hedwig, bald zermürbt und unterernährt, Zimmer vermietet und »Tischherren« bekocht, um sich und ihre beiden Töchter Friede und Margarete durchzubringen. Fritz malt Schießscheiben für Schützenvereine, Hedwig steht ihm Modell »im klassischen Kostüm« (nackt). Also schreibt sie wieder. Nachts.

Dann die Wende: Fritz wird »künstlerischer Direktor« einer Textilfabrik in Chemnitz. 1900 vertritt er die Firma bei der Weltausstellung in Paris, kehrt mit einer goldenen Medaille für das Unternehmen und einer silbernen für seinen Entwurf für Vorhänge aus champagnerfarbener Glanzseide mit stilisierten Nelken zurück. Die Mädchen kommen auf die höhere Töchterschule und spielen Tennis, im Theater wird eine Loge abonniert, Personal angestellt. Vor allem: Sie hat endlich Zeit fürs Schreiben.

Eines Abends dinieren die Courths bei Freunden, da flüstert Hedwigs Tischpartner ihr zu: »Schöne Frau! Wissen Sie, dass Sie Dichteraugen haben?« Sie erwidert trotzig: »Ich schreibe ja auch!« Der Herr ist kein Geringerer als Paul Herrmann Hartwig, Kulturredakteur des *Chemnitzer Tageblatts*.

Hedwig bringt ihm eines ihrer Werke. Er reagiert schnell: »So etwas von Fehlern in einem Manuskript habe ich noch nie erlebt. Aber Spannung und Herz. Wir bringen den Erstdruck.

»Eine Dame?
Nein, das war ich nie,
und das werde ich
nie sein«

Schrumm!« Und einen schwungvollen Namen hat er auch schon: HCM, alias Hedwig Courths-Mahler. Für ihre erste gedruckte Geschichte »Sei nicht böse, Regina« erhält sie 42 Pfennig.

Für ihren ersten Roman *Licht und Schatten* zahlt das Blatt 250 Mark. Die *Chemnitzer Allgemeine* bietet 500 Mark für einen Fortsetzungsroman. Die Union Deutscher Verlagsgesellschaften kauft *Die Schein-Ehe* für 2400 Mark. Von 1905 bis 1910 veröffentlicht Hedwig Courths-Mahler in Zeitungen acht Fortsetzungsromane. Von 1911 bis 1915: 23 (darunter *Die Bettelprinzess*). Den Vertrag mit dem Leipziger Rothbarth Verlag muss noch der Gatte mit unterschreiben, der erste Roman in Buchform *Ich lasse Dich nicht* wird 750 000-mal verkauft.

»Eine Frau, die schreibt, ist keine Hausfrau mehr«, bemerkt zwar Fritz. Aber der lebenslustige Rheinländer hat keine Probleme damit, im Schatten seiner Gattin zu leben, weil sie sich trotz Ruhm und Reichtum kein bisschen geändert hat. Sie ist gerne Hausfrau, Ehefrau und Mutter. Bei Zwistigkeiten lässt sie ihm das letzte Wort, sie hortet keinen Schmuck (besitzt nur eine goldene Nadel, eine goldene Uhr und zwei winzige Ohrringe mit Chrysopras). Als sie sich endlich, um den Töchtern keine Schande zu machen, einen Persianermantel kauft, etwa für die Oper, ist der Abend verdorben: »Da sitze ich hier, und der teure Persianermantel hängt draußen in der Garderobe, und wer weiß, was aus ihm wird!« Hedwig bleibt bodenständig.

1905 zieht die Familie nach Berlin um, am 16. Juni 1915 wird im

Berliner Hotel »Kempinski« eine Doppelhochzeit gefeiert: Die beiden Kriegsbräute, Friede und Margarete, nehmen einen Schauspieler, beide werden Schriftstellerinnen wie ihre Mutter, beide bleiben kinderlos.

Von 1916 bis 1920 schreibt sie 20 Romane. Während des Krieges druckt man ihre Storys auf Postkartenformat, die man an die Front schicken kann. Und Hedwig, die nie eine einzige Kriegsgeschichte geschrieben hat, erhält korbweise Post aus den Schützengräben und 24 Heiratsanträge (darunter auch von einem Grenadier aus Flandern): »Gnädige Frau, verehrte Schriftstellerin! ... Ohne Ihre Bücher wäre das Leben an der Front unter uns rauen Männern unerträglich.« 1921 bis 1925: 42 Titel. 1926 bis 1930: 38 Bücher. Jedes Buch hat im Schnitt 350 Seiten. »Schreiben erlernt man nicht. So etwas hat man.« Sie hat sich durchgesetzt. Keine der 20 000 Leihbibliotheken zwischen Flensburg und München kommt ohne Hedwig Courths-Mahler aus. »Liebe« kommt 24-mal in ihren Buchtiteln vor; Ehe und Heirat: 14-mal; Herz: 9-mal; Glück: 14-mal; Namen: 48-mal; Rätsel: 9-mal; Schmerz: 12-mal; Trennung: 19-mal.

Hedwig, die für ihre fabelhaften Torten berühmt ist, erwirbt ein kleines Landhaus, wo sie im Sommer drei Monate lang »pausiert«.

Wie schreibt diese Frau? In einem Drehstuhl ohne Armlehnen an einem schmalen Holztisch sitzend, oft in bodenlanger Schürze. Die Buchideen sammelt sie in den Sommerferien in ihrem »Stoffbuch«. Daheim »beginne ich mit der Ausarbeitung. Ich lebe mich so intensiv in diesen Stoff hinein, dass ich nichts anderes hören und sehen mag.« 14 Stunden am Tag sitzt sie an der Schreibmaschine. »Ich komme nicht los von der Arbeit – oder soll ich sagen: von der Welt, die ich geschaffen habe?«

> *»Es muss von Herzen kommen, was zu Herzen gehen soll«*

Kritiken? Keine schlechten. Genauer gesagt: gar keine. Man ignoriert die »Kitschminna«. Bis der Schriftsteller und Journalist Hans Reimann (*Die Feuerzangenbowle*) beschließt, sich mit seinen Verrissen von »Kotz-Mahler« beziehungsweise »Furz-Maleur« zu profilieren: »Sie verdummt, verseucht Geist und Geschmack«, verkündet er. »Weil die C. in Hunderttausenden gedruckt wird, hat der Verlag Cotta kein Papier, Goethe zu drucken.« Das ist gelogen, aber dem versnobten Bürgertum gefällt's. Hedwig reagiert wie eine Frau von Welt, schreibt Herrn Reimann einen offenen Brief: »Seit Sie mir die Ehre erweisen, mich wegen meiner harmlosen Märchen, mit denen ich meinem Publikum einige sorglose Stunden zu verschaffen versuche, anzupöbeln, werden sie noch mehr verkauft als bisher ... was meinem Verleger bedeutend mehr Freude macht als mir. Gott lohne es Ihnen, edler Mann! In gebührender Demut und Verehrung, großer Meister, Ihre noch nicht ganz zerschmetterte ...«

Häme und Spott können ihr die Freude an der Arbeit nicht rauben. Aber die Nazis. Sie kommt nicht klar mit den Massenumzügen, schon gar nicht mit dem Antisemitismus; ihr Schwiegersohn Anton Bock ist Halbjude. Hedwig wird zwar Mitglied der Reichskulturkammer, um weiter publizieren zu können, findet die Situation aber unerträglich. 1935 verlässt sie samt Familie Berlin. Von nun an lebt sie am Tegernsee in Bayern, »wo man von dem allem nichts weiß«.

Da sie sich weigert, ihre Geschichten den NS-Vorgaben anzupassen, geht sie in einen Schreib-Streik. Und der Rothbarth Verlag löst ihren Vertrag auf, da die Prüfungsstelle vier Romane von ihr abwies und ein Papierzuteilungsverbot für ihre Bücher ausspricht. Hedwig beschließt, nie wieder zu schreiben. Ein Ende mit Würde – kein Happy End.

Als sie sich beim Einwohnermeldeamt in Tegernsee meldet, gibt sie unter Beruf: »Wieder Hausfrau« an. Und unterschreibt mit »Elisabeth Courths-Mahler«. Sie hat nach 31 Berufsjahren und rund 300 Millionen verkauften Büchern ihren Autorennamen abgelegt: »Meine Gedanken kann man mir nicht verbieten. Die sind frei. Sagen Sie das Ihrem Minister«, betont sie 1942, mit 75, in einem Hörfunkinterview.

Nach Kriegsende setzt ein US-Colonel namens Stern ihr Haus »off limits«, das heißt unter den Schutz der Amerikaner, denn, so gesteht er, »mit Ihren Romanen habe ich Deutsch gelernt«. In der gesamten russischen Zone beschloss man, Courths-Mahlers Bücher aus ideologischen Gründen aus den Leihbüchereien »zu entfernen und zu vernichten«.

Hedwig kümmert sich unterdessen um ihren Gemüsegarten, hat

Diabetes, wird 1948 zu 128 000 Reichsmark Strafe wegen Steuerhinterziehung verurteilt, verliert während der Währungsreform ein Vermögen, ist aber im Reinen mit sich. Auf ihrem Grabstein steht: »Arbeit adelt«.

Bleibt die Frage: Sind Hedwig Courths-Mahlers Romane Kitsch? Kitsch ist vor allem eines: Lüge. Vorgetäuschter Herzschmerz, kalkulierter Tränendrüsendrücker. Manchmal weint sie beim Schreiben, denn »es muss von Herzen kommen, was zu Herzen gehen soll«. Unermüdlich wiederholt sie: »Ich schreibe Märchen.« Und wie in allen Märchen gibt es auch in Hedwigs Geschichten zwei archaische Kraftströme, die Vorurteile abbauen, Wege in eine bessere soziale Zukunft ebnen, Mut stiften und »denen da oben« bescheinigen, dass sie keineswegs besser sind. Falls solche Märchen Kitsch sind, dann hat sie tatsächlich Kitsch produziert.

Sie selbst trat der Sache mit gesundem Selbstbewusstsein entgegen: »Ich bin überzeugt, dass mir gerade die Schriftsteller viel zu verdanken haben: Ich lehre das Volk lesen.« Und im Übrigen: »Auch Kitsch kommt ja von Können.«

Marlene
Dietrich

DIE DIVA MIT DEM
HAUSFRAUENHERZ
(1901–1992)

*»Ich habe bei einem Mann nie
den starken Wunsch gehabt,
ihn zu besitzen, vermutlich
weil ich in meinen Reaktionen
nicht besonders weiblich bin.
Das bin ich nie gewesen.«
Dennoch – oder gerade deshalb? –
schafft es Marlene Dietrich
mit ihrem androgynen
Charme und schnoddrigen
Humor zum Weltstar.*

Der Vater, königlich-preußischer Polizist und Monokel-Träger, ist streng und humorlos, Mutter Wilhelmine, geborene Felsing, lebt in der Überzeugung, dass ihre Schürze genauso perfekt sitzen muss wie seine Uniform. Sie hält die Wohnung mit religiöser Hingabe sauber und bringt den Töchtern bei, wie man Aprikosenmarmelade, Buttermilchsuppe und Apfelstrudel macht. Marlene und ihre ältere Schwester Elisabeth verinnerlichen: Die Daseinsberechtigung der Frau besteht darin, den Herrn im Haus zufriedenzustellen.

»Sie selbst glich einem guten General«, schreibt Marlene in ihrer Biografie *Nehmt nur mein Leben*, »meine ganze Erziehung zielte darauf ab, Gefühle zu verbergen«. Als sie in der Tanzstunde ein langes Gesicht macht, weil ihr der Partner nicht gefällt, »gab mir meine Mutter eine schallende Ohrfeige und sagte: ›Wer seine Gefühle zeigt, hat schlechte Manieren.‹«

Großmutter Felsing hingegen weckte »in mir die Liebe zu schönen Dingen: Gemälde und Fabergé-Pillenschachteln, Pferde, Wagen und Perlen. Sie war tonangebend in der Mode, ohne es zu wollen oder sich darum zu kümmern, was die übrige Welt trug.« In ihrem Geschäft für Damenmode Unter den Linden erklärt die Großmutter der Enkelin, welcher Schmuck zu welchem Kleid passt, welches Parfüm zum Teint.

Das Mädchen wächst also zwischen diesen beiden Frauen auf, zwischen Selbstverleugnung und kunstvoll gepflegter Weiblichkeit. Als der Vater 1908 unerwartet stirbt, ist es aus mit den Sonntagsessen im »Kempinski«, die Witwe muss eine Stelle als Haushälterin annehmen.

Mit 18 zieht Marlene ihre Taufnamen Maria und Magdalena zusammen zu »Marlene« – als möchte sie beweisen, dass sie es schafft, wie Mutter und Großmutter zu sein. »La Dietrich« wird tatsächlich beides: unnahbare Diva und deutsche Hausfrau, beides in Perfektion. Hat sie Lust auf einen Mann oder eine Frau, zögert sie nicht, da Sex für sie eine Art Nahrung ist (kein Tauschmittel). Zugleich bekocht sie die Geliebten, macht ihre Wäsche, putzt ihre Wohnung. Charmante Ungezwungenheit, exzentrische Garderobe, sorgloser Umgang mit Sex einerseits, aufrechter Moralismus, züchtige Schürze, hingebungsvolle Fürsorge andererseits – manchmal erinnert Marlene an die biblische Maria Magdalena. Wobei gilt: »Das Bemuttern ist wichtiger als Sex.«

In den raren Tagen, in denen sie Single ist, tröstet sie sich wie ein Kind. Sie futtert: »Vielleicht brauche ich Leberwurstbrote, den Trost der Betrübten – und seelische Leberwurstbrote.«

Eine Galerie ihrer Liebhaber (keineswegs komplett):

ROBERT REITZ: Ab 1919 ihr Musikprofessor in Weimar, der sie auf die angedachte Laufbahn als Konzertgeigerin vorbereitet.

GERDA HUBER: Ambitionierte Journalistin. Sie leben seit 1921 zusammen in Berlin, während Marlene mit lausigen Varieté-Orchestern auftritt – im Hutladen, in einer Handschuhfabrik – und als tingeltangelndes »Thielscher-Girl« jobbt. Gerda wird später ihre Haushälterin und 1933 ihre erste Biografin.

RUDOLF SIEBER: Regieassistent in ihrem zweiten Stummfilm; seit dem 17. Mai 1923 der Ehemann, mit dem sie 53 Jahre verheiratet bleibt. Am 13. Dezember 1924 bekommt Marlene ihr einziges Kind: Maria. »Rudi« findet sich mit dem Lebensstil seiner Frau ab, verwaltet ihre Finanzen, endet als Hühnerfarmer.

TILLY LOSCH: Mit der Tänzerin zeigt sie sich seit 1925 in Berliner Lesben-Cafés, aufgemacht mit ihren bald schon legendären Seidenhosen, Jackett, Monokel und Hut.

JOSEF VON STERNBERG: Der in Wien geborene Regisseur entdeckt sie 1929 in der Musikrevue *Zwei Krawatten*, gibt ihr die Hauptrolle im *Blauen Engel* und formt sie zu Vamp und Weltstar. Marlene erinnert sich: »Ich wusste nicht, was ich tat. Ich versuchte nur zu tun, was er mir sagte.« Seinetwegen geht sie 1930 nach Amerika, dreht mit ihm sieben weitere Filme.

GARY COOPER: Filmpartner in ihrem ersten Hollywood-Film *Marokko* (1930), für den sie ihre einzige Oscar-Nominierung erhält. »Cooper war weder intelligent noch kultiviert«, erzählt sie.

MERCEDES DE ACOSTA: »Du bist der erste Mensch hier, zu dem ich mich hingezogen fühle. Ich möchte dich fragen, ob ich für dich kochen darf«, schreibt sie 1933 der Drehbuchautorin, die noch mit Marlenes Rivalin Greta Garbo liiert ist. Die beiden zeigen ihre Beziehung offen – im Amerika der 30er-Jahre ein Skandal.

DOUGLAS FAIRBANKS JR.: Erschließt ihr seit 1936 den Zugang zu den britischen Royals. Sie genießt es. Er: »Ich war völlig vernarrt in Marlene.«

ERNEST HEMINGWAY: Sie nennt ihn seit 1934 »Papa«, er gibt zu: »Ich weiß jedenfalls, dass ich sie noch nie sehen konnte, ohne dass sie mir zu Herzen ging und mich glücklich machte.« Sie korrespondieren 25 Jahre lang.

ERICH MARIA REMARQUE: Ebenso berühmt und wohlhabend wie sie, schildert ihre Affäre in seinem Roman *Triumphbogen*. Sie unterschreibt ihre Briefe an ihn mit »Dein zerfetzter Puma«.

JOHN WAYNE: Es war eine der intensivsten Affären in beider Leben, denn sie »brachte ihn dazu, dass er sich wieder wie ein Mann fühlte« (behauptet immerhin Waynes Ehefrau Pilar).

JEAN GABIN: Wohnt seit 1941 in ihrem Bungalow im Beverly Hills. »Hilflos klammerte Gabin sich an mich wie ein Waisenkind an seine Pflegemutter, und ich liebte es, ihn Tag und Nacht zu bemuttern.« Und wie bei allen ihren Affären verwandelt sich ihre Beziehung nach der intensiven Erotikphase in langjährige, von Eifersucht unbelastete Freundschaft.

»Es ist die Aufgabe einer Frau, die Begierden eines Mannes zu spüren und zu befriedigen, ohne dabei gleich so viel von sich selbst herzugeben, dass er von ihr gelangweilt wird«

So lebhaft Marlenes Liebesleben auch war, ihre Arbeit hat darunter nie gelitten: »Bei der Arbeit war sie wie ein Soldat. Hervorragend diszipliniert und hilfsbereit allen gegenüber« (Billy Wilder). Dennoch gibt es von Juni 1937 bis September 1939 nach mehreren Flops keine Rollenangebote mehr. Ihre Erotik, die zur Schau gestellte träge Gleichgültigkeit, die provokante Lässigkeit sind nicht mehr gefragt, die bis dato bestbezahlte Frau der Welt wird zum »Kassengift« abgestempelt.

Trotzdem lehnt Marlene ein astronomisches Angebot von Reichspropagandachef Joseph Goebbels ab und beschließt, sich mehr um ihr Privatleben zu kümmern: »Ich bin zwar ein Glamour-Star geworden, aber in einer Glamour-Welt lebte ich nicht.« In Luxus schon.

Am 1. September 1939, als mit Deutschlands Überfall auf Polen in Europa der Zweite Weltkrieg beginnt, starten die Dreharbeiten zu

Der große Bluff. Miss Dietrich wälzt sich in einer wilden Prügelei auf dem Boden, wirft Stühle, singt zweideutige Lieder. Kurz: Sie gibt das sexyste Mannweib ihrer Karriere und feiert einen ihrer größten Erfolge. Umso entschlossener kümmert sie sich um deutsche Emigranten und organisiert Hilfe für Freunde und Kollegen, die in Europa bleiben mussten. Am 31. Dezember1943 lässt sie fast ihren ganzen Besitz versteigern: »Ich brauchte Geld, damit meine Familie während meiner Abwesenheit etwas zum Leben hatte.« Sie wird amerikanische Staatsbürgerin: »Ich bin Deutsche. Aber ich konnte dem Weg, den meine Heimat damals ging, nicht folgen.«

Sie verkauft ihre Kriegsanleihen und stellt sie für die Truppenbetreuung zur Verfügung: Am 2. April 1943 steigt sie im Rang eines Majors in ein Flugzeug mit dem Ziel Casablanca – zum ersten von rund 500 Auftritten, die sie bis Kriegsende vor insgesamt einer halben Million Soldaten absolvieren wird. Sie erzählt Witze, gestattet manchem jungen GI ein Tänzchen, flirtet mit den Männern, tröstet Verletzte im Lazarett. Und sie singt »Sag mir, wo die Blumen sind« oder, meistens auf Deutsch, »Lili Marleen«. Später wird sie sagen: Die Truppenbetreuung »war das einzig Wichtige, was ich jemals gemacht habe«.

Als sie mit der Armeevorhut die Stadt Aachen, die in Trümmern liegt, erreicht, sagt sie einem Reporter: »Ich hasse es, all diese Ruinen zu sehen, aber ich glaube, Deutschland hat alles verdient, was jetzt passiert.« Ein Satz, den sie für den Rest ihres Lebens büßen muss. Aber vielleicht noch wichtiger als diese »Ehre« ist Marlenes Erkenntnis, dass sie es auch live, nicht nur auf der Leinwand, in einer »One-Woman-Show« schafft, zu verzaubern.

Am Ende des Krieges ist sie Mitte 40. Ihre Bettgenossen werden immer jünger, die Rollenangebote rarer. Also geht Marlene einmal mehr in die Offensive. Sie startet eine zweite Karriere: als Showstar. Nimmt Platten auf, plaudert in Radio-Shows. Ihre Auftritte in Las Vegas machen sie zur bestbezahlten Unterhaltungskünstlerin Amerikas. Auch wenn es weniger ihre Gesangsdarbietungen sind, die das Publikum mitreißen: »Ich kann nicht singen. Also muss das, was ich trage, eine Sensation sein.« Das berühmte Paillettenkleid, in dem sie wie nackt aussieht, geht in den Fundus der Popkultur ein. Marlene bleibt eben realistisch: »Meine Kleider sorgen für mehr Gesprächsstoff als alles andere, außer vielleicht meiner Figur.« Aber sie beginnt, künstlich, wie tiefgefroren, zu wirken. Kein Wunder: Angesagt ist Marilyn Monroe. Und Marlene verkörpert einen überholten Frauentyp.

Marlenes letzter Liebhaber ist 27 Jahre jünger: der Komponist Burt Bacharach. »Er war der wichtigste Mann in meinem Leben, nachdem ich die Entscheidung getroffen hatte, mich ganz der Bühne zu verschreiben. Mein oberstes Ziel bis zu dem Tag, an dem er mich verließ, war, ihm zu gefallen.« Er begleitet sie während ihrer Tourneen am Klavier, sie wäscht auf Reisen seine Hemden und Socken.

Er ist dabei, als sie in Israel, wo Deutsch in der Öffentlichkeit unerwünscht ist, das Publikum um die Erlaubnis bittet, in ihrer Muttersprache zu singen. Sie darf – als erster Künstler überhaupt. Als Bacharach sie 1965 verlässt, hält sie ihn für einen Deserteur: »Unsere Trennung hat mir das Herz gebrochen.«

Aber Marlene geht weiterhin auf Tour, bemuttert ihre letzte Freundin Marti Stevens (die Tochter des Metro-Goldwyn-Mayer-Chefs), gibt noch 74-jährig Konzerte. Bei einem der letzten Auftritte stürzt sie auf der Bühne und bricht sich ein Bein. Sie kränkelt jetzt, leidet an der Leere, die sie umgibt. Freunde, Kollegen, der ewige Ehemann – alle sterben weg.

»Hätten die Deutschen Charakter, würden sie mich hassen«

»Hätten die Deutschen Charakter, würden sie mich hassen«, erklärt die konsequente Gegnerin des Nazi-Regimes 1952. Nun, 1960, als sie in ihrer zerrissenen Heimat konzertiert, zeigen die Deutschen »Charakter«: »Bleib, wo du bist, Marlene«, brüllt die Presse, da doch »dieses unverschämte Frauenzimmer Tausende von deutschen Soldatengräbern auf dem Gewissen hat«. Marlene, das »Gewissen auf zwei langen Beinen«, wird bespuckt. Mit Eiern beworfen. Aber sie sagt das Konzert in Berlin nicht ab. Beginnt mit ihrem Song »Ich bin von Kopf bis Fuß ...«. Willy Brandt, Berlins damaliger Bürgermeister, reißt mit seinem begeisterten Applaus die Zuschauer im halb leeren Saal mit. Marlene kam, sang und siegte.

Mit 75 Jahren trifft Marlene die kühnste Entscheidung ihres Lebens: Sie entzieht sich der Welt, siedelt nach Paris um und lebt in ihrer Wohnung in der eleganten Avenue Montaigne 12, die sie, abgesehen von Arztterminen, nicht mehr verlässt. Riesiges Bett, Telefon, Unmengen von Scotch, keine Besucher. Nicht einmal ihr Astrologe Carroll Righter, der Mann, mit dem sie seit über einem halben Jahrhundert alles, jeden Termin, jede Reise, jede Entscheidung, jeden Partnerwechsel bespricht, darf zu ihr. (Übrigens: Sie war nicht religiös: »Ich denke nie über etwas nach, das es nicht wert ist, dass man darüber nachdenkt.«)

Einzige Ausnahme: 1984 kann Maximilian Schell einen Dokumentarfilm in ihrer Wohnung drehen. Zeigen darf er sie nicht. Aber man hört sie sagen: »Ich bin kein Träumer, ich bin ein praktischer Mensch, logischer Mensch. Ich hab gearbeitet mein ganzes Leben.« Nach 16 Jahren ihrer »splendid isolation« stirbt die Dietrich. Ihr letzter Wunsch war, in Berlin neben ihrer Mutter beerdigt zu werden.

Aber die Heimatstadt tut sich schwer mit ihrer großen Tochter. Die alten Vorwürfe, mit denen Marlene 1960 als »Vaterlandsverräterin« in Deutschland begrüßt worden war, leben wieder auf. Auch 1996, als man nach ihr eine Straße benennen will. Der Antrag wird 1997 abgelehnt, und nur der glückliche Zufall, dass auf dem neu geplanten Potsdamer Platz historisch unbelastete Straßenzüge entstehen, verhilft der Hauptstadt doch noch zu einem Marlene-Dietrich-Platz. Noch 2001 – Marlene wäre 100 geworden – wird ihr Grab in Friedenau beschmiert und eine geplante Gedenkveranstaltung abgesagt. Ein Jahr später, am 16. Mai 2002, wird sie posthum zur Ehrenbürgerin von Berlin. Ein Traum ging in Erfüllung. Ihren heimlichen Wunsch konnte der Diva im Hosenanzug allerdings keiner erfüllen: »Nun ja, ich wäre sehr gern ein Mann gewesen, ein großer Mann.«

Elisabeth
von Thüringen

DIE MUTTER TERESA
DES MITTELALTERS

(1207–1231)

*»Wenn mich mein Oheim gegen meinen Willen
einem Manne übergibt, werde ich mich
dagegen wehren, und wenn das nicht hilft,
schneide ich mir die Nase ab, dass
niemand mich mehr begehrt!«*
*Was für eine unerhörte Absage, da
es doch der deutsche Kaiser war,
der um die junge Witwe warb.
Aber Elisabeth von Thüringen
war kein Mauerblümchen,
vielmehr eine resolute Frau,
eine Art Mutter Teresa
des Mittelalters.*

Der Weg ist lang, die Wege sind holprig, die Planwagenkolonne braucht fast einen Monat, um die knapp 1000 Kilometer von Ungarn nach Thüringen zu schaffen. Neben »unzähligen goldenen und silbernen Trinkgefäßen, achtbaren Kränzen und Kronen, viel verzierten Fingerringen und Spangen mit edlen Steinen; viel bunten Bändern und reichem Gewand aus Pelz, golddurchwirkten Tüchern und Baldachinen, Bettzeug von purpurner Seide ... tausend Mark in feinem Silber (und) einem Badekübel aus Silber« (so ein Zeitzeuge) gehört auch »das edle Mägdelein«, Königstochter Elisabeth, zur Fracht. Ihr Vater Andreas II. handelte mit dem thüringischen Landfürsten Hermann I. einen Deal aus, der ihr Bündnis festigen und ihren Machteinfluss vergrößern sollte. Also hat sich die künftige First Lady möglichst bald mit den Landessitten vertraut zu machen. Kaum angekommen, legt man die vierjährige Braut mit ihrem Verlobten Hermann (dem Sohn des Fürsten) in ein Bett – womit ihre Ehe symbolisch vollzogen wird. Elisabeth wird weder ihre Eltern noch ihre Heimat je wiedersehen. Und solange das Kind kein Deutsch spricht, war Gott (so ihre Dienerin Guda später) ihr einziger Ansprechpartner.

Die Kleine ist tief beeindruckt. Die Wartburg, Sitz des Geschlechts der Ludowinger, ist eine Drehscheibe künstlerischer Begegnungen. Ihr Schwiegervater lädt die kühnsten Minnesänger des Landes ein; unter Hermanns Schirmherrschaft soll hier 1206 der legendäre Sängerkrieg stattgefunden haben, an dem Stars wie Walther von der Vogelweide und Wolfram von Eschenbach teilnahmen.

Die Prinzessin ist ein willensstarkes und einfallsreiches Kind, mit ausgeprägtem Gerechtigkeitssinn und einer asketisch angehauchten Frömmigkeit: »Sie versagte sich täglich etwas, um ihren Willen Gott zuliebe zu überwinden. Hatte sie beim Spiel beste Aussicht zu gewinnen, so sagte sie: ›Jetzt, beim Gewinnen, möchte ich aus Liebe zu Gott aufhören‹«, gibt ihre Dienerin Guda später zu Protokoll. Sie tanzte für ihr Leben gern, aber nach der ersten Runde hieß es: »Einmal soll mir genügen.«

Als sie fünf ist und »noch keine Buchstaben kannte«, wirft sie sich vor dem Alter nieder und schlägt den Psalter auf, als ob sie bete. Beim Betreten der Kirche nimmt sie die Krone vom Kopf und setzt sie erst nach Beendigung des Gottesdienstes wieder auf. Ihre Pflegemutter, Hermanns Gattin Sophie, tadelt: »Was meint Ihr nun damit, neue Sitten einführen, damit uns die Leute auslachen? Elisabeth, Ihr solltet nicht unter die herrschenden Fürsten, sondern zu den dienenden Mägden gezählt werden.« Elisabeth überfordert ihre Umgebung, indem sie so lebt, wie sie es für richtig hält: wie ein Christ. Als in der Silvesternacht 1216 Elisabeths Verlobter stirbt, hoffen nicht wenige am Hof, dass man die Ausländerin zurück nach Ungarn schickt.

Doch es passiert ein »Wunder«: Hermanns jüngerer Bruder Ludwig verliebt sich in die Eigenbrötlerin. 1221 heiraten die beiden, da ist sie 14. Und das Paar hält nicht viel von Konventionen: Sie schmusen öffentlich und speisen gemeinsam. Sie begleitet ihn, auf einem Pferd sitzend, auf seinen Reisen. Er bleibt ihr zeitlebens treu und duldet, dass sie sich mit Eifer um die Armen kümmert. Elisabeth gründet unter der Burg ein »Siechenhaus« mit 29 Betten, in dem Kranke versorgt werden. Im Hungerjahr 1225 öffnet sie die Vorratskammern der Burg und verteilt Getreide. »Wenn sie mir nur die Wartburg nicht verschenkt, bin ich's wohl zufrieden«, soll Ludwig gesagt haben.

Keuschheit, Respekt vor Schwächeren, Demut und Verzicht auf materiellen Wohlstand sind die christlichen Maximen, denen auch ein junger Mann in Italien sein Leben unterordnet: Franziskus von Assisi, der prominenteste Vertreter der breiten religiösen Armutsbewegung,

> *»Wie das Schilf im Fluss müssen wir uns beugen, um uns danach wieder lieblich und schön aufzurichten«*

die sich in Europa verbreitet – als Reaktion auf die Verweltlichung der Kirche: Päpste ernennen ihre Bastarde zu Kardinälen, Mönche vergewaltigen Nonnen, der Klerus verprasst die Kirchensteuer.

Ab 1219 treffen die ersten Franziskaner in Deutschland ein, und der Laienbruder Rodeger macht Elisabeth mit der Lehre des »Poverello« aus Assisi vertraut. Sie vollzieht den christlichen Radika-

lismus von Franziskus auf ihre Weise und möchte den ganzen irdischen »Ballast« loswerden. Das Nichts-mehr-Haben empfindet
sie nicht als Verlust, sondern als Bereicherung. Und sie betet viel,
vor allem nachts, wenn Ludwig schläft, als wäre sie bemüht, es beiden recht zu machen: ihrem irdischen Ehemann und dem himm-
lischen »Bräutigam«. Die junge Landesfürstin ist also weder blass
noch niedlich, vielmehr ein kühner, junger Mensch, der sein Schicksal selbst in die Hand nimmt.

1227 stirbt der 27-jährige Landgraf Ludwig von Thüringen während eines Kreuzzugs an Fieber. Die 21-jährige Elisabeth ist verzweifelt. Andererseits: Als Witwe erreicht sie das Höchstmaß an Freiheit,
das im Mittelalter einer Frau zusteht: Jetzt kann sie sich es leisten,
Barbarossas Enkel Friedrich II., den Kaiser, abzuweisen: Ihre weiblichen Pflichten sind erledigt (sie ist dreifache Mutter), und ihr Überleben ist qua Ehevertrag garantiert.

Ludwigs Bruder Heinrich Raspe, der als Vormund von Elisabeths
Sohn Hermann Thüringen regiert, weigert sich jedoch, seiner Schwä-
gerin die Witwengüter auszuhändigen. So verlässt sie die Burg. Manche Quellen sagen: Es war Flucht. Den Winter 1227/28 verlebt die
Ex-Landesmutter jedenfalls in Eisenach, mittellos, inmitten von Menschen, die sie vor Kurzem noch beschenkte und pflegte.

Jetzt aber findet sich keiner, der ihr Obdach bietet. Sie muss in
einem feuchten Schweinestall schlafen. Elisabeth ist weder ein Narr
noch versinkt sie in Selbstmitleid. Ganz im Gegenteil: Sie bittet die
Franziskaner, denen sie in Eisenach eine Kirche überließ, für sie ein
»Te Deum« (»Dich, Gott, loben wir«-Hymnus) anzustimmen: Dan-
ken will sie dem Herrn für die Geburtsstunde ihrer Unabhängigkeit.
Sie ist arm – also am Ziel. »Aller Welt Törin«, spottet Schwager
Raspe.

Unterstützung und Halt glaubt sie beim Magister Konrad von
Marburg zu finden: Auf einem Esel reitend, reist er durchs Land
und predigt Askese. Konrad ist jedoch ein düsterer Fanatiker, der die
reiche Witwe zum Werkzeug seiner Ambitionen machen will. Als
päpstlicher Inquisitor jagt er Ketzer, lässt Hunderte ohne Gerichts-
verfahren verbrennen. Sie muss ihn bald durchschaut haben – bereits

im März 1228 kommt es zur ersten Machtprobe zwischen der Königstochter und dem päpstlichen Botschafter.

Konrad verbietet ihr, auf ihren Besitz zu verzichten (den er zuvor bei Raspe für sie erstritten hat). Sie soll reich bleiben, damit die
Kirche sie eines Tages beerben kann. Also beginnt Elisabeth, ihr
Eigentum großzügig zu verschenken: »So will ich denn tun, woran Ihr mich nicht hindern könnt.« Konrad ohrfeigt und schlägt sie.
»Er befahl auch, dass E. ihr Kind, das eineinhalb Jahre alt war, völlig
von sich täte«, damit die Mutterliebe nicht der Gottesliebe im Weg
steht, berichtet ihre Vertraute Guda später während des Heiligspre-
chungsverfahrens für Elisabeth.

Sie widersetzt sich auch, als Konrad ihr untersagt, nach Marburg
zu gehen. Das Städtchen an der Grenze ihres Fürstentums erhielt sie
von Ludwig als Morgengabe. Hier möchte – und wird! – sie ein Spital
errichten. Als Patron entscheidet sie sich für den 1226 verstorbenen
Franz von Assisi.

Sie schreckt vor keiner Arbeit zurück: näht Taufkleider und To-
tenhemden, badet Kranke, füttert Alte, beschenkt Arme. Konrad
verbietet ihr, Bettlern mehr als einen Pfennig zu geben. Sie gehorcht,
aber flüstert den Bettlern zu, später wiederzukommen. Konrad erfährt es. Und jetzt geschieht Ungeheuerliches. Der Kirchenmann
befiehlt Elisabeth, sich bis auf die Unterwäsche auszuziehen, und
peitscht sie eigenhändig »mit recht groben und langen Gerten bis
aufs Blut« aus, bezeugt Irmingard unter Eid. Wohlgemerkt: Irmingard ist eine mürrische Alte, die Konrad Elisabeth »zur Hand« stellte, nachdem sie – wie befohlen – auch
ihre beiden Vertrauten aus Kinderzeiten
wegschickte, weil er sie isolieren wollte.

> *»Wir müssen die*
> *Menschen fröhlich*
> *machen«*

Sie reagiert mit einer fast überirdi-
schen Gelassenheit: »Wir müssen solcher-
lei gern hinnehmen. Es ist mit uns wie mit
dem Schilf, das im Fluss wächst. Schwillt
der Fluss an, so wird es hinuntergedrückt und neigt sich. Das Wasser
fließt darüber, ohne es zu knicken. Hört die Überflutung auf, so richtet
sich das Schilf wieder empor und wächst in seiner Lebenskraft lieblich

und schön. So müssen auch wir uns bisweilen beugen und demütigen, um uns danach wieder lieblich und schön aufzurichten.«

Eine griesgrämige Heilige war sie eh nie: »Ich habe es euch immer gesagt: Wir müssen die Menschen fröhlich machen.« Aber auch keine weichliche Frau. In ihrem Hospital herrscht ein strenges Regiment. Einer Frau, die das Gebet verschläft, gibt sie eine Ohrfeige. Einem Mädchen, das bei der Arbeit nicht spurt, schneidet sie kurzerhand das Haar ab. Ja, sie kann auch unerbittlich sein. Kurz: Als Willensmensch ist sie Konrad durchaus gewachsen – und als Christ haushoch überlegen.

Denn sie bewahrt in jeder Situation Würde und klaren Verstand. Und doch bringt diese »Närrin in Christo« mit ihrem passiven Widerstand das Althergebrachte durcheinander. Als Elisabeth tödlich erkrankt, erscheint der unvermeidliche »Seelenführer« am Sterbebett und fragt nach ihrem Testament: »Ich habe Eurem Befehl alles geopfert, mein Leben, meine Kinder, meinen freien Willen. Und jetzt soll ich ein Testament machen?« Sie gewinnt auch die letzte Machtprobe.

Nachdem die 24-Jährige in der Kapelle des Spitals aufgebahrt wurde, berichtet die Marburger Spitalschwester Irmgard, hätten Leute zum Zeichen ihrer Verehrung Stücke von den Leichentüchern abgerissen, der Toten Haar, Nägel, gar einen Finger abgeschnitten. Fünf Jahre später wird sie feierlich in die frühgotische Elisabethkirche in Magdeburg umgebettet; unter dem Schrein aus purem Gold läuft, barfuß und im grauen Büßergewand, der verschmähte Kaiser Friedrich II. Konrad strebt mit aller Kraft Elisabeths Heiligsprechung an. Bis 1233 werden über 600 Zeugen vernommen, 105 Wunder als glaubwürdig registriert. Zu Pfingsten 1235 wird Elisabeth von Thüringen von Papst Gregor IX. in das Verzeichnis der Heiligen aufgenommen.

Einmal, so heißt es, schleppte die Thüringer First Lady unerlaubt einen Korb voller Brote für die Armen von der Wartburg nach Eisenach. Als ihr Mann, der Graf, sie stellte, war ihr Korb voller Rosen. Ein anderes Mal legte sie in seiner Abwesenheit einen Aussätzigen in sein Bett, um ihn besser pflegen zu können: »Als dies dem

Landgrafen gemeldet wurde, eilte er, um sich selbst von dieser Unge-heuerlichkeit zu überzeugen.« Leiser Groll stieg in ihm auf, er riss die Decke hoch und fand – den Gekreuzigten aus Holz.

Beide »Wunder« gehören in das Reich der Legenden, die den Verstand besänftigen, um zu helfen, die Heiligen zu verstehen, sie mit der Seele zu sehen. Elisabeth jedenfalls teilte, was sie hatte, um mehr sein zu können.

Susanne
Erichsen

DAS ORIGINAL-»FROLLEINWUNDER«
(1925–2002)

*»Mode war der Mittelpunkt
meines Lebens. Alles, was außerhalb
der Salons und des Laufstegs passierte,
nahm ich kaum wahr.« – Das gesteht
Susanne Erichsen, die als
»Fräuleinwunder« zur ersten Nach-
kriegsbotschafterin der deutschen
Mode wird, doch den Mann ihres
Lebens erst mit 52 findet.*

Am 2. September 1950 versammelt sich im überfüllten Kurhaus von Baden-Baden alles, was in Deutschland Rang und Namen hat: Prominente, Politiker, Presse. Das Millionenpublikum nimmt teil via Wochenschau. Alle wollen dabei sein, wenn die erste Miss Germany der jungen Bundesrepublik gewählt wird. Not und Elend des Krieges sind nicht vergessen, aber man kann sich wieder etwas gönnen und sehnt sich nach neuen Idolen.

Die Gewinnerin: Susanne Erichsen, geboren in Berlin, Miss Schleswig-Holstein; den Titel hatte sie bei einem Badeurlaub auf Sylt erworben. Sie erhält einen Gutschein über eine Woche Urlaub im Golfhotel (den sie nicht einlösen kann, da sie zu beschäftigt ist) und einen Gutschein von Pan Am für einen Flug in die USA (den sie nie einlöst, weil sie den Rückflug selbst hätte zahlen müssen). Eine Woche später präsentiert sich Germanias Schönste in Rimini bei der Miss-Europa-Wahl.

Dabei hielt die Hebamme es für notwendig, Susannes Mutter nach der Geburt ihrer Tochter zu trösten: »Ach, Jottchen, kiek mal, doppelte Ohrläppchen hat se och noch. Schön isse ja nich, aba det wird«, berichtet Susanne in ihrer Biografie *Ein Nerz und eine Krone*.

Sie erzählt auch, wie ihr Vater verschwand, als sie vier war, und der Stiefvater, ein Spezialist für Maschinenbau, von russischen Headhuntern angeworben wurde: Stalins Sowjetunion brauchte Fachkräfte, um ihren Aufbau voranzutreiben.

1932 geht der deutsche Ingenieur samt seiner Verlobten und ihrer Tochter nach St. Petersburg, die Stadt an der Newa, in welcher der Glanz der alten Zarenzeit noch überall spürbar ist. Die »Gastarbeiterfamilie« wohnt zusammen mit 25 anderen Familien im ehemaligen Fürstenpalais. Weißer Marmorfußboden, Stuck, Kronleuchter: »Es war zu schön. Es war ein Märchen.« Aber auf der Straße leben Kinder, die Hunger haben. Mit einem von ihnen teilt sie ihre Brotzeit – bei ihrem ersten Aufenthalt in Russland hat sie ja genug zu essen. 1935, gerade noch rechtzeitig, bevor die stalinistischen Säuberungsaktionen, die Schauprozesse, die Deportation von »Staatsfeinden« und ausländischen »Spionen« in die Gulags beginnen, geht es zurück nach Berlin

In Hitlers Deutschland kommt Susanne, Jahrgang 1925, »wie jedes andere deutsche Mädchen auch in den BDM«, schneidet sich heimlich die Zöpfe ab – und wird vom Stiefvater vertrimmt, wenn er sie mit Puder im Gesicht erwischt. Zu seinen strikten Prinzipien gehört, dass sich ordentliche Frauen nicht schminken und über Unangenehmes nicht zu sprechen haben. Nach der Reichsprogromnacht »ging unser Familienleben weiter, als wäre nichts geschehen: ›Das geht uns nichts an.‹ Dieser Satz war mir in Fleisch und Blut übergegangen.«

Susanne wird Cutterin in den Babelsberger Filmstudios, meldet sich Anfang 1945 als Helferin bei der Luftwaffe, eine Bronchitis beendet den Arbeitsdienst. Nach Deutschlands Kapitulation trifft sie in Berlins Trümmern Sven Erichsen. 14 Jahre älter, Norweger. Am 15. Juni 1945 heiraten sie: »Sven gab mir das, was ich mir von einem Vater immer gewünscht hatte.« Die Frischvermählten werden von Rotarmisten in einen Zug gesteckt und in ein sowjetisches Gefangenenlager verschleppt: »Dieser Ort hier schien vergessen vom Rest der Welt. Wir befanden uns in Stalinogorsk, in jenem großen Sammellager ungefähr 200 Kilometer südlich von Moskau.« Diesmal ist sie es, die in Russland hungert. Im russischen Gefangenenlager kriegt sie pro Tag 500 Gramm Schwarzbrot, einige Löffel Zucker, 10 Gramm Machorka (Tabak) ohne Papier, mittags dünne Kohlsuppe mit Heringsköpfen.

Als Sven zurück nach Norwegen darf, wird sie einer Aufbaubrigade zugeteilt – für die Russen ein »Teil der Reparation«. Die junge Frau muss bei 40 Grad minus Mörtel und Steine schleppen. Nach einer schweren Diphtherie kommt sie in ein Bergwerk, sortiert in 70 Metern unter der Erde Kohle. Ihren Mann sieht sie nie wieder.

1947 wird sie entlassen, findet, »verlaust und mit Hungerödemen überzogen«, ihre Eltern in Berlin wieder. Badet das erste Mal nach Jahren: »Das war Freiheit!« Auch von Mamas fetten Suppen kann sie nicht genug kriegen. Sie findet einen Job als Cutterin in den Bavaria-Ateliers und wird auf der Münchner Maximilianstraße von einer Moderedakteurin entdeckt. Aber da Mutters Suppen ihre Wirkung getan haben, soll sie erst einmal als Hutmodell posieren. Um als Mannequin engagiert zu werden, muss sie abnehmen. Trotz Angst vor Hunger: »Ich hatte sogar mit dem Rauchen angefangen, um nicht ständig ans Essen denken zu müssen.« Modelt sie, hat sie ein »Schraubglas mit gekochtem Reis und Petersilie« in Greifweite.

1949 wird sie zum schönsten Mannequin Münchens gewählt (der Preis ist ein russischer Silberfuchs) und erhält vom Berliner Modehaus Gehringer & Glupp einen Vertrag als Haus-Mannequin. Während der Miss-Wahl in Baden-Baden kommt es zu einem Eklat. Zwar stimmen 436 der Anwesenden für und 211 gegen Susanne, aber fünf der sieben Preisrichter verlassen unter Protest den Saal. Der Grund? Ein Verstoß gegen das Reglement. Die »Miss« ist kein Fräulein mehr, da sie schon einmal verheiratet war. Susanne darf den Titel behalten, weil ihre Ehe inzwischen annulliert ist.

Der Sieg wird zum Startschuss einer internationalen Karriere auf dem Laufsteg – und das Hungern geht weiter. »Obwohl wir alle schlank waren, trugen wir ständig Korsetts, nicht nur bei den Auftritten, sondern den ganzen Tag ... Schlimm waren auch die Mieder, die eine enge Taille machten und dir den Bauch ganz wegpressten, denn auf einmal durftest du keinen Bauch mehr haben. Das war eine Folter, du konntest kaum was essen.«

»Schlimm waren die Mieder – eine Folter«

1952 präsentiert sie die Kollektion von Gehringer & Glupp in New York. Die Amerikaner begeistern sich für die Deutsche, Susanne wird zum Synonym der robusten Generation des Wiederaufbaus, zum »Frolleinwunder«. Und dabei ist sie nicht einmal blond! Für das Magazin *Film und Frau* posiert Susanne vor Manhattans Skyline. Und plötzlich weiß jedes deutsche Mädchen, dass es einmal auch ein Model werden will.

Zehn Jahre pendelt sie zwischen New York und Berlin, verdient pro Stunde so viel wie ein deutscher Industriearbeiter im Monat: fast 100 Dollar (etwa 420 Mark). Aber satt ist sie nie: »Anders als in Berlin waren die Kleider der New Yorker Modehäuser nicht maßgeschneidert, sondern nach Größen gefertigt. Als Mannequin musste man hineinpassen, oder man bekam keine Jobs mehr.« Also nimmt sie Pillen: gegen Hunger, zum Entwässern, zum Aufputschen, zum Einschlafen. Dazu 40 Zigaretten am Tag, Scotch und Marihuana: Die Glitzerwelt, das furiose Jetset-Leben wird mit Raubbau am Körper erkauft.

Stalins Tod, der Volksaufstand am 17. Juni in Berlin, Kriege in Korea und Algerien, das allgemeine Wettrüsten »zogen wie im Film an mir vorbei«. Die neuen Frauenidole wie Marilyn Monroe & Co. hingegen nimmt sie genau wahr: »Sie waren anders als wir, weniger elegant, dafür offensiver erotisch. Langsam, zunächst kaum merklich, rückte der Glamour der Haute Couture aus dem Mittelpunkt.« Angesagt sind Jeans und einfache Kleider, es regiert ein immer penetranterer Jugendwahn.

Susanne gönnt sich eine zweijährige Ehe mit einem jüngeren Bulgaren (von Beruf Chemiker, vom Wesen Gigolo), bevor sie sich 1966 von New York verabschiedet – um in Deutschland eine Geschäftsidee zu testen: »Unsere Backfische kleideten sich damals immer noch vor allem praktisch. Und wenn es Jugendmodelle gab, dann waren sie nichts anderes als eine kindlich verkleinerte Spielart der ›großen‹ Mode, etwas altbacken, unangemessen und steif.« Die »Susanne Erichsen Teenagermodelle GmbH« schlägt ein wie eine Bombe. Aus dem Backfisch wird ab sofort der Teenager, und der trägt Suses Petticoats, Pullover und Caprihosen.

Vom Modeln hat sie mittlerweile genug. Und als der Boom der Teenager-Mode nachlässt, gründet sie in Berlin eine Mannequin- und Modeschule, die sie 22 Jahre lang leitet. Erichsen ist 52, als sie den Mann ihres Lebens trifft: den Drehbuchautor Heinz Oskar Wuttig. Auch er war Kriegsgefangener in Russland, auch für ihn ist es die Liebe auf den ersten Blick. Sie kaufen ein Boot, sie reisen zusammen, obwohl er verheiratet ist. Wuttig lässt sich aus Rücksicht auf seine Frau nicht scheiden. Und Susanne wird mit dem Altwerden konfrontiert.

Wie altert eine Frau, für die das »Spieglein, Spieglein an der Wand« zum Gradmesser ihres weiblichen Wohlgefühls wurde? Die merkt, dass graues Haar und schlaffer Po eine Frau unsichtbar machen für Männer? Solange Wuttig lebt, meistert Suse ihre Furcht vor Falten. Als er nach 2435 gemeinsamen Tagen stirbt, erkennt sie, dass nicht »die Falten und zunehmenden Zipperlein das größte Problem« sind, vielmehr der Mangel an einer sinnvollen Aufgabe: »Was mir manchmal fehlte, war der Trubel, der in meiner aktiven Zeit mein Leben geprägt hat. Auf einmal hatte ich genug Zeit, ganze Tage und Wochen. Nur mühsam lernte ich, eine eigene, selbstbestimmte Lebensroutine zu entfalten und mich nicht einfach treiben zu lassen.«

Seit 1984 lebt sie zunehmend zurückgezogen in ihrer Villa im Grunewald, geht gelegentlich zu Abendgesellschaften und Premieren. Aber »ich werde zu häufig übersehen. Das macht mich richtig traurig.« Erst zum 50. Jubiläum ihrer Wahl zur Miss Germany erinnert man sich an die Frau, die Deutschland in der Welt wieder ein menschliches Antlitz verliehen hat. Es hagelt Interviewanfragen. Und sie soll noch einmal auf den Laufsteg, exquisite Abendmode präsentieren. Sie zögert. »Aber dann packte mich doch der Ehrgeiz, es – wie so oft – allen zu zeigen. Ich wollte wieder ins Rampenlicht. Noch einmal habe ich beweisen dürfen, wie Schönheit und Mode begeistern können – selbst wenn man darüber alt geworden ist.«

Über ihr Leben:
»Es war hart. Aber
es war toll«

Ihre Botschaft an die Mädchen, die in Casting-Shows ihren Träumen von einer Weltkarriere hinterherstöckeln? »Schönheit allein reicht nicht aus, um im Leben Erfolg zu haben.« Schönheit ist nur das Grundkapital, weit mehr als »eine Sache der Haut und des glatten Profils. Schönheit kommt von innen, ist Ausstrahlung.«

Nach einem Schlaganfall zieht sie in ein Heim um. Liften ließ sie sich nie.

Anna
Freud

WAR DER VATER
IHRE KRANKHEIT?
(1895–1982)

»*So möchte ich also auch wirklich sein wie Vater, erstens ihm zuliebe und zweitens, weil ich selbst weiß, dass es die einzige Chance ist, die man hat, einigermaßen brauchbar zu sein.*« *Als Anna Freud diese Zeilen schreibt, ist sie eine Frau von 32 Jahren. Dennoch schafft sie es, sich aus der Umklammerung ihres Übervaters Sigmund Freud, dem Schöpfer der Psychoanalyse, zu lösen und zur bedeutendsten Kinderpsychologin Europas zu werden. Aber am Ende ihres Lebens ist das einzige Lebewesen, das ihre Liebe erwiedert, ein Hund mit blauer Zunge.*

Spätestens 1924 – Anna ist 28 – gibt Freud zu: »Das Kind macht mir Sorge genug; wie sie das einsame Leben vertragen wird und ob ich ihre Libido aus dem Schlupfwinkel, wohin sie sich verkrochen, heraustreiben kann.« Tatsache ist, dass ausgerechnet die Tochter jenes Mannes, der die Sexualität zum Small Talk macht, ihre eigene Sexualität wohl nie ausgelebt hat. Jedenfalls nicht mit einem Mann.

Anna kommt ungewollt zur Welt, ihre Mutter Martha ist bereits 34 und mit ihren ersten fünf Kindern ausgelastet. Weder sie noch ihre jüngere Schwester Minna, die mit der Familie wohnt, kümmern sich um »Annerl«. Man stellt für sie eine »dritte Mutter« an, ein katholisches Kindermädchen. Die Kleine fühlt sich »von den Großen ausgeschlossen ..., ihnen nur zur Last zu fallen, gelangweilt und verlassen«, schreibt sie später und wird aus dieser Erfahrung ihr Einfühlungsvermögen in Bezug auf Kinder schöpfen: Fühlt sich ein Kind verloren, geht es verloren.

Jetzt aber versucht sie wie alle normalen Kinder, aufzufallen, merkt, dass ihre »Unartigkeit« Papa amüsiert, vor allem wenn sein »schwarzer Teufel köstlich frech« ist.

Wie ihre Schwestern darf Anna auch nicht aufs Gymnasium, sondern muss ein Lyzeum besuchen, um auf den Beruf einer Grundschullehrerin vorbereitet zu werden. Sie glänzt. Daraufhin nimmt der Vater die 14-Jährige mit zu den Sitzungen der Wiener Psychoanalytischen Vereinigung. Und gibt ihr seine Bücher zum Lesen. Nach Schulende versinkt Anna in exaltierte Träumereien – und in die Muster ihrer Strickerei. Freud deutet diese Tätigkeit als Sex-Ersatz: Stricknadeln sind Penisse, wer strickt, spielt damit, um seinen Penisneid zu verdecken. Aber der »Familienstrickzirkel« unter der Leitung von Minna strickt weiterhin wie wild, Anna inklusive. Die jedoch wird nach seinem Tod seine Interpretation infrage stellen. Und zeitlebens stricken.

Anna wird Lehrerin, gleichzeitig lässt sich ihr Vater von ihr zu Kongressen begleiten, überträgt ihr die Führung seiner Korrespondenz und behauptet: »Sie verlangt nicht, als Frau behandelt zu werden, ist noch weit entfernt von sexuellem Verlangen und lehnt Männer eher ab!« Ach, wie heuchlerisch!

1918 nimmt Professor Freud seine Tochter in Analyse, eine Stunde täglich, sechs Tage die Woche, drei Jahre. Womit er selbst bei seinen treuesten Anhängern Unbehagen stiftet: Weiß er nicht, dass Patienten während der Behandlung ihre verdrängten Gefühle auf den Analysten übertragen? Allen voran sexuelle Sehnsüchte?

Anna erzählt ihrem Vater alles, sie schreibt ihm sogar ihr »Nachtleben« auf: »Neulich habe ich geträumt, dass du ein König bist und ich eine Prinzessin und dass man uns durch politische Intrigen auseinanderbringen will.« Sie möchte ihn beschützen, aber ihr Säbel (für Papa ein Hinweis auf Annas Penisneid) bricht.

1919 veröffentlicht er ein Schriftstück mit dem Titel »Ein Kind wird geschlagen«, in dem er Annas Geständnisse verwertet. Sie muss über sich lesen: »Der Wunsch, vom Vater ein Kind zu bekommen, ist beim Mädchen konstant.« Die Kritik seiner »Jünger« wird immer lauter: Freud »vergewaltigt« seine Tochter, macht aus ihr ein »heiliges Ungeheuer«, eine »unerbittliche Hüterin der Reinheit seiner Lehre«.

1922 wird Anna Mitglied der Wiener Psychoanalytischen Vereinigung. Freuds Reaktion: »Ich bedaure sie sehr, dass sie noch im Hause bei den Alten sitzt, aber andererseits, wenn sie wirklich fortginge, würde ich mich so verarmt fühlen wie zum Beispiel jetzt, wie wenn ich das Rauchen aufgeben müsste.« Er raucht bis zu 20 Zigarren (!) täglich, obwohl er darin einen Ersatz für Masturbation erkennt.

Anna hat mittlerweile begriffen, dass der einzige Weg zur Selbstständigkeit darin liegt, etwas Eigenes zu erschaffen. 1923 eröffnet sie eine Praxis für Kinderanalyse. Sie ist sicher: Kein Kind kommt »kaputt« auf die Welt, Problemkinder werden von ihrer Umgebung »gemacht«. Und: Der Sextrieb ist nicht der einzige Schuldige an ihren Problemen. Damit weicht sie entschieden von der Lehre ihres Vaters ab.

In den Wochen ihrer »Befreiungsversuche« wird bei Freud Rachenkrebs diagnostiziert. Nach der Operation weigert sich Freud, eine andere Pflegerin als Anna um sich zu haben. Sie schließen einen Pakt: Kein Gefühl wird zur Schau getragen. Mitleid, Anteilnahme? Tabu. Durchschaut Anna sein »Spiel« nicht? Jedenfalls pflegt sie ihn nicht nur, sie vertritt ihn auch. 1925 muss sie beim Kongress in Bad Homburg seinen Text vorlesen, in dem er die moralische Minderwertigkeit des Weibes zu beweisen hofft.

»Natürlich werde ich immer mehr auf Annas Pflege angewiesen sein. Jedenfalls war es sehr weise, sie gemacht zu haben«, resümiert Vater Freud. Und er nimmt die Berufsanalytikerin 1924 erneut für neun Monate (!) in Analyse: »Sie arbeitet wirklich gut, aber wie alle Frauen immer fanatisch und macht sich zu sehr müde«, schreibt er 1925. Klingt wie ein Nachruf.

»Kein Kind kommt kaputt auf die Welt«

Im selben Jahr taucht ein Mensch auf, der Anna wichtiger wird als der Papa: Dorothy Burlingham, jüngste Tochter des Glasmillionärs Louis Tiffany. Eine Amerikanerin, die an die »Heilkraft« der Psychoanalyse glaubt. Nachdem sich ihr Ehemann als Homosexueller outet, verlässt sie ihn und kommt nach Wien. Anna erklärt sich 1925 bereit, Dorothys Kinder zu analysieren. Bald fahren die »Girls« durch den Wienerwald, machen Urlaub in Italien, Dorothy trägt Dirndl (wie Anna).

Anna veröffentlicht 1927 die *Einführung in die Technik der Kinderanalyse* und gründet die Hitzinger Schule für Kinder, die in einer normalen Schule nicht klarkommen. 1930 kaufen die beiden Frauen (Anna strickt kaum noch!) ein Bauernhaus bei Wien. Bei Vater Freud läuten die Alarmglocken; er denkt nicht daran, die Kontrolle über Anna aufzugeben, und lädt Dorothy 1928 ein, in seinem Haus zu wohnen. Bietet an, sie zu analysieren. Dorothy lehnt ab. Er schenkt ihr eine Opalbrosche, sie verliert sie.

Anna hat jetzt einen geliebten Lebensgefährten auf Augenhöhe gefunden. Aber eine Frau, die als Sexpartner eine Frau wählt, verzichtet darauf, eigene Kinder zu bekommen. Also organisiert sich Anna eine »Ersatzfamilie« – einen Patchwork-Lebenskreis mit Männern, aber ohne Ehemann. Sigmund Freud nimmt sie immer mehr in Anspruch (»Annas Bedeutung für mich ist kaum mehr zu steigern«). Anna protestiert nicht, sie ist das Opferbringen gewohnt.

In Berlin kommt Hitler an die Macht, für die Nazis ist Psychoanalyse »jüdische Pornografie«, Freuds Bücher werden wegen »seelenzerstörerischer Überschätzung des Sexuallebens« verbrannt. Am 11. März 1938 marschieren die Nazis in Österreich ein, um es »heim ins Reich«

zu holen. Freuds Wohnung wird von der Gestapo durchsucht. Und da man jemanden mitnehmen muss, bietet sich Anna anstelle ihres Vaters an.

Am 22. März wird sie in das SS-Quartier gebracht. Sie nimmt ein starkes Betäubungsmittel mit für den Fall, dass man sie foltern sollte. Erst jetzt lässt sich Freud durch seine Freunde von den Besatzern freikaufen. Am Pfingstsamstag verlassen Vater und Tochter Anna Wien und treffen am 6. Juni 1938 in London ein. Martha und Minna kommen nach, Freuds vier Schwestern kommen im KZ ums Leben. In seiner *Kürzesten Chronik* seiner zehn letzten Jahre erscheint der Name seiner Frau 14-, seiner Tochter 50-mal.

Sigmund Freud ist als Analytiker begehrter denn je. Aber: Er hat inzwischen 31 Operationen hinter sich, kann kaum noch essen, sogar das Sprechen ist mit Schmerzen verbunden. Am 1. August 1939 schließt er seine Praxis. Noch in Wien hat er seinem Hausarzt Max Schur das Versprechen abgenommen, ihm eine Überdosis zu spritzen, sollten die Schmerzen unerträglich werden: »Lieber Schur, besprechen Sie es mit der Anna, und wenn sie es für richtig hält, machen Sie ein Ende.« Wie teuflisch! Sie soll für ihn über Tod und Leben entscheiden.

Fünf Tage nach Vaters Beerdigung empfängt Anna wieder Patienten. Außerdem übernimmt sie die Hauptverantwortung für Freuds Nachlass, organisiert Kongresse, wird die Herausgeberin seiner *Gesammelten Werke*, aber konzentriert sich auch auf ihr Fachgebiet: Kinderpsychologie. Zusammen mit Dorothy gründet sie eine experimentelle Kindergruppe für arme und Waisenkinder. 1942 erscheinen ihre Schriften über *Kriegskinder* und *Anstaltskinder*.

1951 gründet Anna in London ihre »Hampstead Clinic«. Hier wird sie ihre wissenschaftlichen Ambitionen verwirklichen, hier werden bedürftige, Einwanderer- und Problemkinder betreut. Sie ist die Erste, die das Kind als eigenständiges Wesen sieht, das als Erwachsener weitergeben wird, was es in der Kindheit erlebte.

Behandelt sie ein dickes Mädchen, erklärt sie seinen Eltern: »Sie denkt mit dem Bauch.« »Es ist sehr schwer, mit einem kleinen Engel zu wetteifern«, heißt es, wenn ein Kind nach dem Tod seines jüngeren Geschwisters hysterisch wird. Fragt sie einer ihrer kleinen Patienten:

»Wo wohnst du?«, antwortet sie: »Weißt du, wo Jofi wohnt? Da wohne ich auch.« Jofi ist ihr Hund, ein Chow-Chow.

Als Dorothy 1979 stirbt, trauert sie, eingehüllt in Dorothys handgestrickte Jacke. Nach einem Schlaganfall 1982 kann Anna weder sprechen noch stricken, aber ihren Kampfgeist und Humor bewahrt sie. Wenn man sie bittet, den Namen des nächsten Verwandten anzugeben, schreibt sie »Jofi«. Und fährt man sie im Rollstuhl herum, hüllt sie sich, klein wie ein Schulmädchen, in den großen, warmen Lodenmantel ihres Vaters (der heute im Londoner Freud-Museum zu finden ist). »Miss Freud« wird die große Dame, die »Stammmutter« der Psychoanalyse. Aber sie ist nicht nur Übersetzerin von Vaters Wissenschaft, sondern auch die Pionierin, welche die Schwachstellen seiner Theorien erkennt und korrigiert. Psychoanalyse ist kein Allheilmittel, aber sie kann dem Menschen helfen, mit seinen Begierden und Illusionen einen Waffenstillstand zu schließen.

»Auch Psychologen haben Gefühle«

Das ständige Zittern ihres Kopfes und ihrer Hände lässt Anna verzweifeln. Am 7. Oktober 1982 stöhnt sie: »Ich kann es nicht länger ertragen.« Ein Neurologe verschreibt ein Opiat, am 9. Oktober stirbt Anna. Wie sie es sich wünschte, spielt man bei ihrer Beerdigung Gustav Mahlers »Das Lied von der Erde«. Wie bei Dorothys Begräbnis.

Regine Hildebrandt

DIE MUTTER COURAGE DES OSTENS
(1941–2001)

*»Erzählt mir doch nicht, dass es nicht geht!« –
So reagierte Regine Hildebrandt jedes Mal,
wenn ihr einer jammernd kam.
Und dann packt sie selbst an, zeigt,
wie man Probleme löst, statt zu reden.
Das macht die schnoddrige Berlinerin,
die neben dem Todesstreifen aufwächst,
zur politischen Schutzherrin des
Ostens der Nachwendezeit.*

In Alfred Bioleks Kochsendung *alfredissimo!* verzichtet sie auf aufwendiges Edelstahlgerät (»Das muss man dann doch alles abspülen!«), bereitet einen »Frankfurter Kranz« mit der Gabel und mit Margarine statt Butter zu, so wie es ihr ihre Großmutter beigebracht hat, so wie es ihre eigenen drei Kinder von ihr lernten. In Götz Alsmanns Talkshow *Zimmer frei* verkündet sie mit einem fast trotzigen Stolz: »Man versteht mich auch im Altenheim.«

Zwei Szenen, welche die geradlinige »Ossi-Lady« charakterisieren: Sie steht zu ihrer Herkunft und gibt vielen eine Stimme, die sonst kaum gehört wurden. Strategie und Taktik? »Ist nicht mein Ding.« Sie kämpft fröhlich gegen soziale Kälte, ohne an Eigennutz oder Gewinn zu denken, und erobert die Herzen der Menschen im Sturm. Nicht nur im Osten.

Während eines Wahlkampfs heißt es auf den Plakaten in Dinslaken und Herne »Hildebrandt kommt«. Das genügt. Der Andrang ist enorm, sie macht sich lustig über Politiker-Worthülsen wie »Handlungsbedarf« oder »Umbau des Sozialstaats«. In der Landes-SPD geht schließlich der Spruch um: »Biete zwei Scharping gegen eine Hildebrandt.« Und bundesweit hat Regine mehr Termine als die beiden anderen Ost-Sozialdemokraten, Manfred Stolpe und Wolfgang Thierse, zusammen.

Politik? – »Verdirbt den Charakter, hat meine Mutter gesagt. Ich gebe mir Mühe, dass das nicht der Fall ist.«

Die Mutter ist eine bodenständige Hausfrau, die einen kleinen Tabakladen betreibt, ihr Vater Kaffeehauspianist. Als Kriegskind erlebt Regine Bombenhagel, Hunger und Kälte. Die vierköpfige Familie teilt sich mit einer Untermieterin zweieinhalb Zimmer. Sie wächst in der Bernauer Straße 2 auf. Der Bürgersteig vor dem Haus liegt im Westen, im »französischen Sektor«, während Haus und Wohnung zum »Osten« gehören.

Im Nachbarhaus wohnt Helmut Hildebrandt, Pastor der Versöhnungskirche in der Bernauer Straße. Sein Sohn Jörg ist zwei Jahre älter als Regine. »Wir waren Freunde, lange bevor jemand an Ehe und Familie dachte«, sagt er, »sie war als Kind schon so wie als Frau. Spontan und lebenshungrig. Sie hat sehr früh motivierend und hinreißend geredet und daran hat sich nie etwas geändert.« Die Nähe zur Kirche (seit 1961 ist sie Chorsängerin der Berliner Domkantorei) wird der Unangepassten in der DDR immer wieder Schwierigkeiten bereiten.

Da sie kein Mitglied der FDJ ist, wird ihr trotz Einser-Abitur das Studium verwehrt, bis sich ein Professor der Humboldt-Universität für die Hochbegabte einsetzt. Regine wählt Biologie, eine ideologisch unbedenkliche Wissenschaft. Nach der Promotion 1964 wird sie Vize-Abteilungschefin beim VEB Berlin-Chemie, seit 1976 arbeitet sie in der Ostberliner Zentralstelle für Diabetes- und Stoffwechselkrankheiten.

13. August 1961. Der Mauerbau: »Wenn ich aus dem Fenster geschaut habe, war ich mit dem Kopf im Westen und mit dem Hintern im Osten.« Die Bernauer Straße grenzt an den Todesstreifen, der Bruder mit seiner Frau seilen sich in den Westen ab, sie bleibt: »Dass ich nicht abgehauen bin, hatte wahrscheinlich auch mit protestantischer Tradition zu tun: Wo du hingestellt bist, da setzt du dich ein.« Sie hört die Schüsse, die Fliehende töten.

1966 heiraten Jörg und Regine. Und auch die Erziehung der drei Kinder wird zu einer gefährlichen Gratwanderung, wenn man sich nicht selbst belügen will. Bei den Hildebrandts gibt es keine Begradigung von Ansichten, um unauffällig zu bleiben. Nicht nur in der Kirche, auch daheim singt man Luthers Lied »Ein feste Burg ist unser Gott«. Ab 1968 wird die Familie von der Stasi beobachtet. »Innerhalb der Familie besteht ein großes Zusammengehörigkeitsgefühl«, wird Hildebrandt später in ihrer Akte lesen. Was für ein Kompliment, welches Eingeständnis der geistigen Ohnmacht!

Aus nächster Nähe kann sie dabei zusehen, wie das Regime an seiner eigenen Arroganz scheitert. 1985 lässt es die Versöhnungskirche sprengen, Hildebrandt hält die Barbarei mit der Fotokamera fest; und die Trümmer begraben auch ihre Hoffnung, dass sich irgendwas zum Guten wendet in der DDR. »Ich habe mich eigentlich nie für Politik interessiert. Das kam nur durch die Wende. Das war die Einsicht in die Notwendigkeit: Wenn etwas anders werden soll, müssen das auch andere Leute machen«, sagt sie. Noch vor dem Fall der Mauer tritt sie in die Ost-SPD ein. Aber sie spielt auch weiterhin bei den Hausmusiken

Klavier, legt vor dem Schlafengehen Patience, verzichtet auch weiterhin auf einen Fernseher.

12. April 1990. Regine Hildebrandt wird Ministerin für Arbeit und Soziales in der letzten Regierung der DDR unter Lothar de Maizière (CDU). Nach der Wiedervereinigung übernimmt sie das gleiche Amt in der Landesregierung von Brandenburg. Sie fällt auf. Der Haarschnitt, die Schnauze, das Herzblut! Bundeskanzler Helmut Kohl nennt sie eine »Dame mit dem Geschrei einer Barrikadenkämpferin der Pariser Kommune«. 1991 wird die Berliner Göre vom Deutschen Staatsbürgerinnen-Verband zur »Frau des Jahres« gewählt.

> *»Ich sage immer:*
> *Kopf und Schwanz, das*
> *ist kein Glück – das*
> *Beste ist das Mittelstück«*

Regine liest Akten meistens im Dienstwagen, ist mehr bei der »Basis« als in ihrem Ministerium. Das schafft Unruhe unter Amtskollegen und Beamten. 1997 hat sie die Staatsanwaltschaft am Hals. Hildebrandt soll Restgelder über Jahresgrenzen hinaus gehortet, Fördergelder ohne gesetzliche Grundlage verteilt haben. Der Landtag rügt sie. Das Verfahren wird 1999 eingestellt.

1999 verliert die SPD ihre absolute Mehrheit in Brandenburg. Regine ist für eine Koalition mit der PDS: »Ohne die linke Herzkammer kann die SPD nicht existieren«, sagt sie. Als es zur großen Koalition mit der CDU kommt, tritt sie zurück. Sie wolle nicht mit Leuten am Kabinettstisch sitzen, die sie »im Wahlkampf als Arschlöcher kennengelernt« habe. CDU-Generalsekretärin Angela Merkel erklärt noch am Wahlabend: »Diese Frau schadet der deutschen Einheit.« In Wirklichkeit haben beide Frauen Großes für die Wiedervereinigung geleistet.

Ihre Gegner werfen ihr vor, das in der DDR als selbstverständlich wahrgenommene Recht auf soziale Hängematten auf Kosten der westdeutschen Steuerzahler konservieren zu wollen. Dabei will sie keine milden Gaben, sondern lediglich Verständnis für Menschen, die lernen mussten, wie Freiheit, Demokratie, Marktwirtschaft funktionieren. Sie versucht, die Würde der »Ossis« zu retten, bekämpft allerdings schnauzig jede Ostalgie. Als der Abriss des Ostberliner Palastes der Republik beschlossen wird, lässt sie die Nation wissen: Dort aufs Klo zu gehen »war ein kulturelles Ereignis«.

Sie sagt: »Damals, im Herbst 89, wollten wir eine Demokratisierung der DDR, wir wollten Versammlungsfreiheit, Meinungsfreiheit, Reisefreiheit. Was dann kam, haben wir uns anders vorgestellt. Dann kam die Einheit und damit der Kampf um die Frage, ob es nicht auch ein paar Sachen aus dem Osten gibt, die im Westen hilfreich wären. Es gab nun einmal Dinge, wo der Westen etwas hätte lernen können. Im Rentensystem etwa. Oder im Gesundheitswesen.« Nicht zu vergessen: »Im Osten haben wir kollektiviert wie die Blöden, da gab es überhaupt kein Individuum mehr. Wir waren im Wohnkollektiv, im Arbeitskollektiv, im Leistungskollektiv. Aber was wir jetzt erleben, das ist meines Erachtens noch unverträglicher. Wir erleben hier ja auch alles noch einen Zahn schärfer als drüben: Das ist die Ellenbogengesellschaft par excellence!«

Regine ist zu dieser Zeit schon an Brustkrebs erkrankt: Bereits am 4. Juli 1996 wird ihr eine Brust amputiert. Sie spricht öffentlich über ihre Krankheit und fordert die Aufhebung des Verbotes aktiver Sterbehilfe. In ihrer Patientenverfügung vom 25. Februar 2001 schreibt sie: »Im Endstadium meiner Krankheit möchte ich auf jedwede lebensverlängernde Maßnahme ausdrücklich verzichten.« Wenige Wochen später eröffnet sie in Brandenburg ein nach ihr benanntes Sterbehospiz.

Bis zur letzten Minute kostet sie ihr Leben aus. Im Juli 2001 reist Regine mit ihrem Mann nach Island, dem Land, »nach dem sie sich ein Leben lang gesehnt hat«. Ihr Terminkalender ist vollgepackt. Für den 26. November 2001, dem Tag ihres Todes, stehen neun Termine auf dem Programm, einschließlich Pressekonferenz, Porträtzeichnen, Gespräch mit dem Stern und Chorprobe.

> *»Ich habe keine Angst vor dem Tod, höchstens vor einem qualvollen Sterben«*

Am späten Abend stirbt sie in ihrer einstigen DDR-Kleindatsche in Woltersdorf bei Berlin. Ihr Mann hält ihre Hand.

Regine Hildebrandt war eine ideale Gesamtdeutsche: eine bekennende DDR-Frau, da werktätige Mutter, und anerkannte Bundes-bürgerin, da »Frau Ministerin«. Sie lobte den Westen und stellte ihn ständig infrage, sie verurteilte die DDR, ohne sie zu verdammen: »Mir waren immer die gleichen Sachen wichtig ... die Mitmenschlichkeit.«

Ihre Lebenskoordinaten:

Die Säulen des Lebens? »Beruf, Familie, Freunde, Domkantorei.«

Geld? »Schafft kein Glück.«

Gott? »Gott will, dass allen Menschen geholfen wird und sie zur Erkenntnis der Wahrheit kommen.«

Maxime: »Jeder muss das Maß der Dinge unbedingt in sich selbst tragen.«

Motto: »Leben, solange man leben kann, und es so gut wie möglich machen. Ich mache das, was mir aufgetragen ist, immer bis zum Schluss.«

Tod? »Kinder, das gehört zum Leben. Jammern nützt da nichts.«

Traum: »Eine Gemeinschaft, bei der man füreinander Verantwortung übernimmt und sich auch um die anderen kümmert.«

Sie lebte ihren Traum. Bequem war sie dabei nicht. Deshalb fehlt sie.

Hildegard
von Bingen

DIE »POSAUNE GOTTES«, DIE DEM
KLERUS DIE STIRN BOT
(1098–1179)

»Ich, erbärmlich und mehr als erbärmlich
in meinem Sein als Frau ... ein armseliges
Geschöpf, dem es an Stärke, Kraft
und Bildung mangelt, flehe Euch an ...«
Worte wie Balsam in den Ohren
kirchlicher wie weltlicher Würdenträger.
Die Frage jedoch ist, wie ernst sie
Hildegard von Bingen meinte.
Diese Power-Nonne, kompromisslos
in ihrer Weltanschauung,
korrespondierte schließlich mit vier
Päpsten und wies den Kaiser
Friedrich Barbarossa zurecht.
Und ihr Werk übertraf alles, was
Frauen bis dahin schufen.

Zur Blütezeit der Kreuzfahrer, auf dem Höhepunkt des Investitur-streits zwischen Kaiser und Papst um das Recht, Bischöfe, Äbte und Geistliche zu benennen, wird Herrn Hildebert von Bermersheim und seiner Gattin Mechtild auf deren Herrensitz in der Nähe von Alzey ein Mädchen geboren. Da es ihr zehntes Kind ist, beschließen sie, es der Kir-che zu schenken. Wie ein »Zehntel« von allem, was sie haben. Seit dem 6. Jahrhundert bereits ist das »Zehntel« die wichtigste Einnahmequelle des Vatikans.

Hildegard ist ein schüchternes, isoliertes Kind. Denn: Sie hat Visi-onen. Als erwachsene Frau schreibt sie: »In meinem dritten Lebensjahr sah ich ein so großes Licht, dass meine Seele erbebte, doch wegen mei-ner Kindheit konnte ich mich nicht darüber äußern.« Sobald sie also erfährt, dass die Eltern für sie das Los einer Nonne bestimmten, fügt sie sich – widerstandslos.

An Allerheiligen 1112 kommt die 14-Jährige in die Frauenklause neben dem Benediktinerkloster auf den Disibodenberg an der Nahe. Die Tür hinter ihr wird zugemauert. Es folgen 35 Jahre der Stille.

Aber sie genießt die Freiheiten, die ein Leben in einer männerfrei-en Welt bietet, lernt Schreiben, Lesen, Latein, spielt Harfe und memo-riert Psalmen. Die Bibel bleibt ihr literarischer Proviant. Und die ge-bildete, überaus geachtete Jutta von Sponheim wird ihre Vertraute und ihr Vorbild. Mit einer Ausnahme: Als die Oberin 44-jährig stirbt und Hildegard ihre Leiche wäscht, entdeckt sie eine eiserne Kette, die Jutta »drei Furchen rings um ihren Leib eingedrückt« hatte. Später warnt sie vor maßloser Askese – das Gemüt vereise im »Winter des Überdrus-ses«. Die Schwestern wählen Hildegard zu Juttas Nachfolgerin.

Erst jetzt bekennt sich die neue Magistra zu ihren Visionen: »Als ich 42 Jahre und 7 Monate alt war, kam ein feuriges Licht mit Blitzeleuch-ten vom offenen Himmel hernieder«, und eine himmlische Stimme ruft ihr zu: »Sage und schreibe, was du siehst und hörst!« (*Liber Scivias Domini*, »Wisse die Wege des Herrn«). »Ich weigerte mich zu schrei-ben. Nicht aus Hartnäckigkeit, sondern aus dem Empfinden meiner Unfähigkeit.« Und aus Angst vor dem »Achselzucken und dem man-nigfachen Gerede der Menschen«.

Natürlich weiß sie, dass ihr Coming-out lebensgefährlich ist. Das

Gebot »Das Weib schweige in der Gemeinde«, das Apostel Paulus ver-
hängte, wird konsequenter umgesetzt als die meisten Bibelgesetze. Andererseits: Hildegard erhält ihre Eingebungen von höchster Stelle, sie
muss – als braves Weib! – gehorchen. Mit Gott diskutiert man nicht.
Schon gar nicht, wenn die Lichtgestalt einen während einer Vision
wissen lässt: »O wie schön sind deine Augen, wenn du göttliche Dinge
kundtust!«

Um sich zu schützen (Jeanne d'Arc wird später als Hexe verbrannt,
weil sie ihren Visionen folgt), betont sie unermüdlich, wer ihr Auftraggeber ist. Und wer dessen Wort »verbirgt, es wütend verkürzt, der sei
verworfen«, steht in *Scivias*. Und so fühlt sie sich autorisiert, ihre Meinung zum Sittenverfall der Kirche, zur Steuerpolitik des Kaisers, zur
Ernährung, zur Verhütung, kurz: zu allem zu bekunden.

1147 geschieht ein Wunder. Papst Eugen III., dem die Disiboden-
berger Benediktiner von ihrer Nonne erzählen, ermuntert die Deutsche, alles zu veröffentlichen, was sie vom Heiligen Geist erfährt, und
lässt ihr ausrichten: »Die Scharen gläubiger Völker, sie brechen aus in
Lob über dich. Du bist für viele ein Duft des Lebens geworden.« Nie
zuvor hat ein Papst einem Menschen einen solchen »Blankoscheck«
ausgestellt.

Hildegard, die sich jetzt als die »Posaune Gottes« versteht, bekommt von den Mönchen einen Sekretär gestellt, dem sie ihre Bücher
über Biologie und Astronomie, ihre Liedertexte, Koch- und Naturheil-
rezepte diktiert. Gegen Depressionen hilft Wein aus Veilchen; um den
Kater loszuwerden, müsse man Fenchelsamen kauen oder Fencheltee
trinken. Sauerkraut macht die Haut zart, und gegen Dummheit hilft
es, am Saphir zu lecken. Den Sextrieb allerdings, dieses »Drangsal der
Glut, die in dir ist ...«, kriegt man nur mithilfe einer starken Seele in
den Griff.

Hildegards Empfehlungen aus ihren Schriften *Causae et Curae*
(Heilkunde) und *Physica* (Naturkunde) sind bis heute populär. Hildegard, die Nonne, verteufelt weder Sex noch physische Schönheit, weil
für sie Körper und Geist untrennbar sind – hinter der verblüffenden
Vielfalt ihres Wissens verbirgt sich ein geschlossenes Weltbild mit einer »Lichtgestalt von höchster Schönheit« in der Mitte.

Natürlich war diese weibliche Universalgelehrte irgendwie unheimlich. Ihr selbstbewusstes Auftreten war jedoch ebenso unerhört wie mitreißend – sie plädiert für eine neue Frömmigkeit der Liebe, nicht des Zorns und blinden Gehorsams. Die Scharen, die sich bei ihr Rat holen, erweisen sich als großzügig. Aus dem »Zehntel« wird eine Goldgrube für das Kloster.

»Ich sah ein so großes Licht, dass meine Seele erbebte«

Denn wohlgemerkt, sie ist immer noch in der Klause eingemauert, die sie vor 44 Jahren betrat. Jetzt aber will sie ein eigenes Kloster. Nie zuvor hatte eine Frau ein Kloster gegründet.

Anno 1150 zieht Hildegard mit 18 Nonnen in ihr eigenes Kloster, mit – welch Luxus! – fließendem Wasser in allen Räumen, auf dem Rupertsberg ein. Ihre Ordensschwestern dürfen nach Lust und Laune lachen und musizieren, sich »schön« machen, Schmuck tragen, »leuchtend weiße Seidenschleier, auf dem Haupt goldgewirkte Kränze« tragen.

1158 garantiert Kaiser Barbarossa der Äbtissin Steuerfreiheit. Aber Hildegards Dankbarkeit hält sich in Grenzen, weil er sich im Streit um den »richtigen« Papst (die Kirche ist durch ein Schisma gespalten) für den »falschen« Nachfolger Petri entschieden hatte. Sie »erinnert« ihn daran, dass er ein »armer Sünder« sei und in der Hölle lande, falls er nicht umdenke.

Hildegard – sie ist fast 60! – beginnt, das Land zu Pferd zu erkunden und vor Klerus und Volk zu predigen. Auch dies hat vor ihr noch keine Frau gewagt. Die Zahl von Hildegards Bewunderern wächst ebenso wie die Zahl der Neider.

Anfang 1169 bittet man sie, eine vom »Teufel Besessene« zu heilen. Die Austreibung böser Geister war an sich ein Privileg hochspezialisierter Priester. Aber sie lässt sich darauf ein. »Durch Gebete, Almosen und körperliche Buße«, also im Grunde genommen durch Solidarität, bemühen sich die Ordensschwestern um die Austreibung des Dämons. Und es gelingt: Die Kranke, und das war sie wohl für Hildegard, wird geheilt. Die Kunde von der wundersamen Genesung macht Hildegard endgültig zur Volksheiligen – doch ihr entscheidender Kampf steht noch bevor.

1178 lässt sie auf ihrem Friedhof einen exkommunizierten Edelmann beerdigen. Der Mainzer Bischof befiehlt ihr, die Leiche zu exhumieren und auf einem Schindanger beizusetzen. Die Äbtissin lehnt ab, weil sie in einer Vision erfahren hatte, dass der Tote schuldlos ist. Zur Strafe für diesen Ungehorsam wird über ihr Kloster ein Interdikt verhängt. Sprich: Der Gottesdienst wird eingestellt, die Nonnen müssen auf Glockenklang, Singen und Kommunion verzichten.

Hildegard leidet unter dem Entzug der sinnesfreundlichen Schönheit, aber sie gibt nicht nach. Es geht um ihr Lebenswerk: Die Daseinsberechtigung des Klerus sei es, Gottes Willen zu vermitteln. Wenn der Mensch, und sei es eine Frau, seine Hinweise »direkt von oben« erhalte, würden die Geistlichen obsolet. Das »armselige Geschöpf« greift die mächtigste Institution der Welt an. Gefragt, wie sich eine Vision anfühlt, antwortet sie: »Wie Tropfen süßen Regens in das Bewusstsein meiner Seele gegossen.«

Da sie nicht musizieren darf, beginnt Hildegard, über die Wirkung der Musik nachzudenken (was sie zur ersten »Musiktherapeutin« Europas macht) und zu komponieren, und zwar bewusst einstimmig, gegen den Trend der modischen Mehrstimmigkeit.

Der Äbtissin gelingt es, ihre Gegner von ihrer Sicht der Dinge zu überzeugen. Und sie behält die Oberhand. Der Kirchenbann wird aufgehoben. Wenige Monate nach dieser Kraftprobe stirbt Hildegard.

»Wieso ausgerechnet ich?«, fragte sie sich ihr Leben lang. »Von der Kindheit an lebte ich nie in Sicherheit, nicht eine einzige Stunde«, diktiert sie ihrem Sekretär, aber: »Ich bin gekommen, Feuer auf die Erde zu werfen, und was will ich anderes, als dass sie brennt.« Sie hatte eine »Mission« in einer Zeit, in der die Geschlechterrollen auf Erden unmissverständlich verteilt waren: »Viele sprachen: Was soll das, dass dieser dummen und ungelehrten Frau so viele Geheimnisse offenbart werden, wo es doch viele starke und weise Männer gibt.«

Den Männern gebührten Amt und Weihe, ihre Hierarchien waren

> *Ihre Visionen sind »wie Tropfen süßen Regens in das Bewusstsein meiner Seele gegossen«*

heilig. Hildegard hatte nur eine Chance, gehört zu werden: Wenn sie strategisch handelte und die Rolle spielte, die man von einem so »armseligen Geschöpf« erwartete. Obwohl sie sicher war, den Männern ebenbürtig zu sein. Dieses wunderbare Wahnsinnsweib hat die Gleichberechtigung nicht nur gelebt, sondern sie auch theologisch begründet: »Gott schuf den Menschen, und zwar den Mann von größerer Kraft. Die Frau aber mit zarterer Stärke.« Die Konsequenz, die sie aus dieser Überzeugung zieht, ist schlicht überwältigend: Hildegard rät den Männern, im Namen Gottes umzudenken! An der Spitze der christlichen Tugenden steht schließlich nicht »stark« oder »männlich«, sondern »schwach«. Mütterlich müsste sein, wer Gott verstehen und ihm dienen wolle. Allen voran Mönche: Die müssen das »Wort Gottes wie eine Frau ein Kind empfangen«.

Hildegard wurde nie heiliggesprochen. Dafür nahm sie Abt Trithemius von Sponheim in seine Sammlung *Berühmte deutsche Männer* auf. Als einzige Frau. Quasi eine »Männin ehrenhalber«.

Petra
Kelly

DER FRIEDENSENGEL,
DER NIE FRIEDEN FAND
(1947–1992)

*»Ich habe versucht, immer
nach dem Höchsten zu streben.
Was ich erreichen wollte, habe
ich bekommen. Ich bezahle mit
meiner Gesundheit. Es ist,
als ob ich verrückt wäre, aber
ich werde von meinem Herzen
zu immer mehr und Besserem
getrieben«, schrieb die 20-jährige
Petra Kelly. 25 Jahre später
zahlte die besessene Idealistin ihren
Kampf um eine atomfreie und »grüne«
Welt mit ihrem Leben.*

Das schwäbische Städtchen Günzburg wurde im Krieg verschont. Die mittelalterlichen Häuser, klein und geduckt, stehen noch, als Petra in der von Amerikanern besetzten Zone geboren wird.

Der Vater, 22, sanft und arbeitslos, verschwindet, als Petra vier ist. Mutter Marianne ist 17, arbeitet als Dolmetscherin für die Amerikaner. Großmutter Kunigunde Birle ist 42. Sie wird für ihre Enkelin die wichtigste Bezugsperson: »Ganz gleichwertig standen zwei Stühle am Tisch nebeneinander. Sie hatte ihren Stuhl, ich saß im gleichen großen Stuhl neben ihr und die Zeitung war in der Mitte. Ich hatte meinen Tee, sie hatte ihren Tee«, erinnerte sich Petra Kelly. Später jedenfalls wird sie alle Großen auf Augenhöhe behandeln.

»Omi Birle« liest mit Petra in *Stern* und *Spiegel*, (»Mädchengeschichten interessierten mich kaum«), diskutiert mit ihr Weltpolitik. Und tröstet die Kleine, wenn ihr die Nonnen in der katholischen Lehranstalt mal wieder arg zusetzen. Für die Englischen Fräuleins gilt: »Wie die Zucht, so die Frucht«, und Petra muss so manche Demütigung und Diskriminierung ertragen, weil ihr Vater ein Protestant ist. Kaum mündig, tritt sie aus der katholischen Kirche aus. Omi versteht auch, dass die erwachsene Enkelin 1979 aus der SPD austritt, weil sie sich von Helmut Schmidts Regierung hintergangen fühlt.

Es ist eine männerlose Welt, in der sie aufwächst.

Und es ist eine Welt, in der man anpacken muss. Petras Motto wird immer sein: »Warte nicht auf bessere Zeiten.«

Als ihre Mutter 1958 den amerikanischen Soldaten John E. Kelly heiratet, nimmt Petra seinen Namen an, aber lässt sich nicht adoptieren: Sie will Deutsche bleiben. Ein Jahr später wird der Colonel nach Georgia versetzt und die Familie zieht um. Petra wird schnell Klassenprimus und merkt: In den USA wird Leistung honoriert, hier meidet man sie nicht als »Streberin«. Sie wird zum »Klassendichter« gewählt und muss ein Gedicht für die Abschlussfeier schreiben und vortragen: »Ich hoffe«, heißt es in ihrem Poem »In Defense of My Generation« (sechs Seiten lang), »jemanden zu finden, der bereit ist, mit mir auf der Suche nach dem Himmel aufzusteigen.« Sie geht nach Washington, um Politik zu studieren.

Es ist die Zeit der Demonstrationen, der Sit-ins gegen den Vietnamkrieg. Sie ist dabei. Bereits im ersten Jahr kandidiert Petra für den Studentensenat und gewinnt. Das »Fräuleinwunder« fällt den Medien auf, und man lädt sie zu einer Talkshow mit Hubert Humphrey ein, dem Top-Mann der Demokraten. Sie streitet mit ihm, er ist beeindruckt, sie werden Freunde.

> *»Man muss sich selbst verändern, ehe man versucht, die Welt zu ändern«*

Trotz allem ist sie eine Einzelgängerin. Lebt nicht, funktioniert. Nicht einen Flirt, geschweige denn ein Rendezvous hat sie in ihrer College-Zeit. Für Liebe fehlt ihr die Zeit, Sex ohne Liebe interessiert sie nicht. Ihre Leidenschaft ist und bleibt: Politik. Und dann passiert etwas, das nicht auf ihrer Tagesordnung steht: Grace, ihre kleine Halbschwester, erkrankt an Augenkrebs. Petra liebt das Mädchen abgöttisch. Sie versteht nicht, wieso dieses unschuldige Kind so leiden muss, sucht nach dem Grund und identifiziert bald den Sünder: die Atomenergie. Damit hat sie ihren Feind gefunden und wird das »Teufelszeug« für den Rest ihres Lebens bekämpfen.

Auf der Suche nach einer eigenen »Waffe« beginnt sie, ihre »Power-Letters« zu verschicken. Zum Beispiel an den Bundeskanzler Kurt Georg Kiesinger. Da Stiefvater Kelly nach Würzburg versetzt wurde und Petra mit ihrer Familie Weihnachten verbringen möchte, aber kein Geld für ein Flugticket hat, schildert sie ihm Grace' Zustand – und bekommt das Reisegeld.

Sie bittet Papst Paul VI. um eine Privataudienz, weil sie glaubt, dass nur noch ein Wunder Grace retten könnte. Die Kelly-Schwestern werden am 25. Juli 1968 im Vatikan empfangen, an dem Tag, an dem der Pontifex seine »Pillenenzyklika« veröffentlicht, in der er die Empfängnisverhütung verbietet. Doch die erhoffte Wunderheilung bleibt aus, Grace' Tod ist für Petra »das größte Unglück«, das sie je erlebte.

Zwei Jahre zuvor begegnet sie Robert Kennedy, schwärmt wie ein Backfisch: »Als Kennedy sprach, knipste ich wie verrückt.« Seitdem verkörpert er für sie ihr Traum-Amerika, das für Freiheit, Gleichheit und Toleranz steht. Kennedy lädt sie zu einem Gespräch ein. Doch Petra – wie unerhört! – sagt ab, weil sie an einer Semesterarbeit schreibt.

Sie wird Wahlhelferin in seinem Kampf um die Präsidentschaft. Er kommt oft nachts in das Wahlbüro, um über seine politischen Ziele zu plaudern. Am 6. Juni 1968 wird er erschossen. Petra bricht in Tränen aus. Amerika wird zum Albtraum. Sie macht noch ihr Examen, natürlich mit Eins, und es wimmelt von Job-Angeboten, aber sie will zurück nach Europa.

Brüssel, der Sitz der Europäischen Gemeinschaft, bei der sie als Verwaltungsrätin im Wirtschafts- und Sozialausschuss angestellt wird, ist ein Kulturschock: monströser Beamten-Ameisenhaufen, Sekretärinnen mit Dauermigräne, aufgeblasene Wichtigtuer. Für eine Kämpfernatur nicht gerade der Traumberuf. Als ihr die Eifersüchteleien und das Postengeschacher zu viel werden, marschiert sie kurz entschlossen zum Kommissionspräsidenten Sicco Mansholt. Ihr Zorn entzückt ihn, er verabschiedet sich mit einem Kuss auf die Wange. Petra ist durcheinander, sie hat ja bislang ungeküsst wie eine Nonne gelebt. Der 64-Jährige und die 24-Jährige werden ein Paar. Der Genussmensch überreicht der zierlichen Asketin 30 rote Rosen und teilt ihr mit, dass er mit ihr zusammenleben möchte. Doch sie sucht keinen Gatten, eher jemanden, der ihr den Alltagskram abnimmt, und schickt den Macho mit ihrer Wäsche in die Reinigung. Sicco Mansholt kehrt zurück zu seiner Frau. Von jetzt an werden alle ihre Beziehungen nach diesem Muster ablaufen: ein wesentlich älterer, verheirateter Mann mit Macht, den sie quasi »kastriert«, da sie ihm einen Rollentausch aufzwingt.

»Ein gerechtes Ziel lässt sich nicht mit ungerechten Mitteln erreichen«

In Deutschland formiert sich seit 1975 eine beachtliche Anti-Atom-Bewegung. Petra, obwohl bis 1983 Beamtin in Brüssel (mit 3000 DM netto), mischt mächtig mit. Hier kann sie endlich etwas bewegen, die zersplitterte Basis vernetzen. Sie ist eine begnadete Agitatorin, überzeugt mit Sachwissen. Kelly gegen Kernkraft fällt (mal wieder) auf ... Jetzt verliebt sie sich in den irischen Gewerkschaftsführer John Carroll: 21 Jahre älter, verheiratet. Petra erwartet, dass er sich ihrem Terminkalender unterordnet. Sie wird schwanger, entscheidet sich für einen Abbruch, er bringt Nelken ins Krankenhaus, sie hasst Nelken. Trennung. Wie stets in Zeiten emotionaler Turbulenzen stürzt sie sich in die Arbeit, reist nach Japan, Australien, Amerika, wo sie mittlerweile als Vertreterin der europäischen Atom-Gegner wahrgenommen wird: »Man muss sich selbst vergessen, wenn man die Welt ändern will.« Sie schläft über Jahre kaum länger als drei bis vier Stunden, raucht nicht, trinkt keinen Alkohol, kocht nie, hat keinen Führerschein.

Als sich 1980 die Grünen als Partei konstituieren, wird Petra Gründungsmitglied und gehört dem Vorstand an, zuständig für internationale Kontakte. Vier Jahre später kommen die Grünen ins Parlament. Petra wird in den dreiköpfigen »Sprecherrat« der Fraktion gewählt, findet allerdings das Niveau der geistigen Auseinandersetzungen »grauenvoll«.

1982 erhält sie den Alternativen Friedensnobelpreis, wird immer spannender für die Medien – aber schlittert in die Isolation. Von den Großen wird Petra respektiert: Heinrich Böll, Joseph Beuys, der Dalai Lama, Michail Gorbatschow und Erich Honecker laden sie ein. Die amerikanische Frauenorganisation »Women Strike for Peace« kürt sie zur »Frau des Jahres«, *Die Zeit* bezeichnet sie als »weltliche Nonne«.

Für die Parteibasis jedoch ist der grüne Star ein Dorn im Auge. Sie redet zu schnell, nervt mit ihrem Übereifer, spart nicht mit Kritik an der Partei, ist selbst aber extrem dünnhäutig. »Eine Träne von der Kelly – und wir gehen geschlossen«, droht die Fraktion. Als sie 1985 aus dem Amt rotiert wird, bedauert es keiner. Zur Bundestagswahl 1990 wird sie nicht mal mehr aufgestellt.

Petra pendelt zwischen Ablehnung und Anerkennung. Ihre Panikattacken häufen sich. Der richtige Augenblick für den nächsten Mann mit starken Schultern: Gert Bastian, 24 Jahre älter, verheiratet, zwei Kinder, einstiger Berufssoldat. Seit Juni 1980 ist er vorzeitig pensioniert, weil ein Generalmajor, der gegen Atombomben wettert, für die Bundeswehr nicht tragbar ist. An Allerheiligen 1980 haben sich die beiden »Grünen« kennengelernt, am 16. November formuliert er den »Krefelder Appell« gegen die Nato-Nachrüstung und wird zur Galionsfigur der Friedensbewegung. Im Bundestag sitzt er neben Petra, legt ihr Blümchen auf die Bank.

Er zieht in Petras Reihenhaus in Bonn-Tannenbusch ein, feiert Weihnachten aber nach wie vor mit seiner Familie in München. Sie klammert sich an ihn und degradiert ihn gleichzeitig zum Laufburschen. Im Ausland ist sie gefragter denn je. Und irgendjemand muss die Reisen organisieren und ihre Koffer packen: »Eine Frau muss heutzutage einen Hausmann haben«, bekundet sie halb ironisch. Sie ist sein »Pedilein«, er ihr »Gertilein«.

Die Lage muss unerträglich sein – für beide. »Wenn ich gehe, bleibt Petra im Bett liegen, isst nichts mehr und verhungert«, klagt er. Ihre Hilflosigkeit belastet ihn. Aber er genießt das politische Jetset-Leben an ihrer Seite. Zu den Grünen haben die beiden kaum noch Kontakt. Als sie sich in Palden Tawo (älter, verheiratet, drei Kinder) verliebt, fährt er sie zu ihrem Geliebten nach Lüdenscheid, wo der tibetische Arzt arbeitet, und wartet im Auto. Im Herbst 1991 verlässt Tawo sie. Petra bricht zusammen. Sie sucht Halt im Übersinnlichen. In London besucht sie eine Hellseherin (die ihr Grüße von ihrer toten Schwester Grace ausrichtet). In Moskau lässt sie sich von der berühmten Wahrsagerin Dunja die Zukunft vorhersagen. Bastian legt Patiencen. Immer wieder sagt sie, sie wolle nicht leben ohne ihn. Hat er ihr diesen Wunsch erfüllt, als er nicht mehr weiterwusste?

Am 30. September 1992 kritzelt sie in einem Berliner Hotel einen Aufgabenzettel: »Mein Gertilein! 1) Bitte rufe Blumen Domberg an (früh) in Bonn: 1 Schale für 1. Okt. – 50 DM. Omis Geburtstag. Mit Karte: Gert-Petra umarmen dich fest zum 87. Geburtstag – Gottes Segen für dich. 2) Bahnkarte. 3) Wo liegt Sachsenhausen? 4) Frühstück bis ...? (wenn bis 10.30 mich um 10.00 wecken). Ich liebe dich.«

Am 1. Oktober sind die beiden zu Hause. Sie geht ins Bett und liest vor dem Einschlafen Goethes Briefe an Charlotte von Stein. Seine Pistole hat zwei Kugeln. Die erste trifft die Schlafende in die Schläfe. Mit der zweiten tötet er sich selbst. Erst 18 Tage später alarmiert Bastians Frau Rosemarie die Nachbarn, da er sich nicht meldet.

Petra, die Einser-Schülerin mit eisernem Ehrgeiz, was war sie nun: Masochistin? Missionarin? Märtyrerin? Eines wollte sie jedenfalls schon als Kind werden: »Engagierte Nonne in der Dritten Welt.«

Hildegard
Knef

TRIUMPHE UND TRAGÖDIEN
DER »SÜNDERIN«
(1925–2002)

»Ich apportierte Erfolge wie der Hund den Knochen«,
stellte Hildegard Knef schnoddrig fest. Aber es
waren nicht nur ihre Triumphe, sondern
auch ihre Abstürze, die sie zum
Vorbild der Nachkriegsgeneration
machten. Die Heldin der ersten
Nacktszene im deutschen Kino
war schließlich nie die entrückte
Diva, eher ein Mensch, mit
dem man sich identifizieren
konnte. Mehr Stellver-
treterin als Star.

»Ja, aber sie ist doch nicht begabt«, murmelt ihre Mutter Frieda fassungslos, als sie erfährt, dass Hilde auf der Filmhochschule in Babelsberg aufgenommen wurde. Für die alleinerziehende Siemens-Sekretärin (der Mann starb sechs Monate nach Hildes Geburt) ist Schauspielerei kein Beruf, von dem man leben kann. »Wieso kannst du nicht so sein wie andere Kinder?«, fragt sie vorwurfsvoll.

Selbstvertrauen holt sich das Kind bei ihrem Großvater Karl Gröhn, in dessen Schrebergartenlaube sie während der Ferien nackt herumtobt, umgeben von Hunden und Ziegen, Obstbäumen und Badeteich. »Keiner fand mich hübsch, außer Großvater«, heißt es lakonisch. Als der Ersatzvater Selbstmord begeht: »Ich habe ihn mehr geliebt als irgendeinen Menschen in meinem Leben, außer meiner Tochter.«

»Mit 16 sagte ich: Ich will! Will groß sein, will siegen, will froh sein, nie lügen«, heißt es in einem ihrer Songs. Und: »Ich lernte mich durchzubeißen, allein und ohne Mutter.«

Mitten im Zweiten Weltkrieg wird in Babelsberg eine Gegenwelt zum Dritten Reich auf Laufband produziert: 1943 entstehen 110 Filme, 1944 immerhin noch 64. 1939 gab es 624 Millionen Kinobesucher, 1941 892 Millionen und 1943 1,1 Milliarden. Das Kino, für den Propagandaminister Joseph Goebbels ein Instrument der Manipulation, boomt.

Nachdem sie mit 15 die mittlere Reife schafft, schickt sie das Arbeitsamt 1942 in die Trickfilmabteilung der UFA in Berlin-Mitte. Sie tritt die Lehre an, aber man holt das »deutsche Mädchen« – blond, blaue Augen, gut gewachsen – bald vor die Kamera. Und sie hat Talent – mehr als erlaubt. Mit fast allem, was sie künftig anfasst, schafft sie es an die Spitze. Meistens als Erste. Und oft zu früh für Deutschland.

Hildes erste »Bekanntschaft« ist Ewald von Demandowsky, UFA-Produktionschef und Goebbels-Vertrauter. Dass er älter und verheiratet ist, stört unter Künstlern weniger. Mit ihm flüchtet sie – als Mann verkleidet – aus dem umkämpften Berlin und landet im russischen Gefangenenlager. Ein polnischer Arzt hilft ihr, zu fliehen. »Ich habe immer nur gelernt, zu überleben, nie, zu leben«, wird sie später sagen. Als am 3. November 1945 das Berliner Schlossparktheater eröffnet wird, steht Hildegard Knef – stellvertretend für alle »Trümmerfrauen«, die mit Kopftuch und Flickenkleid zu Ikonen dieser Epoche wurden – als Erste auf der Bühne und rezitiert Goethes Prolog »Der Anfang ist in allen Sachen schwer«.

1946 spielt sie im ersten deutschen Film der Nachkriegszeit *Die Mörder sind unter uns*. Fünf Millionen Zuschauer, begeisterte Kritiken. Ihre spröde Direktheit ohne erhobenen Zeigefinger, die spürbare Verletzlichkeit, getarnt durch Wortwitz, und die souveräne Selbstironie, gefärbt mit einem Quäntchen Demut, werden ihr Markenzeichen.

Schon kommt der Ruf aus Hollywood: David O. Selznick, der Produzent von *Vom Winde verweht*, bekundet Interesse. Sie sagt Ja, will es aufnehmen mit den Bigs der Branche, als sich Deutschland noch duckte ob seiner Nazi-Schuld. Henri Nannen hebt Hilde auf das Titelblatt des ersten *Stern* vom 1. August 1948. Er ist fasziniert von ihrem »intellektuellen Sex« und will sich ihretwegen sogar scheiden lassen.

Ende 1947 heiratet die Knef den US-Soldaten Kurt Hirsch, wohl wissend, dass ein »Ami-Flittchen« als der Gegenpol der tüchtigen, züchtigen Trümmerfrau angesehen wird. Und als sie mit ihm Anfang 1948 nach New York zieht, begeht sie einen Tabubruch, den ihr die Deutschen lange nicht verzeihen: »Damit war ich Ausländerin in Deutschland.« Sie paukt Englisch und nimmt vier Kilo ab – aber sie hat keinen Job. In Hollywood herrscht antikommunistische Hysterie. Filmleute, die sich in den Augen von Senator McCarthy verdächtig verhalten, werden entlassen.

Hilde kehrt zurück nach Deutschland, um 1950 den Film zu drehen, der ihr Leben verändert: *Die Sünderin*. Sie zeigt sich nackt. Acht Sekunden. Steht Modell einem Maler, der erblindet. Also geht sie »anschaffen«, um eine Operation zu finanzieren. Als die erfolglos bleibt, begeht das Paar Selbstmord. Prostitution, Sterbehilfe: eine Zumutung. Die Deutschen, die selbst noch schwer an ihren Sünden tragen, wollen keine »Sünderin« sehen, sondern das »Schwarzwaldmädel«. Bischöfe rufen zum Filmboykott auf, Gäste verlassen das Restaurant, wenn sie hereinkommt, es gibt Morddrohungen. Der Film wird verboten, die Knef geächtet.

1953 ist Hilde einmal mehr die Erste: Sie macht Werbung für Nylonstrümpfe. Bislang begnügte man sich mit Zeichnungen, da reale

Frauenkörper in Dessous als »schamlos« gelten. Sie zeigt sich mit hochgezogenem Rock, lässig telefonierend. Auf Hass folgt Häme. Sie flieht zurück nach Amerika.

Dort ist sie der erste deutsche Star, der in einem Broadway-Musical eine Hauptrolle erhält: in *Silk Stockings* von Cole Porter, der die Knef 1952 in der Hollywood-Schnulze *Schnee am Kilimandscharo* an der Seite von Gregory Peck gesehen hat. Die Premiere am 24. Februar 1955 ist ein Triumph. Marlene Dietrich umarmt den Star nach der Vorstellung und flüstert: »Du wirst es schaffen, denke an nichts als daran.« Die Knef ist auf dem Höhepunkt ihrer Karriere als Schauspielerin: »Ich habe es genossen, berühmt zu sein«, wird sie später sagen. Gefragt, wo sie zu Hause sei, antwortet sie: »Nirgends. Ich wohne seit mehr als drei Jahren in Hotels. Allein sein zu können, das ist wichtig, wenn man arbeiten will. Die Liebe? Nee, die kann man sich nicht leisten.« Sie verbringt viel Zeit mit ihren Freunden Tennessee Williams und Ludwig Marcuse, lässt sich von dem Star-Astrologen Carroll Righter die Sterne deuten und malt wieder, um zu entspannen.

Aber sie ist über 30. Und die deutsche Filmbranche ändert sich. Der Autorenfilm ist angesagt. Die Knef gehört als ehemaliger UFA-Star zu »Opas Kino«. Sie gilt als Kassengift, dreht obskure Filme in England und Frankreich, um über die Runden zu kommen. Ihre Karriere scheint 1962 beendet. Und nun?

> *»Dauernd zu kämpfen. Ist das nicht schrecklich?«*

Sie schreibt Lieder. Wohlgemerkt: Auf den Straßen revoltieren die antiautoritären 68er-Studenten und der Musikmarkt wird von den Beatles beherrscht. Am 26. November 1968 steht sie auf der Bühne der Berliner Philharmonie, als erste Chansonsängerin überhaupt. Mit Songs, die sie selbst getextet hat: »Von nun an ging's bergab«, »Tage hängen wie Trauerweiden«, »Für mich soll's rote Rosen regnen« – lauter raffinierte, verruchte Short-Storys, die keine heile Welt besingen, vielmehr von ihrem Frust und Ärger erzählen. Die Knef überzeugt Kritiker, füllt Konzerthallen. Sie wähnt sich zurück in den Armen der Deutschen.

Von wegen. Im selben Jahr bekommt Hildegard Knef ihr erstes Kind, im Alter von 42. Späte Schwangerschaften sind verpönt. Die Ge-

sundheit des Kindes sei gefährdet. »Sie strickt und häkelt nichts«, be-
mängelt eine Schlagzeile. Schlimmer als die öffentliche Entrüstung ist
die Reaktion des Vaters: David Cameron, britischer Schauspieler, sieben
Jahre jünger, seit 1962 Hildes zweiter Ehemann, will das Kind nicht:
»Ich sah, dass er mich hasste. Er schwieg mich in den Wahnsinn.« Doch
vor allem: Das Bild einer Rabenmutter, das ihr anhaftet, zeigt Wirkung,
Hildes Karriere als Sängerin stagniert. Und jetzt?

Sie schreibt, um aus dem Tief herauszukommen. Diesmal ist es ein
Buch. Am 4. August 1970 wird *Der geschenkte Gaul* ausgeliefert. Es ist
die erste Autobiografie einer deutschen Schauspielerin. Sie schreibt im
Stakkato-Rhythmus. Szenen, häppchenweise. Trägt ihre Niederlagen in
die Öffentlichkeit. Als könnte sie mit ihrem Leben fertigwerden, indem
sie es noch einmal erzählt. Vier Millionen Bücher werden weltweit verkauft.

1975. Der nächste Tabubruch. In ihrem Buch *Das Urteil* erzählt
sie, wie sie ihren Brustkrebs besiegte: die Qualen der Brustamputation,
Strahlenbehandlung, Medikamentensucht. Obwohl man zu der Zeit den
Krebs in Todesanzeigen als »langjähriges Leiden« verschweigt, weil die
Krankheit als ein Symbol gesellschaftlicher Missstände und des Versa-
gens wahrgenommen wird. »Du armes Schnuck«, schreibt Marlene Dietrich, »Du hattest dein ganzes Leben lang Kummer, vor einigen Jahrhun-
derten hätten sie dich zu einer Heiligen für Ausdauer gemacht.« Dieses
grandiose Ich-Buch wird zur Lebenshilfe für unzählige Betroffene.

Doch wieder liegen Triumph und Tragödie nah beieinander. Schon
Ende des Jahres vermelden erste Schlagzeilen ein Ehedrama im Hause
Knef, der Scheidung folgen eine Schlacht um das Sorgerecht und Depressionen. Hildes Ruhm setzt Patina an. Sie malt, bekennt sich als erste
Prominente zu einer Schönheitsoperation (»Ein Facelifting ist besser als
Valium«) und erntet Empörung. Jetzt muss sie in TV-Serien auftreten,
um Steuerschulden zahlen zu können. Die Knef hat um die 35 Millionen Mark verdient. Als sie 1977 ihren dritten Mann, den um 15 Jahre
jüngeren ungarischen Baron Paul Rudolf von Schell heiratet, sind etwa
1,8 Millionen übrig: »Zwölf Jahre später hatten wir nicht eine müde
Mark«, gibt er zu, »und Schulden von 250 000.« Aber nicht einmal dafür
interessieren sich die Medien noch. Und das schmerzt besonders, denn

Hilde ist nach den Dekaden einer »Liaison« mit der Presse schlagzeilensüchtig geworden. »Ich brauche sie, um mich selbst lebendig zu fühlen.« Hildegard Knef ist abgeschrieben.

Und dann, plötzlich, die Wiederentdeckung – als Ikone des Unangepassten, als Visionärin der weiblichen Selbstbestimmung, Poplegende. Die Band Extrabreit verrockt 1992 »Rote Rosen«, die Fantastischen Vier bauen 1999 ihren Song »Im 80. Stockwerk« zu dem Hit »Die Stadt, die es nicht gibt« aus, und der Jazztrompeter Till Brönner spielt mit ihr das Erfolgsalbum *17 Millimeter* ein.

»Ich habe es genossen, berühmt zu sein«

Es regnet Preise und Ehrungen, aber Hildegard Knef ist müde und krank. »Ich habe gar keine Lust, zu kämpfen, dauernd zu kämpfen. Ist das nicht schrecklich?« Vorbei ist das Leben auf der Überholspur. Im Sommer 2001 liegt sie drei Wochen im Koma in einer Berliner Lungenklinik.

War sie zu emanzipiert für ihre Zeit? Gegen diesen Begriff hegt sie heftige Aversion und von der Gleichberechtigung hält sie auch nicht viel: »Bei uns ist der Mann der Boss. Privat bin ich das Unemanzipierteste, was man sich vorstellen kann.«

Die Knef, oft schroff und unbequem, führte ein öffentliches Leben. Immer bereit, sich einmal mehr aufzurappeln, wenn es knüppeldick kam. Ihre Rückschläge trug sie mit Würde. Sie litt an Deutschland, aber ist mit Deutschland auch gewachsen: »Man darf nicht stehen bleiben, man muss sich einfach entwickeln.« Oft scheint es, als hätte sie bewusst Emotionen entfesselt, um ihre eigenen Gefühle zu erforschen.

Im Dezember 1988 stellt sie in einem Berliner Hotel ihre Gemälde aus: 40 Werke, Stückpreis 15 000 bis 37 000 Mark. Das Medienecho ist groß, verkauft wird wenig. Sie trägt es mit Fassung: »Dass es gut war, wie es war, das weiß man hinterher, dass es schlecht ist, wie es ist, das weiß man gleich.«

Irgendwie tröstlich, dass sogar ihre Begabung Grenzen hatte.

Käthe
Kruse

DIE ÜBER-PUPPENMUTTI
(1883–1968)

*»Weder Perdita noch meinen anderen
Puppen bin ich je eine gute Mutter
gewesen. Ich konnte sie einfach nicht
leiden. Sie lebten ja nicht«, erinnert sie
sich. Zum Spielen hat das Mädchen eh
keine Zeit, da sie ihrer Mutter helfen
muss. Später, als der Vater ihrer
eigenen Töchter sich weigert, ihnen eine
Puppe zu kaufen, bastelt Käthe Kruse
selbst eine – und wird die berühmteste
Puppenmacherin aller Zeiten.*

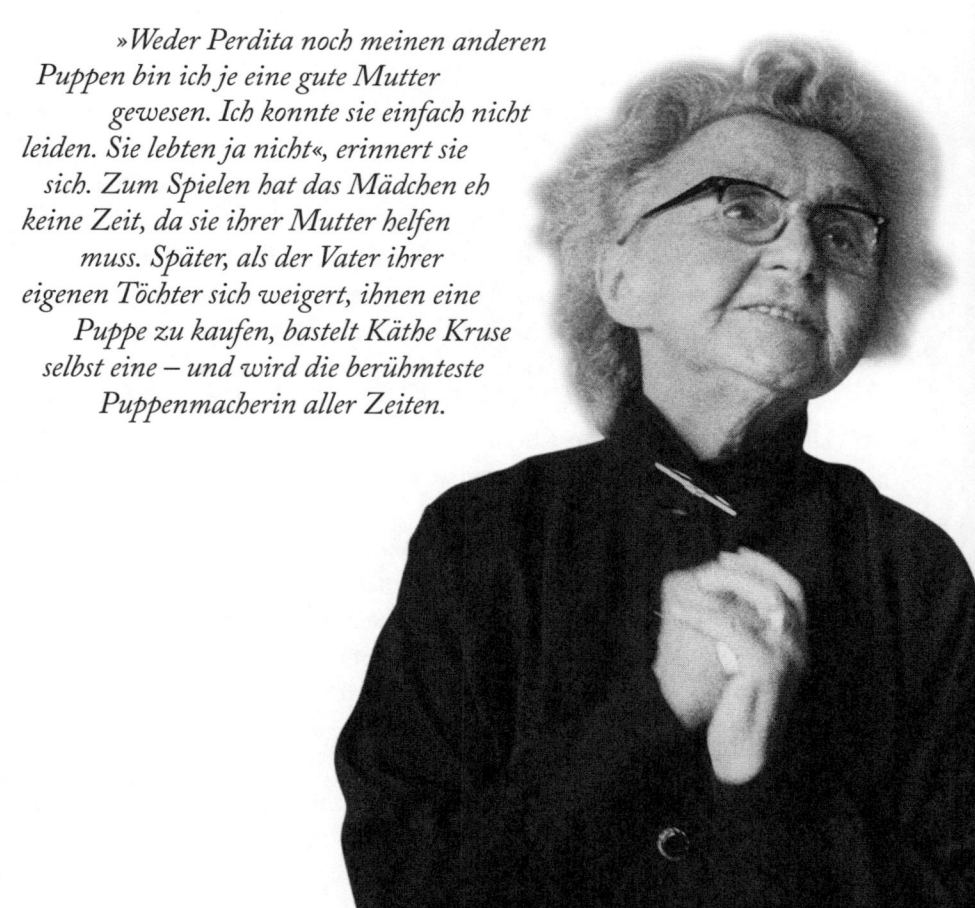

Freitag ist Papa-Tag. Da wartet die Kleine vor dem Breslauer Rathaus, bis ihr Vater erscheint, ein Beamter mit Rentenanspruch, und sie ihn bei seinen kleinen Einkäufen in der Mittagspause begleiten darf. Öfter sieht sie Herrn Robert Rogaske nicht: Er ist verheiratet, hat zwei Söhne mit seiner amtlich Angetrauten, und Katharina ist »nur« das Kind seiner Geliebten. Scheidung? Ausgeschlossen. Das würde seine Karriere ruinieren. Also setzt Käthes Mutter Christiane Simon »bei aller großen Liebe zu meinem Vater ihren Stolz darein, sich und mich aus eigener Kraft durchs Leben zu bringen«, berichtet Käthe Kruse später. In ihrem Weltbild wird die Frau stets selbst für ihren Lebensunterhalt sorgen müssen, obwohl der Mann ihr Dasein bestimmt, auch wenn er es nicht teilt.

Mutter Christiane ist Hausnäherin, sie arbeitet bis in die Nacht. Es ist eine einsame Kindheit für das Mädchen. Freundinnen hat sie nicht. Ein Nachbar schenkt ihr ein Katzenbaby. Endlich lebendige Wärme! Und dann kommt der Vater zu Besuch, nimmt das Kätzchen mit und informiert sie beim nächsten Treffen: »Ich hab ihm einen Stein um den Hals gebunden und es in die Oder geschmissen.«

Katharina ist bestürzt. Die Mutter aber meint streng: »Schäm dich doch, Mädel, wegen einer dummen Katze zu heulen!« Das ist eine Lektion fürs Leben: Das Kind sieht, dass ihre Mutter bereit ist, alles zu schlucken, um ja nicht ihren Teilzeit-Mann zu verlieren. In dieser Zeit schneidet sie ihrer Tochter die Haare ab. Und das Mädchen mit dem Jungenschnitt muss den Spott der Kinder ertragen. Vom Vater verbannt, von der Mutter verraten: »Nein, ich wurde meiner Jugend nicht froh.« Überdies gelingt es den Eltern, Katharina einzurichten, dass sie an ihrer Misere selbst schuld ist; dass sie sich, um geliebt zu werden, ändern muss.

Käthe beschließt, anders als ihre Mutter zu werden. Und dem Vater zu beweisen, dass sie seiner Liebe wert ist.

Der Grundschullehrer ermutigt sie, Schauspielerin zu werden. Schauspielerin? Als Beruf sozial verachtet, aber für ein uneheliches Mädchen auch eine Hintertreppe in die feine Gesellschaft. Falls man Erfolg hat. Die kaum 17-jährige Katharina geht nach Berlin, ändert ihren Namen und wird Schauspielerin.

»Hedda«, wie sie nun heißt, widmet sich ihrem Beruf mit jenem unermüdlichen Fleiß, mit dem ihre Mutter nähte. Und sobald sie ein festes Engagement erhält, lässt sie ihre Mutter nach Berlin kommen. Zwei Jahre später lernt »Hedda« auf einem Ball den »schönsten Mann von Berlin« kennen: Max Kruse, Bildhauer, verheiratet, vierfacher Vater und 29 Jahre älter. Ein Mann aus einer anderen Zeit und anderen Welt, durch ein Erbe finanziell abgesichert. Er ist es, der die Büste des unvergleichlichen Philosophen Friedrich Nietzsche (»Du gehst zu Frauen? Vergiss die Peitsche nicht!«) erstellen durfte.

Das Mädchen aus der Unterschicht fühlt sich geadelt, als er anbietet, sie zu porträtieren. »Was wird aus Ihrer Karriere, wenn Sie mal heiraten?«, fragt er. »Ein Kind möchte ich haben von einem Mann, den ich liebe. Aber heiraten will ich nicht.« Ihr Mut imponiert ihm und irritiert ihn. Sie wird schwanger. Der einzige Mensch, dem sie sich anvertraut, ist ihre Mutter.

Ihr bildhauernder »Herzliebster« beginnt, sie zu »modellieren«: »Ich durfte mich nicht einmal mehr anziehen, wie ich wollte.« Er verordnet auch eine neue Frisur: zwei Zöpfe, auf dem Kopf zu einem Krönchen gebunden. Aus der temperamentvollen »Hedda« wird ein unendlich nachsichtiges »Kätchen«. In Henrik Ibsens Drama von 1879 *Nora oder Ein Puppenheim* stellt die Titelheldin Nora nach einer Ehekrise fest: »Zu Hause, bei Papa, wurde ich wie eine kleine Puppe behandelt, hier wie eine große. Und die Kinder wiederum waren meine Puppen ...« Die wie ein Star gefeierte »Hedda« spielt Nora während einer Russland-Tournee in Moskau. Sie muss ja auftreten, um Geld zu verdienen. Für sich und das Kind, das sie erwartet.

Max hat sich zwar scheiden lassen, aber inzwischen fast sein komplettes Vermögen verbraucht. Und außerdem will er sich nicht binden: »Aber ich wollte nicht weg von ihm, obgleich ich ihn gar nicht leidenschaftlich liebte – nein, ich blieb aus Instinkt bei ihm. Ich wollte wohl den Schutz.« Einen Ersatz-Papa eben, ist sie doch erst 17!

Schwanger kann sie nicht mehr schauspielern. Max schickt sie aufs Land. »Ja, Kindchen, das kenn ich«, meint ihre Mutter. »Das tut weh, so ging's uns allen.« Christiane Simon sieht, dass die Tochter ihr eigenes Schicksal »nachspielt«: uneheliches Kind, Einsamkeit, Schande. Sie streiten, Käthe schreit ihre Mutter an: »Wenn du nur wolltest – könntest du stolz sein auf dein Leben, denn wenn ich als ehrsame Bürgerstochter auf die Welt gekommen wäre, könnte ich das jetzt nicht durchführen. Und meine Ehe ist zugleich eine Rechtfertigung der deinen.« Wohlgemerkt: Sie ist nicht verheiratet. Aber Max schafft es, ihr einzureden, dass jede echte Liebe einer Ehe gleicht.

Am 2. Dezember 1892 bekommt Käthe ihr erstes Baby. Sie ist 19 und überglücklich: »So klein – und schon ganz fertig!« Max Kruse schickt sie in die Schweiz. Käthe und ihre kleine Marie leben in einer Künstlerkolonie auf dem Monte Verità über dem Lago Maggiore, sie verkauft selbst gehäkelte Krawatten, um etwas zu verdienen. Mutter Christiane kommt nach, mit ihrer Nähmaschine. Sie haben sich längst versöhnt: »Du einzig geliebtes Mütterchen. Ich habe dich so lieb. Bitte, bitte hab auch du mich lieb – ich brauche es so nötig. Ach, du hast's gut! Du hast dein Werk an mir vollbracht, aber ich ...«

»Lieben ist fühlen, ist umarmen wollen, zärtlich sein wollen«

Zweifelt Käthe denn auch daran, eine gute Mutter sein zu können? Zu Weihnachten 1905 wünscht sich die dreijährige Marie von ihrem Berliner Papa »una bambina«. Die Puppen ähneln damals erwachsenen Frauen: manierliche Ladys im Korsett, steif, hart, kalt. Zierliche Vorbilder, damit das Girlie weiß, wie es mal sein muss. Max Kruse reagiert schnoddrig: »Nein, ich kaufe euch keine Puppen. Ich finde sie scheußlich. Macht euch selbst welche!«

Die junge Mutter gehorcht: »Ich nahm ein Handtuch, füllte seine Mitte mit (warmem!) Sand, machte Knoten aus den Ecken (das würden Arme und Beine) und band in ein Stückchen Längsseite des Handtuchs eine Kartoffel. Das war der Kopf. Mit einem abgebrannten Streichhölzchen erhielt er Augen, Mund und Nasenlöcher – Mimerle liebte ihre Bambina abgöttisch. Sie war so schön schwer! Sie hatte was zu schleppen, sie sang dem Sandsäckchen alle Kinderlieder vor. Die geborene schützende kleine Mutter.«

Kurz nach dem Tod ihrer Mutter ist Käthe erneut guter Hoffnung. Es wird die erste Geburt, bei der ihr ihre Mutter nicht beistehen kann. Das Söhnchen kommt tot auf die Welt. Sie ist am Ende ihrer Kräfte. Immerhin: Der Vater ihrer Kinder ist endlich bereit, sie zu heiraten.

Nein, nicht aus Liebe. Sondern weil vermieden werden muss, dass, sollte demnächst ein Sohn geboren werden, das Stigma »unehelich« in seine Militärpapiere kommt: »Für ein Mädchen wär's ihm nicht in den Sinn gekommen. Ich ging ziemlich empört mit ihm in München aufs Standesamt.«

Als »Frau Professor Kruse« ist Käthe vorzeigefähig, darf zurück nach Berlin und beginnt, noch mehr Puppen zu basteln: Puppen zum Knuddeln. Und die Kunden reißen sich um ihre »Babys«, die für Zärtlichkeit und Zuspruch stehen, für eine Erziehung, in der Verständnis Drohungen und Dressur ersetzt; Spielgefährten, welche die Kinderseele vor der Brutalität und Seelenlosigkeit der Erwachsenen schützen.

Die »Puppe Nr. 1« ist ein Kleinkind, das sich fast wie ein Menschenbaby anfühlt. Den Kopf hat der Bildhauer-Gatte modelliert. Käthe stellt ihre »Babys« 1910 bei der Ausstellung »Spielzeug aus eigener Hand« im Berliner Warenhaus Tietz aus. Es wird ein Sensationserfolg: »Diese talentvolle junge Mutter ... (trat eine) förmliche Revolution der Puppenindustrie los«, schreibt die Presse.

Käthe Kruse wird berühmt, und ihr Künstler-Gatte, der zunehmend als »Mann von Käthe« wahrgenommen wird, hat schwer daran zu schlucken. 1912 eröffnet Käthe Kruse in Bad Kösen an der Saale eine Fabrik für die serienmäßige Herstellung ihrer Kreationen. Bald folgen internationale Aufträge und Auszeichnungen.

Frau Kruse schuftet, macht Gewinne, unterstützt ihren von ihr mittlerweile finanziell abhängigen Ehemann. Aus ihrer Großzügigkeit wird Gewohnheitsrecht, Max Kruse leitet einen 15-jährigen Streit um seinen Anteil an ihrer Produktion ein. Er sieht seine Familie immer seltener und lässt sich von der ältesten Tochter Marie versorgen. Käthe Kruse allein steuert das Unternehmen durch die Wirtschaftskrise, erfindet immer neue Puppen (einen Soldaten mit beweglichen Gliedern, die Schaufensterpuppe): »Es war eine fleißige Zeit. Und eine selige. Aber schwer war's.«

Am 21. Januar 1925 schickt Käthe ihrem Mann einen Brief: Sie will noch ein Kind. »Geliebter Herzlieb ... dass ich kein Baby mehr haben soll, geht nicht, Geliebter, bitte, bitte, bitte, ich hab jetzt ein Rezept für Mäderles. Und ich hol mir also noch eines – für meine Arbeit und für mein Alter ...« Er, immerhin 71 Jahre, lehnt ab. Sie reagiert verwirrt: »Du denkst bloß, wir dürfen nicht mehr spielen«, sie umschreibt Sex immer als Spiel, »und ich mein, es hält dich doch jung. Wenn ich nur noch dein Freund sein soll – muss ich mich da ändern? Oder kann ich doch bleiben, wie ich bin? «

»Bin ich denn keine Frau mehr – nur noch eine Puppe?«, fragt sie sich, akzeptiert aber die Entscheidung ihres Mannes und nennt ihn von nun an »liebes Väterchen«: »Er war ein Genie – aber er war stolz. Und ich bin nichts weniger als ein Genie, aber ich bin – na, sagen wir einmal: ein bisschen liebenswürdig. Damit hab ich's geschafft und er nicht.«

Die Unternehmerin fühlt sich, knapp 50-jährig, immer noch begehrenswert, gönnt sich eine Affäre mit dem jüngeren Kulturjournalisten Fred Hildebrandt und lässt sich die Zöpfe abschneiden. Mit neuer Frisur und neuem Selbstbewusstsein ausgestattet, führt sie ihr Unternehmen durch den Zweiten Weltkrieg und die Besatzungszeit (in der ihr Betrieb durch die DDR-Führung enteignet wird), startet im bayerischen Donauwörth noch mal von vorn; da sind ihre Kinder längst in das Unternehmen eingeführt.

Käthe Kruse. Als Puppenmutter unübertroffen. Aber konnte sie ihren sieben Kindern jene menschliche Wärme bieten, die sie bei ihrer Mutter vermisste? »Ich bin im Tiefsten überzeugt, dass es nur eine einzige unlösbare Bindung gibt im Leben, eben die zwischen Mutter und Kind«, sagte sie. Andererseits verbot sie ihren Kindern, sie »Mutter« zu nennen, sie sollten »Kätchen« sagen. Sie schickte sie auf Internate, wo sie allen Komfort und eine gute Erziehung genossen – Zärtlichkeit und Verständnis jedoch eher nicht im Angebot waren. Hat Käthe Kruse als Mutter versagt? Sie jedenfalls war überzeugt, dass die glücklichsten Jahre ihres Lebens »immer die waren, in denen ich ein neues Baby bekam«.

»Wer aufgibt, ist am Ende«

Else
Lasker-Schüler

DIE DICHTERIN, DIE SICH FÜR
EINEN PRINZEN HIELT
(1869–1945)

*»Hepp, Hepp, Jude verreck!«, rufen
ihr die Kinder, protestantische wie
katholische, nach. Und Else denkt,
der Grund sei ihr rotes Kleidchen,
bis »mir der gute mitleidige Herr
Kaplan erklärte, (es) heiße ›Jerusalem
ist verloren‹«. Seitdem sehnt sich das
Mädchen nach dieser Stadt.*

Dass ihre jüdische Herkunft in Deutschland ein Problem sein könnte, merkt die Tochter eines Privatbankiers aus Wuppertal bereits als Kind.

Ihre schwärmerische, aber schwermütige Mama, die in ihrem Literaturzirkel aufgeht, spielt mit der Zweijährigen. »Einwortsagen nannten wir geheimnisvoll ein Spiel. Meine Mutter rief wichtig ›Schokolade‹ und ich erwiderte ein sich darauf reimendes Wort. Meine Mutter: ›Tinte.‹ ›Flinte.‹ ›Paul.‹ ›Faul‹ ...«

Paul, Elses Lieblingsbruder, erzählt ihr »mit Engelsgeduld« immer wieder die Geschichte vom biblischen Josef, dem Träumer, den seine älteren Brüder an Sklavenhändler verkauften. Paul will zum Katholizismus übertreten, stirbt aber, kaum 21-jährig, kurz vor seiner Taufe. Seine Schwester betet stundenlang und weint, wenn man sie unterbricht.

Mit elf erkrankt Else an Veitstanz, einer Nervenerkrankung, die mit unwillkürlichen Zuckungen verbunden ist. Sie wird daheim unterrichtet und nie wieder eine Schule besuchen.

Reime, Träume, Anderssein – Elses Lebensweg scheint vorgegeben. »Die Leute nennen mich ein' Luftikus – vielleicht bin ich's auch – ein bisschen ausgelassen –, aber denn auch nur für mich.« Mit 25 Jahren heiratet sie brav-bürgerlich den Arzt Jonathan Berthold Lasker und zieht nach Berlin, doch die Vernunftehe beginnt sie zu langweilen. Sie nimmt Malstunden. Lasker richtet ihr sogar ein Atelier ein.

Else experimentiert mit Malstilen, sucht Kontakt zu anderen Künstlern und gehört bald zu den Stammgästen im »Café des Westens«, dem Szenetreff der Berliner Bohème. Sie trifft Fantasten, Anthroposophen und Anarchisten, exzentrische Einzelgänger, die mit großem Elan dabei sind, das Althergebrachte abzuschaffen. Hier gilt: Je origineller, umso anerkannter. Else wird schwanger, aber weigert sich, die Identität ihres Geliebten preiszugeben. Der Ehemann stoppt die Unterhaltszahlungen.

Da mittellos, muss die 30-Jährige eine kostenlose »Demonstrationsgeburt« in Kauf nehmen. Sie bekommt Paul vor den Augen gaffender Studenten. Als wollte sie diese entwürdigende Schau ungeschehen machen, beginnt Else, sich neu zu erfinden. Genug der Anpassung.

Der Nervenarzt, Dichter und vorübergehende Geliebte Gottfried Benn erinnert sich: »Man konnte mit ihr weder damals noch später über die Straße gehen, ohne dass alle Welt stillstand und ihr nachsah: extravagante weite Röcke oder Hosen, unmögliche Obergewänder.« Else weiß, dass sie es mit der Garderobe der reichen Frauen nicht aufnehmen kann, also erhöht sie ihre Armut zum Stil.

1902 erscheint Elses erster Gedichtband mit dem programmatischen Titel *Styx*. Wie die griechische Sage es will, bildet der Fluss Styx die Grenze zwischen der Welt der Lebenden und dem Totenreich Hades.

»Nichts geschieht wirklicher als in meinem Kopf«

Die Lyrikerin meldet: Ich werde die Welten wechseln und aus der »toten«, ums Materielle kreisenden aussteigen. Das Bekenner-Gedicht heißt »Weltflucht«: »Ich will in das Grenzenlose / Zu mir zurück, / Schon blüht die Herbstzeitlose / Meiner Seele, / Vielleicht – ist's schon zu spät zurück! O, ich sterbe unter Euch! / Da Ihr mich erstickt mit Euch. / Fäden möchte ich um mich ziehn – / Wirrwarr endend! / Beirrend, / Euch verwirrend, / Um zu entfliehn / Meinwärts.«

Fortschrittliche Kritiker halten *Styx* für genial, die konservative Presse für geschmacklos. So wird es bei jedem ihrer Werke sein, gleich ob es ein Roman (*Mein Herz* von 1912) ist oder ein Theaterstück (*Die Wupper*, 1919 uraufgeführt).

Ein halbes Jahr nach der Scheidung von Lasker heiratet Else 1903 den Kunsthistoriker und Komponisten Georg Levin, der unter dem Namen Herwarth Walden bekannt wird. Er ist zehn Jahre jünger, also macht sich Else um sieben Jahre jünger. Das ist eine Anpassung nach ihrer Art! Walden vertont ihre Gedichte, veröffentlicht sie in seiner Zeitschrift *Der Sturm* und verhilft ihr zu Popularität. Die Dichterin bewundert er, aber die Frau verlässt er 1912 wegen eines Blondchens. Nach ihrer zweiten Scheidung wird Else nie wieder eine eigene Wohnung haben.

Im Vorkriegsjahr 1913 schreibt der Wiener Literaturpapst Karl Kraus: »Nicht oft genug kann diese taubstumme Zeit, die die wahren Originale begrinst, durch einen Hinweis auf Else Lasker-Schüler gereizt werden, die stärkste und unwegsamste lyrische Erscheinung des modernen Deutschlands.«

Else geht auf Lesereise, untermalt ihre Worte mit Geräuschen, verwandelt jede Lesung in einen Event. Das ist das breite Publikum nicht gewohnt. »Starr vor Staunen« hört es zu, bis es »lachend und schwatzend da saß – oder verschwand«. Elses Einnahmen bleiben überschaubar. Und das meiste gibt sie aus für ein Internat, in dem ihr Sohn lebt. Franz Marc organisiert eine Gemäldeversteigerung zu Elses Gunsten. 1913 erscheint sogar ein Spendenaufruf für die »mit schweren Sorgen kämpfende Dichterin«. 4000 Mark kommen zusammen. Auch Franz Kafka stiftet fünf Kronen, aber nörgelt: »Ich weiß den eigentlichen Grund nicht, aber ich stelle sie mir immer nur als eine Säuferin vor.« Er irrt, denn Alkohol konnte sich Else einfach nicht leisten.

In ihrem Buch *Theben* (das sie, wie alle ihre Bücher, selbst illustriert) bezeichnet sich Else erstmals als »Prinz Jussuf«. Vielleicht um klarzustellen: Für mich wie für ihn, den alttestamentarischen Josef, zählen Träume nicht weniger als Zahlen. Der Prinz erhebt seine Freunde in seinen Gedichten zu Mitbewohnern seiner »Residenz« Theben: Franz Marc ist »der blaue Reiter«, Karl Kraus »Dalai Lama«, Gottfried Benn »Giselheer, der Barbar«. Die Dichterin kleidet sich wie Jussuf – behängt mit auffallendem unechtem Schmuck – und wird wegen dieser Aufmachung mehrfach verhaftet. Ihre Parallelwelten beginnen zu verschmelzen. »Ich weiß nicht, dass mein Hände so verschiedene Dinge tragen, in der rechten halte ich Sonnenblumen, in der linken eine Peitsche.«

Der Erste Weltkrieg reißt die Künstlerkreise auseinander und setzt auch dem Bohème-Leben ein Ende. Am 7. Juli 1921 erscheint in der *Weltbühne* eine gehässige Parodie über eine fiktive Begegnung zwischen Else Lasker-Schüler und Hedwig Courths-Mahler. Als Else mit einem verärgerten Leserbrief reagiert, löst sie eine Reaktion aus, die das »Hepp, Hepp«-Gebrüll ihrer Kindheit echot: »Wir wissen kaum, wer Lasker-Schüler ist, (aber) der wirkliche Deutsche sieht, wie die jüdische Saubande sogar mit seiner Sprache Schindluder treibt.« Gezeichnet: der bayerische Schriftsteller Ludwig Thoma. Noch kann sie nicht glauben, dass der Antisemitismus mörderische Ausmaße annehmen wird. Schließlich sind Juden wie Sigmund Freud, Albert Einstein, Alfred Döblin, Max Reinhardt oder Kurt Tucholsky aus dem deutschen Geistesleben nicht wegzudenken.

Als ihr Sohn Paul an Tuberkulose erkrankt, holt sie ihn nach Berlin: »Ich klagte ihm: ›Wäre ich doch lieber eine einfache bürgerliche Mutter mit Haus und Herd!‹ Dann sagte er jedes Mal dieselben zwei Worte: ›Nur nicht!‹« Paul stirbt, seine Mutter verliert den Halt: »Ich weine oft, bin so müde, ich bin ohne Strand, ich bin haltlos, verkommen in meinem Herzen – verwirrt, verdorben und lange schon gestorben.«

1932 erhält sie noch den Kleist-Preis, aber der *Völkische Beobachter* empört sich: »Wir meinen, dass die rein hebräische Prosa der Else Lasker-Schüler uns Deutsche gar nichts angeht.« Elses Kunst gilt als »entartet«, sie selbst wird von den Nazis verprügelt.

»Wär ich doch lieber eine bürgerliche Mutter mit Haus und Herd!«

Wenige Wochen nach Hitlers Machtübernahme flieht sie in die Schweiz. »Ich hatte beide Hände halb erfroren und voll Rissen, da ich ja erste Tage am See unter einem Baum versteckt schlief.« Sechs Jahre bleibt sie. Sie findet Mäzene, im Dezember 1936 wird im Schauspielhaus Zürich Elses Stück *Arthur Aronymus und seine Väter* uraufgeführt. Das Thema: Dialog der Kulturen. Ein Rabbi und ein Kaplan diskutieren über Gott und Welt, wie einst Elses Großvater, der Oberrabbiner, und der Bischof von Paderborn. Klaus Mann notiert, nachdem er sie erlebte: »Spuren legitimen dichterischen Wahnsinns.« 1938 wird Else Lasker-Schüler die deutsche Staatsangehörigkeit aberkannt. Deutschfeindlich war sie nie – eine erklärte Nazi-Gegnerin hingegen schon. Else klagt: »Ich habe keine Ruhe, immer unstet, kein Zuhaus. Ich wollte, ich wäre jemand sein Kind. Und es ging jemand mit mir in alle Spiellädenund kaufte mir Schaukelpferde, kleine Bären, Schachteln voll Häuschen und Bäumchen ...« Jetzt träumt sie davon, ihre »geistige Heimat, das Land des Prinzen Jussuf«, kennenzulernen: Palästina.

Mitte 1939 reist die 70-Jährige nach Jerusalem, der Ausbruch des Zweiten Weltkrieges verhindert die vorgesehene Rückkehr. »Auch war ich eigentlich nicht verreist, aber immer unterwegs.«

Arm wie stets, besitzt sie dennoch genügend Lebensenergie, um Lesungen zu halten, und veröffentlicht 1943 ihren letzten Lyrikband *Mein blaues Klavier*. Aber Else fehlen die Freunde, die Sicherheit der Muttersprache. Prinz von Theben bleibt ein Fremder. »Ich bin verzweifelt in der Einsamkeit.« Kinder verspotten die Alte, die eine breite Fellmütze, also kein Kopftuch wie andere Frauen trägt. Und doch verstummt sie nicht. Schreibend hält sie sich am Leben. Das Alterswerk (ein mit Galgenhumor gespicktes Theaterstück) trägt den Titel *IchundIch*.

Und dann – verliebt sie sich! Der »Glückliche«, Ernst Simon, ist Pädagoge, verheiratet, 30 Jahre jünger. Sie schickt ihm Briefe, Gedichte: »Ich liebe dich / Und finde dich / Wenn auch der Tag ganz dunkel wird. / Mein Lebelang / Und immer noch / Bin suchend ich umhergeirrt. / Ich liebe dich! / Ich liebe dich! / Ich liebe dich! / Es öffnen deine Lippen sich ... / Die Welt ist taub, / Die Welt ist blind / Und auch die Wolke / Und das Laub – / – Nur wir, der goldene Staub / Aus dem wir zwei bereitet: / – Sind!«

Simon appelliert: »Ihre Beziehung zu mir soll mein heimlicher Stolz sein. Sie taugt nicht für die Augen der Welt ...«

»Ich weiß, dass ich bald sterben muss, / Es leuchten doch alle Bäume ...« – so beginnt ein seltsam unaufgeregtes Gedicht von Ende 1943. »Ich bin weder 17 noch 70 Jahre, habe keine Uhr und keine Zeit. Meine Bücher laufen so herum und werden einmal im Meere ertrinken. Früher habe ich's manchmal nicht geglaubt, jetzt weiß ich es, ich bin Else Lasker-Schüler – leider.« Am 16. Januar 1945 kommt sie mit einem Herzanfall ins Krankenhaus. Am 22. Januar stirbt die Sprach-Magierin. Auf dem Ölberg wird sie beigesetzt.

Lotte
Lenya

DER SELFMADE-WELTSTAR
AUS DER GOSSE
(1898–1981)

*»Freundlich zu sein, das ist schwieriger, als mit
jemandem zu schlafen.« So abwegig dieses Bekenntnis
klingen mag, Lotte Lenya stand dazu. Schließlich
praktizierte sie Sex und Small Talk in Wiener
Elendsvierteln und Berliner Nachtlokalen,
in Varietés und Salons quer durch Europa
und in Villen und Bars von New York bis
Hollywood. Bekannt wurde sie als
Seeräuberjenny, mit Songs, die ihr Mann
komponierte. Aber ihren Weltruhm
verdankt die Witwe von Kurt
Weill ausschließlich sich selbst.*

Mit elf steht Karoline Blamauer auf der Straße – aus freiem Willen. Denn die Betten, in denen sie sich verkauft, sind bequemer als die Holzkiste in der Küche, die »untertags als Bügelbrett Verwendung fand oder auf die man sich setzte, und außerdem machte Mutter darauf Nudeln«, erzählt sie Dekaden später. Und ihre Freier sind allemal netter als ihr Vater, ein abgewrackter Kutscher, der seiner zweiten Tochter nicht verzeihen will, dass »Linnerl«, seine Erstgeborene, fünfjährig gestorben ist. Wenn er nachts betrunken nach Hause kommt, muss ihm das »zweite Linnerl« vortanzen und vorsingen und wird verprügelt, weil sie ihm nicht anmutig genug erscheint.

Karoline sucht Trost bei der Mutter: »Sag mir, dass ich hübsch bin!« – »Nein, Linnerl, hübsch bist du nicht, aber den Männern wirst du gefallen«, lautet Mamas Antwort. Und so entwickelt die Kleine einen starken Lebenswillen, der, gepaart mit kernigem Humor und Robustheit, einen großen Teil ihrer Anziehungskraft ausmacht. Mit sechs balanciert sie in einem Wanderzirkus auf dem Drahtseil, spielt Tamburin und lächelt.

Eine kinderlose Tante holt sie als 15-Jährige nach Zürich. Die Nichte nimmt Ballettunterricht, übt sich als Statistin und Choristin und wird »immer von Offizieren abgeholt«. Linnerl ist sich für keine Nebenrolle zu schade, Motivationskrisen kennt sie (auch später) nicht. Und sie fällt dem Regisseur Richard Révy auf, der ihr den Künstlernamen »Lotte Lenya« verpasst und von Berlin vorschwärmt.

1921 ist Lotte in Berlin. Sie inhaliert das frivole Flair der Stadt, die niemals schläft, berauscht sich an den »Vibrationen« der Weimarer Republik: Damen-Jazzbands in Strapsen, spektakuläre Theateraufführungen, experimentelle Filme. Hochblüte der Kultur, animalische Energie von Menschen, welche die konventionelle Moral missachten und die Vorboten der Nazi-Schreckensherrschaft ignorieren. Eine Respektlosigkeit, die vor allem eines signalisiert: Ausweglosigkeit. Lotte wird, gegen Kost und Logis, Au-pair-Mädchen in der Familie des Dramatikers Georg Kaiser. Eines Sommersonntags soll sie einen Gast abholen. Während der Überfahrt auf dem See fällt seine Brille ins Wasser. Nachdem sie gefunden ist, bittet der Mann die junge Frau um ihre Hand. Ob diese Anekdote wahr ist? Lotte hat sie unermüdlich erzählt und Kurt Weill niemals dementiert. »Lass mich dein ›Lustknabe‹ sein, das ist mehr als ein Freund – und weniger als ein Gatte«, schreibt er.

»Ich bin und bleibe Optimist. Ich liebe das Leben und ich glaube ans Überleben«

Am 28. Januar 1926 heiratet das Paar: Sie ist ein Rotschopf, er hat schon Glatze. Er ist der introvertierte Sohn eines jüdischen Kantors aus Dessau, sie ist lebensklug und temperamentvoll. Weill dirigiert Operetten in der Provinz, verdient Geld als Organist in einer Synagoge und arbeitet unter dem Einfluss zeitgenössischer Tanzmusik an eigenen Opernprojekten. »Du weißt doch, dass du gleich nach meiner Musik kommst!«, warnt er. Lotte vergnügt sich unterdessen außerehelich: »Ich bin keine Frau, die allein leben kann. Dafür bin ich zu abhängig von männlicher Gesellschaft, aber ich betrüge Kurt keinesfalls. Er weiß ganz genau, was vorgeht.« Und der lässt sich durch das Unverständnis ihrer Umgebung für ihre unkonventionelle Ehe kaum aus der Ruhe bringen: »Es ist nicht leicht, mit mir verheiratet zu sein.« Einer ihrer Liebhaber ist der Maler Max Ernst (dem sie seine panische Angst vor Impotenz gründlich austreibt).

Aus enthusiastischen Geliebten werden tolerante Liebende: »Wenn ich mich nach dir sehne, so denke ich am meisten an den Klang deiner Stimme, die ich wie eine Naturkraft liebe«, lässt Kurt Weill sie wissen – und komponiert für sie zwei Werke: Den *Aufstieg und Fall der Stadt Mahagony* und *Die Dreigroschenoper*, in der Lotte als Seeräuberjenny begeistert. Die Texte für beide Singspiele schreibt der schillernde Macho und Salon-Kommunist Bertolt Brecht.

Jetzt ist die Lenya gefragt. Sie spielt in Frank Wedekinds *Frühlings Erwachen*, in Stücken von Lion Feuchtwanger und löst einen der größten Theaterskandale der 1920er Jahre aus, als sie in Marieluise Fleißners *Pioniere in Ingolstadt* während eines Liebesakts im Sarg denselben kräftig wackeln lässt. Berlin leuchtet. Das echte Leben jedoch steht kurz vor dem Zusammenbruch. 1932 gibt es sechs Millionen Arbeitslose, die Konkurslisten werden täglich länger: »Bettler und Prostituierte säumten die Straßen in Dreierreihen«, erinnert sich Lotte später. Und am Horizont – Hitlers Schergen.

Am 21. März 1933 verlässt das Paar Berlin Richtung Paris. Dort wird Weill mit offenen Armen und lohnenden Auftragsarbeiten erwartet. Für *Die sieben Todsünden* lässt er nicht nur Lotte, sondern auch deren aktuellen Liebhaber engagieren. Weill kennt alle ihre Fehler, aber tut alles, um sie zu halten. Sie hatten einst vereinbart, keine Kinder zu haben. Jetzt aber will Lotte eins, allerdings mit ihrem Geliebten, und gesteht es Kurt: »Er sah mich an und sagte: ›Das würde mir sehr wehtun.‹ Das genügte. Ich sagte: Okay, ich werde keins kriegen.« Sie bleibt kinderlos, reicht aber die Scheidung ein.

Frisch geschieden schreibt Kurt seiner Ex: »Du weißt, dass du jederzeit und in jeder Weise auf mich rechnen kannst, dass du dir keine Sorgen zu machen brauchst, solange ich verdiene.« Und sie, wieder Single, bittet selbstironisch: »Solltest du einen netten Amerikaner für mich finden – einen, der mich schnell heiratet, damit ich einen amerikanischen Pass bekomme –, bitte merke ihn dir!« Am 4. September 1934 legen sie nach New York ab.

Kurt beschließt, ein Vollblut-Amerikaner zu werden, verbietet Gespräche auf Deutsch, meidet Flüchtlinge, komponiert wie besessen. Die Tantiemen aus seinen neuen Musicals und die Gagen für seine Filmmusiken stocken sein Konto auf. Lotte hingegen hat es schwer. Für eine knapp 40-Jährige mit Akzent gibt es in Amerika wenig adäquate Rollen.

Am 19. Januar 1937 heiraten Weill und Lenya zum zweiten Mal. Die Ringe habe sie unterwegs zur Trauung bei Woolworth für 50 Cent gekauft. Natürlich gehen sie beide auch weiterhin fremd, aber finden sich »schrecklich normal«: »Ich glaube, wir sind das einzige Ehepaar ohne Probleme«, stellt Kurt vergnügt fest. Ihre Liebe, die allen Herausforderungen des chaotischen 20. Jahrhunderts gewachsen ist, scheint unantastbar. Unterwegs, von einer Theatertournee, schreibt Lotte ihrem Gatten: »Liebling, ich habe dir von meinem Ersparten drei Pyjamas und einen Morgenmantel gekauft.« Kurt, der mehrere Herzinfarkte weggesteckt hat, muss nach einem weiteren ins Krankenhaus: »Lenya, liebst du mich wirklich?« – »Nur dich«, sagt sie, es ist die Wahrheit. Einen Monat nach seinem 50. Geburtstag ist Kurt Weill tot.

Die Witwe beschließt, ihr Leben in den Dienst seiner Musik zu stellen. Sie ist finanziell unabhängig und, so glaubt sie, nicht geschaffen, allein zu bleiben. Nach elf Monaten Einsamkeit heiratet Lotte wieder. Ihre folgenden Ehemänner sind allesamt Alkoholiker, schwul (als würde sie dem toten Kurt treu bleiben wollen) und jünger.

Gatte Nummer zwei ist George Davis, ein Schriftsteller, und er überredet sie immerhin, 1952 in der englischen Fassung der *Dreigroschenoper* aufzutreten. Die *Threepenny Opera* in einem kleinen Off-Broadway-Theater mit Lotte als Jenny bricht alle Rekorde: 2707 Vorstellungen, eine Dreiviertelmillion Besucher. Aus der »widow Weill« wird ein Showstar. George stirbt mit 51 an einem Herzinfarkt. »Ich fühle mich, als würde ich unter Wasser schwimmen, und wage es nicht so recht, den Kopfe rauszustrecken.« Aber fast im gleichen Atemzug gibt sie zu: »Ich würde so gerne einen Mann finden, den Richtigen.« Und wischt den Anfall von Selbstmitleid mit ihrem drastischen Humor weg: »Bevor ich allzu weinerlich werde, bezahle ich ein paar Rechnungen. Das schafft einen klaren Kopf.«

Am 2. November 1962 ehelicht die 64-jährige Lotte den 37-jährigen Maler Russell Detwiler: »Er sah so süß aus, so fürsorglich, so jugendhaft.« Sie wäscht seine Wäsche, zahlt seine Rechnungen, aber ihre Fürsorge fördert auch seine Schwäche. Obwohl sie alles tut, damit seine Karriere – und somit auch ihre Ehe – funktioniert: Am siebten Hochzeitstag springt Russel, kaum 45-jährig, aus seinem Atelierfenster.

Der erfolgreiche Dokumentarfilmer Richard Siemanowski, seit 9. Juni 1971 Gatte Nummer vier, wird bald nach der Trauung wegen Alkoholmissbrauch in eine Klinik eingewiesen und gibt als seinen nächsten »Verwandten« seinen Geliebten an. Das Einzige, was sie wohl je zusammen taten, war Kartenspielen. Sie lässt sich nach zwei Jahren scheiden (er stirbt mit 55).

»Es ist nicht leicht, mit mir verheiratet zu sein«

Während Lotte privat von einer Katastrophe in die nächste schlittert, gelingt ihr beruflich alles. Sie gibt Liederabende, nimmt Schallplatten auf, dreht Filme. Da bekommt sie zwar »nur« Nebenrollen, schafft es aber immer wieder, die Protagonisten an die Wand zu spielen. Für ihren Auftritt in der 1961 gedrehten Komödie *Der römische Frühling der Mrs. Stone* erhält sie eine Oscar-Nominierung. Ihre Rolle einer russischen Sado-Maso-Offizierin im James-Bond-Film *Liebesgrüße aus Moskau* (1963) bleibt unvergessen.

New York, 20. November 1966. Uraufführung des Musicals *Cabaret*. Die Story spielt im Berlin der 1930er-Jahre. Als Fräulein Schneider: Lotte Lenya. Sie ist 68, wiegt 45 Kilo, aber ihre nie versiegende Energie lässt sie jünger wirken. Sie singt vier grimmig-schmissige Songs, darunter »So what?«, mit so viel Intensität und Herzblut, dass die Kritiker in ihr die unbeugsame, mitfühlende »deutsche Frau« an sich, ein atmendes Symbol Deutschlands entdecken. Das »Linnerl« ist ein Idol geworden. Obwohl – oder gerade weil – sie niemals um Sympathie unter Hinweis auf ihr Unglück buhlt und in allen Kulturwelten und Lebensphasen ihre Integrität bewahrt. »Für die jungen Leute bin ich so etwas wie eine Legende geworden. Warum, das weiß ich nicht. Ich habe keine Ahnung, worin mein Geheimnis liegt.«

Außerdem ist sie beeindruckend reich. Aber auch krank (man diagnostiziert Krebs) und Single: »Ich habe meine Pflicht getan. Ich bin frei wie ein Vogel«, sagt sie in einem Interview zu ihrem 80. Geburtstag. Ihr Haar ist weiß – zum ersten Mal in ihrem Leben.

Am 23. Februar 1981 lässt sich Lotte von einem Chirurgen die Brüste verschönern. Die Freunde sind schockiert: wie überflüssig! Lotte winkt ab, erklärt: »Ich ertrage meinen Körper einfach nicht länger, ich kann mich selbst nicht mehr sehen, wenn ich in der Badewanne liege.«

Nun beginnt das Warten auf den Tod: »Ich bin und bleibe Optimist. Ich liebe das Leben und ich glaube ans Überleben.« Sie nimmt keine Betäubungspillen, will bei Bewusstsein bleiben. Lässt sich ihre Fingernägel frisch lackieren: knallrot. Am 27. November 1981 hört man sie die Namen ihrer Toten flüstern: Kurt, George …, auch die ihrer Mutter und ihres Vaters. Als würde sie alle bei einem Wiedersehen begrüßen. Um sechs Uhr abends lächelt Lotte und stirbt.

Luise
von Preußen

DEUTSCHLANDS KÖNIGIN
DER HERZEN
(1776–1810)

*»Ich bin nicht zur Königin geboren ... ,
doch will ich gern das Opfer werden,
wenn nur sonst in Zukunft dadurch
was Gutes gestiftet werden kann«,
schreibt Luise ihrem Bruder. Sie irrt. Sie ist
eine Königin – eine Königin der Herzen,
wie es sie weder vor noch nach ihr in Preußen
gab. Zu Lebzeiten wie eine mütterliche
Lichtgestalt verehrt, später zum
Schutzengel der Deutschen verklärt.
Luise – die Lady Di der
Hohenzollern.*

Als Kind nennt man die Prinzessin »junger Husch«, und sie ist eine miserable Schülerin. Nur am Pianoforte und beim Singen kann sie punkten. Sie sei, heißt es, zu eigensinnig, ein Enfant terrible – aber ihre Heiterkeit verzaubert jeden, der sie kennenlernt. Schlechte Laune? Hat sie nie!

Aufgewachsen ist sie zusammen mit ihrer jüngeren Schwester Friederike im Darmstädter Palais ihrer Großmutter. »Babuschka« nennen die Mädchen ihre Oma. Diese ist es auch, welche die Kleinen mit ihrer Liebenswürdigkeit ansteckt und sie – in einer Zeit, in der Fürstenfamilien noch streng nach Etikette leben – in ungewöhnlicher Freiheit groß werden lässt. Die Prinzessinnen müssen zwar oft die geflickten Kleider der Älteren auftragen, aber das stört sie kaum – es gibt wenige Anlässe, für die man sich herausputzen muss: »Wir gehen in keine Gesellschaft, zu keinen Kurfürsten; wir nehmen an keinem Essen teil«, stellt die 16-jährige lebenshungrige »Husch« wehmütig fest.

Luise ist zwar eine Prinzessin, aber davon gibt es gegen Ende des 18. Jahrhunderts in Deutschland mit seinen mehr als 1700 eigenständigen, oft winzigen Territorien reichlich. Die Aussicht auf ein einigermaßen standesgemäßes Leben kann also nur einer garantieren: ein Ehemann. Und wenn dies einer weiß, dann »Babuschka«. Die Oma beschließt, zu handeln.

14. Juli 1792. Europas Hochadel ist in sechsspännigen Staatskarossen in Frankfurt angerollt, um an der Krönung von Kaiser Franz II. teilzunehmen. Und ausgerechnet Luise – diese gertenschlanke No-Name-Prinzessin – eröffnet den Festball mit dem 19-jährigen Grafen von Metternich, dem künftigen Staatskanzler Österreichs.

Der findet das Adelskind vom Lande zwar fad, aber als braver Sohn erfüllt er den Wunsch seiner Mutter – die wiederum ihrer guten Freundin, Luises Großmutter, eine Bitte erfüllt. »Babuschka« ahnt, dass keiner der Herren ihre »Husch« auch nur wahrnehmen, geschweige denn zum Tanz auffordern würde. Luise tanzt und strahlt im Glanz Tausender Kerzen.

Unter den Monarchen, die sie mit ihrer Ungezwungenheit und Schönheit entzückt, ist auch Friedrich Wilhelm II., einer der größten Casanovas Europas und vor allem: der König von Preußen. Er beschließt, dass das »gute Kind aus Darmstadt« seinen Ältesten heiraten wird.

Luise und der Kronprinz Friedrich Wilhelm verloben sich am 19. März 1793. Sie mögen sich. Aber Liebe, Leidenschaft? Sie schreibt ihm: »Leben Sie wohl, mein Engel, haben Sie mich immer lieb wie sonst, und glauben Sie, ich bin Ihre treue Freundin.«

Einmal erzählt er ihr, dass er als Kind Kirschen liebte, aber nie welche bekam, weil der Vater für die Versorgung seiner Sprösslinge eine feste Summe zahlte, die für das teure Obst nicht reichte. Luise schickt ihm einen Korb Kirschen.

Er ist menschenscheu, sie bringt ihn zum Lachen: »Ich werde Ihnen zum Willkommen singen: Unsere Katz hat Junge, sieben an der Zahl. Sechs davon sind Hunde. Das ist ein Skandal. Und der Kater spricht: Die ernähr ich nicht.«

Kurz vor der Hochzeit klagt sie, als ahnte sie bereits, was auf sie zukommt: »Ade unschuldiges Vergnügen, ade Jugendzeit, ade Fröhlichkeit ... Es ist eine schrecklich Sache, das Heiraten.« Aber sie fügt sich – in ihren Kreisen heiratet man schließlich nicht, um glücklich zu sein, sondern um dynastische Interessen zu bedienen.

Viel gemein hat das junge Paar nicht. Der Thronfolger hat eine lieblose Kindheit hinter sich, sucht Nestwärme bei der Truppe. Ist geradlinig. Sie voll sorglosen Übermuts. Er ist überpünktlich, sie immer zu spät. Er ist Frühaufsteher, sie bleibt bis mittags im Bett. Er liebt Ordnung, sie stiftet Chaos. Er

> »*Möge Gott mich davor bewahren, meinen Geist zu pflegen und mein Herz zu vernachlässigen*«

ist pragmatisch, sie romantisch. Vor allem: Er ist launenhaft, depressiv und ist auch sonst nicht der Mann, zu dem sie aufschauen könnte. Sie wird immer diejenige sein, die ihn aufmuntert, stärkt, tröstet. Am Vorabend der Hochzeit besteht Luise darauf, beim Hofball den neuen Tanz zu tanzen, der an den Höfen Europas als unanständig gilt: Walzer. Ihre künftige Schwiegermutter dreht den Tanzenden entsetzt den Rücken zu.

Am Heiligabend 1793 wird das Paar getraut. Vor der Zeremonie kommt es zu einem Eklat: Ein kleines Mädchen reicht der Braut einen Blumenstrauß, die Prinzessin bückt sich und küsst es. Die Menschen jubeln ihr zu wie einem Vorboten einer neuen, bürgerlichen (ja demokratischen!) Einfachheit. Der Hof erstarrt. Sie fragt: »Darf ich das nun nicht mehr?« Sie ist 17. 17 Jahre hat sie noch. Knapp vier Jahre später weckt ihre um 47 Jahre ältere Oberhofmeisterin sie mit den Worten »Ihre Majestät ...«, Luise zuckt zusammen. Nun ist es so weit: Der Vater ihres Mannes ist gestorben, Friedrich Wilhelm III. ist sein Nachfolger, sie wird Königin von Preußen.

Ein Tag im Leben der Königin:
Gegen 9 Uhr wird sie wach, die Kammerfrau stellt den Frühstückstisch über das Bett, es gibt einige Tassen Schokolade mit viel Sahne, Zwieback.
Sie stimmt den Küchenzettel ab.
Jetzt dürfen die jüngsten Kinder zu ihr, Luise liebkost sie, sucht die Kleider für den Tag aus.
Gegen 11 Uhr empfängt sie im Morgenmantel die älteren Kinder, danach den Arzt, Englischlehrer, Musiklehrer, isst etwas Gerstenbrei.
Um 12 Uhr holt der König sie ab für eine Spazierfahrt oder einen Spaziergang.
Um 14 Uhr: Mittagessen mit diversen Gästen.
Danach Mittagsschlaf, oder sie liest, am liebsten Memoiren.
Um 16 Uhr: Teestunde.
Die Abende verbringt man mit Gesellschaftsspielen oder Hoffestivitäten (sie organisiert z. B. Aufführungen in der Oper Unter den Linden).

1797 hat Luise bereits drei Kinder zur Welt gebracht, zehn werden es insgesamt. Ein Sohn wird Deutschlands erster Kaiser, ein anderer König von Preußen, die älteste Tochter russische Zarin. Ihr erstes Kind allerdings kommt am 7. Oktober 1794 tot zur Welt. Gibt es Schlimmeres für eine Frau?

»*Ich lebe zum Vergnügen meines Mannes*«

Und doch schluckt sie ihre Tränen, »um nicht meinen lieben und ausgezeichneten Mann unglücklich zu machen«. Diese Frau, die auf allen Porträts etwas Mädchenhaftes, Verschmitztes ausstrahlt, hat sich stets im Griff. Auch als ihr »ausgezeichneter Mann« sich in eine russische Großfürstin verliebt oder als er auf ihrem Landsitz in Paretz mit seiner Familie Blindekuh spielt, während in Frankreich die Revolution ausbricht und das Volk sein Königspaar guillotiniert.

In Paretz herrscht das einfache Leben. Hier kann der König Mensch sein. Er befiehlt zwar seinem Adjutanten, ihm mindestens dreimal in der Woche die Wahrheit über die politischen Ereignisse zu sagen, aber zum Mittelpunkt seines Lebens wird Luise, während Napoleon, der ehrgeizige General aus Korsika, sich rüstet, Europa zu erobern.

Preußen hält sich für unbesiegbar, der König delegiert Kompetenzen. Luise fleht ihren Mann an: »Gott stärke dich ... ich darf dich noch einmal bitten, nehme mehr Zutrauen zu dir und führe das Ganze!« 14. Oktober 1806: Bei der Doppelschlacht von Jena und Auerstedt werden die Preußen vernichtend geschlagen. Das Königspaar flieht nach Königsberg, Napoleon zieht in Berlin ein, quartiert sich ausgerechnet in Luises Schlafgemächern ein (wo der Korse leidenschaftliche Briefe findet, die der russische Zar Alexander I. der Königin schickte).

Napoleon, der Kaiser aller Franzosen, und Alexander I., Zar und Herrscher aller Russen, beraten in Tilsit über die »Beute« und beschließen, dass Preußen mehr als die Hälfte seiner Territorien an die Sieger abtreten muss. Friedrich Wilhelm beschwert sich bei seiner Frau über die Manieren des »Teufels, der sich aus dem Kot herausgeschwungen hat«. Und dann – es ist unfassbar! – bittet er sie, Napoleon um Gnade zu bitten. Luise (wieder mal schwanger) steht zu ihrer Pflicht: »Ich komme, wenn du es wünschst.«

Ihre Begegnung mit Napoleon stiftet ihre Unsterblichkeit. Tilsit, 7. Juli 1807, 16 Uhr nachmittags. Luise trägt ein weißes Kleid aus silberbesticktem Crêpe. Napoleon stolpert leicht auf der schmalen Holztreppe. Beide sind voneinander überrascht. Er erwartete eine dumme Matrone, sie »einen Teufel«.

Um seine Verlegenheit zu überwinden, meint der Kaiser: »Sie tragen da ein schönes Kleid. Wo ist es gearbeitet?« Luise antwortet in selbstverständlich perfektem Französisch: »Sollen wir über Putz reden in diesem Augenblicke?« Sie bleibt schlagfertig und charmant, appelliert an seinen Großmut, er fragt, wieso sich Preußen so schlecht vorbereitet überhaupt auf einen Krieg mit ihm einlassen konnte. Da gibt sie die berühmte Antwort: »Sire, der Ruhm Friedrichs des Großen hat uns über unsere Mittel getäuscht.«

Napoleon ist beeindruckt, bewegt, fast bereit, ihr nachzugeben. Da geht die Tür auf und Luises Ehemann betritt den Raum. Das ist ein fataler Fehlauftritt, von denen es in der Geschichte nur wenige gibt. Denn, so Napoleon am selben Tag zu Alexander: »Er erschien zur rechten Zeit. Eine Viertelstunde später – und ich würde der Königin alles versprochen haben.«

Das Königspaar muss ins Exil nach Königsberg, muss sparen: Luise bittet eine ihrer Schwestern um ein paar warme Röcke und ihren Lieblingsbruder Georg um »zwei recht hübsche Nachtmützen«.

Friedrich Wilhelm, schwerst depressiv, will abtreten und Napoleon bitten, ihn als Privatmann in Berlin leben zu lassen. Luise gelingt es, ihn von dieser Idee abzubringen. Am 23. Dezember (einst tanzte sie in dieser Nacht Walzer!) 1809 kehrt das Paar auf Wunsch des französischen Kaisers zurück nach Berlin. Luise ist erschöpft und schon wieder schwanger, möchte sich bei ihrem Vater erholen. Und ihr Gatte »hat eben in diesem Augenblick die Erlaubnis gegeben, zu Ihnen zu kommen«, schreibt sie ihrem »besten Päp«.

Die Reise auf das väterliche Schloss Hohenzieritz in Mecklenburg strengt sie mehr an, als sie bereit ist zuzugeben. Aus einer Erkältung wird Lungenentzündung. Man schickt nach dem König. Als Friedrich Wilhelm III. an Luises Bett weint, tröstet ihn die Königin zum letzten Mal: »Fürchte dich nicht, ich sterbe nicht.« Dann stirbt der »Engel«, wie alle sie nannten.

Sie gab Preußen, was Preußen gehörte. Und als der Krieg verloren wurde, war sie es, welche die Würde des Landes bewahrte. Sie allein. Eine einfache Frau, eine Königin – eigentlich – wider Willen.

Rosa
Luxemburg

DIE ROTE IKONE UND
IHRE TOY BOYS

(1871–1919)

*»Und vielleicht noch ein kleines,
ganz kleines Baby? Werde ich nie
eins haben dürfen? Nie?«
Es ist nicht einfach, diese urweibliche
Bitte mit dem Bild einer
Revolutionärin zu verbinden.
Und doch war Rosa Luxemburg
nicht nur ein charismatischer
Parteisoldat, sondern auch
eine große Liebende.*

Mit fünf Jahren erkrankt Rosalia an Knochentuberkulose und muss ein Jahr im Bett bleiben. Sie wird ihr Leben lang hinken. »Damals glaubte ich fest, dass das ›Leben‹, das ›richtige‹ Leben, irgendwo weit weg ist, dort über den Dächern hinweg«, ein Leben, zu dem man fliegen müsste »wie die Vögel«. Seither reist sie ihnen nach. Sie ist ein waches, aber kein hübsches Kind: »Du wirst keine schöne Frau haben, ich fühle mich ziemlich hässlich«, warnt sie später den Mann, der sie »zur Frau macht«. Illusionen waren nie ihr Ding.

In ihrer polnischen Heimatstadt Zamość ist die Behördensprache Russisch (Ostpolen gehört zu Russland). Daheim spricht man Polnisch, aber Rosas Vater, ein jüdischer Holzhändler, bevorzugt die Sprache der Revolutionäre: Französisch. Das Kind beherrscht alle drei, die Mama ist stolz: »Rosa ist klüger als wir alle zusammen.« Kaum hat sie sich Lesen und Schreiben beigebracht, bringt sie es den Hausmädchen bei. Und leiht dem Hausknecht Antoni ihre Bücher. Rosa wollte schon als Kind die Welt verändern.

Auch auf dem Warschauer Mädchengymnasium ist Rosa stets die Beste. Vor allem gehört sie einem illegalen Zirkel junger Polen an, die den Zarismus ebenso bekämpfen wie die Bourgeoisie und bald Anschluss finden an die sozialistische Partei Proletariat, die 1883 als erste der europäischen Arbeiterparteien einen Massenstreik organisiert. Rosa schreibt in das Poesiealbum einer Freundin: »Mein Ideal ist eine solche Gesellschaftsordnung, in der es mir vergönnt sein wird, alle zu lieben. Im Streben danach und im Namen dieses Ideals werde ich vielleicht einmal imstande sein, zu hassen.« Der Geheimpolizei ist die Jung-Rebellin längst aufgefallen, die Genossen raten zur Flucht. Auf einem Bauernwagen, unterm Stroh versteckt, bringt ein katholischer Pfarrer das Fräulein »mosaischer Religion« über die Grenze.

In Zürich (115 000 Einwohner, 30 000 Ausländer, 500 Professoren) lässt sich Rosa an der Uni für Naturwissenschaften immatrikulieren, aber hört auch Philosophie und Mathematik. Das »richtige« Leben jedoch findet im Sozialistenclub statt, dem Sammelpunkt politischer Emigranten. Sie ist ehrgeizig, voller Energie und Spottlust. Kaum 20-jährig, ist Rosa eine überzeugte Marxistin, will handeln, nicht nur die Welt interpretieren. Als Erstes wechselt sie von Natur- zu Staatswissenschaften.

Und in Zürich trifft sie auch den Mann, der für sie »die Sache« verkörpert: Leo Jogiches. Der Litauer ist vor der zaristischen Polizei geflohen, sieht gut aus, ist reich und autoritär. Er bringt ihr bei, wie man Streiks organisiert, Pässe fälscht, Agitationsmaterial verbreitet. Da sie mit ihm schläft, hält Rosa ihre Beziehung für eine Ehe und will ein Baby. Der Angeflehte antwortet, ihre Aufgabe sei es nicht, Kinder zu gebären, sondern politische Ideen. Er ermahnt sie zu Disziplin und Arbeit. Sie antwortet: »Gold, ich könnte doppelt so viel arbeiten – wenn nur du in meinen Armen wärest. Mich hat die Arbeit kein bisschen ermüdet. Aber ich spüre, wie meine Seele welkt ohne dich.« Sie hat Energie und Elan für beides: »die Sache« und Privatleben. Arbeit wird nie Rosas Problem sein. Männer schon eher.

1893 gründet sie mit Leo die Sozialdemokratie des Königreichs Polen (SDKP). 1897 promoviert sie summa cum laude. Ihre Eltern schenken ihr einen Ring mit Vergissmeinnicht aus Perlen und das Fräulein Doktor fragt sich: Und nun? Eine Ehe mit Leo ist längst Illusion. Es drängt sie nach Berlin, wo das Herz der Arbeiterklasse schlägt. Um die preußische Staatsangehörigkeit zu erhalten, geht sie mit 27 eine Scheinehe ein, kommt Mitte Mai 1898 in Berlin an, mietet ein möbliertes Zimmer und wird zehn Tage später SPD-Mitglied.

Die mächtige Sozialdemokratische Partei Deutschlands (250 000 Mitglieder, 70 Zeitungen mit Gesamtauflage über 400 000) ist eine reine Männerpartei: August Bebel ist der Parteiführer, Wilhelm Liebknecht Chefredakteur des Parteiorgans *Vorwärts*, Karl Kautsky der Parteitheoretiker. Als sich Rosa in der Zentrale meldet, herrscht Wahlkampf. Im Juni sind Reichstagswahlen. Sie will mitmischen, »möchte mich, zum Teufel, ein wenig der Öffentlichkeit zeigen«. Die Partei-Herren schicken sie »an die Front«, nach Oberschlesien – das Ergebnis lässt sich sehen: In »Rosas« Wahlkreis kann die SPD ihren Stimmanteil mehr als verdoppeln.

Rosa, beifallumtost, meldet an Leo: »In Berlin geht es mir gut, das heißt, ich arbeite sehr viel.« Sie schreibt Artikel, diskutiert, agitiert, hält Vorträge. Die Genossen bieten ihr die Leitung der wichtigen *Sächsischen Arbeiter-Zeitung* an. August Bebel hält sie für »ein sehr gescheites Frauenzimmer«. Genossin Rosa wird Chefredakteurin. Und fungiert überdies als Kontaktperson zwischen polnischen, russischen und europäischen Sozialisten. Die linksradikale, kritische Intellektuelle wird zur kühnsten Mittlerin zwischen Ost und West. Ab Dezember 1898 wird die »Rote Rosa« auf Schritt und Tritt von Spitzeln begleitet.

»Freiheit ist immer auch die Freiheit der Andersdenkenden«

Rosas Ziele: Internationalismus (weil Nationalismus Konflikte heraufbeschwört), Antimilitarismus (weil Rüstung zum Krieg führt), Diktatur des Proletariats (weil nur die Arbeiterklasse die »kapitalistische Profitwirtschaft als das falsche Bewusstsein« abschaffen kann) und Revolution (weil sie allein zur Verwirklichung gesellschaftlicher Utopien führt). »Die Revolution ist großartig«, sagt sie, »alles andere ist Quark.« Rosas Selbstvertrauen wächst, ihre Ausstrahlung hypnotisiert die Massen, der Erfolg verschönt sie. Leo Jogiches verfolgt ihren steilen Aufstieg mit mürrischem Misstrauen.

1904 ist es so weit: Das mächtige Preußen fühlt sich gezwungen, dieses »hysterische, zänkische Frauenzimmer« einzusperren. Sie wird in Leipzig zu drei Monaten Haft wegen Majestätsbeleidigung verurteilt. In ihren Augen ein Ritterschlag. Rosa schwört sich: »Ich bin entschlossen, noch mehr Strenge, Klarheit und Keuschheit in mein Leben zu bringen.« Und verliebt sich in Konstantin Zetkin, den um 14 Jahre jüngeren Sohn ihrer Freundin Clara Zetkin. Seit Anfang 1907 sind sie ein Paar. Sie nennt ihn »Juju«, »süßer Duda«, »Ninuniusch« – und sich selbst »Niunia«.

»Du willst mich immer lieben, kleiner Bub?«, fragt sie am 20. Juni 1908. Eine eher rhetorische Frage. Denn sie macht sich keine Illusionen über ihre Beziehung, obwohl sie wie geschaffen füreinander sind: Beide lieben Spaziergänge im Mondschein, Natur, Musik. Leo droht, Rosas Geliebten umzubringen. Die sonst durch nichts zu erschütternde Frau kauft eine Pistole, um Kostja zu schützen: »Kleiner geliebter Bubi, nimm dich in Acht, ich flehe dich an, du hast noch ein ganzes Leben vor dir.« Einen Tag zuvor an Leo: »Es stimmt, ich habe verdammte Lust, glücklich zu sein!« Als sie merkt, dass sich Kostja nach fast drei Jahren zu einer anderen hingezogen fühlt, gibt sie ihn frei: »Ich habe selbst genug unter innerer Unfreiheit gelitten und möchte dich *immer* frei wie ein Vögelein wissen.«

Sie wird sich noch öfter verlieben: in Paul Levi, Sozialdemokrat wie sie und ihr Rechtsverteidiger, 12 Jahre jünger. Am 24. März 1914 schreibt sie, einmal mehr im Gefängnis: »Liebling! Friede ist nur, wenn wir wieder zusammen sind!« Erhalten sind 57 Briefe. Seinem Nachfolger, dem um 13 Jahre jüngeren Arzt Hans Diefenbach, schickt sie ihr Selbstporträt; er überlässt ihr auf Lebenszeit die Zinsen aus 50000 Mark.

Die nur 1,50 Meter kleine Rosa Luxemburg ist zur anerkannten Stimme der internationalen Arbeiterbewegung geworden. Lenin schätzt sie so sehr, dass er ihr 1907 eines der beiden russischen Mandate für eine Tagung der Parteiführer anbietet. Sie mokiert sich über seinen großrussischen Chauvinismus und kritisiert seine Machtansprüche: »Freiheit ist immer die Freiheit der Andersdenkenden.« 1916, mitten im Ersten Weltkrieg, wird Rosa Luxemburg erneut verhaftet und kommt in die Festung Wronka. Aus Rosas Gefängniskalender von 1918: »16. März: Um 9 Uhr früh Wendehals lange gerufen. Nachmittags 4 wieder. Krähen sind fort. 17. März: Buchfink gesungen. Pirol ist da, Wendehals um ½ 5 abends gerufen. 18. März: Um 10 Uhr Buchfink. Nr. 7 Brief von Mathilde. Brief von Martha. Haubenlerchen liefen im Hof. 20. März: Paket an Kostja, Gewitterwolken und Donner um 5 Uhr nachmittags. 29. März: 51 Kilo. 1. April: Den kleinen Fuchs gesehen. Star singt immerzu bis 7 Uhr abends. 2. April: 22 Grad C im Schatten um 4 Uhr.« (Matilde Jacob ist Rosas Haushälterin, die ihr »Wertvollstes«, ihre Katze Mimi, versorgt.)

»Ich fühle mich in der ganzen Welt zu Hause, wo es Wolken und Vögel und Menschentränen gibt«

Und draußen? Eine Welt im Umbruch. 1917 kommt endlich die ersehnte Revolution, aber nach Russland. Lenin ruft die Diktatur des Proletariats aus. Am 11. November 1918 wird der Waffenstillstand zwischen den Alliierten und dem Deutschen Reich unterschrieben, am 9. November die Weimarer Republik ausgerufen. Der letzte Deutsche Kaiser Wilhelm II. dankt ab.

Rosa wird am 8. November aus der Haft entlassen, eilt nach Berlin, gründet mit Karl Liebknecht den Spartakusbund, aus dem am 1. Januar 1919 die Kommunistische Partei Deutschlands wird. Das Programm stammt aus ihrer Feder. Ein am 5. Januar ausgerufener, von gewalttätigen Auseinandersetzungen zwischen Spartakisten und Reichswehr begleiteter Generalstreik (Spartakusaufstand) lässt eine Revolution nach russischem Vorbild näher rücken. Aber auch die rechtsradikalen Kräfte formieren sich: »Ich fühle keine Angst, keinen Schmerz, keine Einsamkeit, gerade wie eine Leiche.«

Am 15. Januar 1919 wird Rosa Luxemburg, knapp 48 Jahre alt, zusammen mit Karl Liebknecht von den Soldaten der Garde-Kavallerie-Schützendivision in deren Stabsquartier im Berliner Hotel »Eden« geschleppt. Sie hat keine Zweifel, was ihr bevorsteht: »Man muss stolz sein und nichts zeigen.« Sie wird misshandelt, aus nächster Nähe in den Kopf geschossen (»Die alte Sau hat nicht mehr verdient«), die Tote in das schlammige Wasser des Landwehrkanals geworfen. Die Genossen beerdigen am 25. Januar einen leeren Sarg; ihre Leiche wird erst vier Monate später an einer Schleuse gefunden.

Rosa, die ihre Blumenkästen rosa strich, ihre Katze Mimi (ein Streuner, den sie verletzt auf einer Straße fand und in ihrem Mietzimmer gesund pflegte) über alles liebte und, falls nicht unterwegs oder im Knast, zweimal täglich kalte Bäder nahm, lebte für eine Utopie. Und war bereit, den Preis dafür zu akzeptieren.

Wenige Monate zuvor schrieb sie: »Ich möchte auch nichts aus meinem Leben missen und nichts anders haben ... Ich fühle mich in der ganzen Welt zu Hause, wo es Wolken und Vögel und Menschentränen gibt. Ich habe manchmal das Gefühl, ich bin kein richtiger Mensch, sondern auch irgendein Vogel.« Rosas letzter Wunsch: »Auf meiner Grabtafel dürfen nur zwei Silben stehen. Zwi-Zwi. Das ist nämlich der Ruf der Kohlmeisen, die ich so gut nachmache, dass sie sofort herlaufen.«

Alma
Mahler-Werfel

DIE MUSE, WELCHE DIE GENIES
IN DEN WAHNSINN TRIEB
(1879–1964)

»Was ich wirklich an einem Mann liebe, ist seine Leistung. Je größer seine Leistung ist, desto mehr muss ich ihn lieben«, stellte Alma Mahler offenherzig fest. Und tatsächlich: Genialität zog sie hypnotisch an – wie so manchen anderen das Geld. Wie viele Liebhaber sie in den Society-Salons von Wien und Berlin kennenlernte, wusste vermutlich nicht einmal sie selbst so genau. Darum halten manche sie für die Femme fatale des letzten Jahrhunderts, andere für eine besessene Nymphomanin. Eines jedoch war Alma nie: Beute ihrer Männer. Denn sie war es, die verführte, eroberte und betrog.

Wien, die Kapitale des österreichisch-ungarischen Kaiserreichs, sprüht um 1900 vor Lebenslust und charmanter Selbstironie. Man tanzt Johann-Strauß-Walzer, tratscht im Kaffeehaus, kleidet sich à la Sisi und verehrt seine Künstler mehr als den Adel.

Auch Almas Vater, ein Landschaftsmaler, genießt es, die Kreativsten seiner Zeitgenossen auf seinem Schloss Plankenberg zu bewirten. Alma, die Erstgeborene, inhaliert die geistreichen Dispute der Gäste wie köstliche Düfte. Sie weiß, wie witzig, manchmal gar verletzend sie sein kann, und amüsiert sich. Selbstzweifel? Schon für den pummeligen Teenager ein Fremdwort ... Als Papa stirbt, ist sie 13.

Einer der Gäste, Max Burckhardt, Direktor des Burgtheaters, bringt ihr Bücher (u. a. Nietzsche) und bespricht mit ihr die Theaterpremieren. An sich ein idealer Vaterersatz, hätte er (25 Jahre älter) sich nicht verliebt. Alma reizt und quält ihn. Zwei Jahre später bezirzt sie den Maler Gustav Klimt. Sie schwören sich ewige Liebe, er (17 Jahre älter, 14 uneheliche Kinder) will sie entführen, Almas Familie greift ein, Klimt verteidigt sich geradezu prophetisch: »Ich glaube, dass sie überall, wo sie in der Männerwelt auftritt, zur Herrin und Gebieterin wird.« Es folgt der Klavierlehrer, Alexander von Zemlinsky: »Ein kleiner, widerlicher, zahnloser, ungewaschener Zwerg ohne Kinn«, notiert Alma, und doch »sehne ich mich nach seinen Umarmungen. Ich werde nie vergessen können, wie seine Berührung mich in tiefster Seele aufgewühlt hat ... ich möchte vor ihm knien und seinen offenen Schoß küssen – alles, alles küssen. Amen!«. Sie raubt ihm (7 Jahre älter) fast den Verstand, lässt sich von anderen umwerben, bleibt aber Jungfrau ...

Alma ist gerade 20, doch ihr Verhaltensmuster steht fest: Das Objekt ihrer Begierde muss weder Adonis noch Rothschild sein, lediglich genial. Aber: Ein Genie allein reicht nicht immer, sie steht auf Parallel-Affären. Und schreibt fleißig Tagebuch.

21 Tage nach der ersten Begegnung macht Gustav Mahler, Komponist und Direktor der Hofoper, dem »schönsten Mädchen Wiens« einen Antrag. Alma fragt sich: »Liebe ich ihn wirklich? Ich habe keine Ahnung. Da ist so viel, was mich an ihm stört: sein Geruch, seine Art zu singen, irgendetwas an seiner Sprechweise.« Mahler (19 Jahre älter) ist kleiner als sie, kaut an den Nägeln, meidet Empfänge. Und gesteht ihr, »Jungmann« zu sein.

Alma, absolut sicher, Abhilfe schaffen zu können, küsst ihn gekonnt:

»Seine Manneskraft lässt ihn im Stich ... Er liegt da und schluchzt vor Scham ... verzagt, fassungslos!« Sie ist aufgewühlt, »doch unbefriedigt. Diese Qualen!«, klagt sie ihrem Tagebuch. Andererseits, der »Genie-Faktor« funktioniert: »Der Kerl besteht nur aus Sauerstoff. Man verbrennt sich, wenn man ihm zu nahe kommt.« Also stellt die begnadete Pianistin dem Opernchef ihre Gretchenfrage: »Würden Sie mich als Kapellmeister einstellen?« – »Ja«, sagt er.

Jetzt ist sie bereit zu heiraten, besteht aber auf einer »Generalprobe« im Bett. Es klappt, Alma wird schwanger und jubelt: »Ich bin bis zum Rand von meiner Mission erfüllt, diesem Genie den Weg zu ebnen.« Auch der Workaholic gibt ihr noch vor der Hochzeit schriftlich, was er von ihr erwartet: »Du hast von nun an nur einen Beruf – mich glücklich zu machen!« Von jetzt an heißt Almas Los: Zerrissenheit – zwischen dem Wunsch nach Selbstverwirklichung und dem Zwang, sich unterzuordnen. Die Ehekrise ist programmiert. Alma langweilt sich zu Tode (»Ich vegetiere vor mich hin«), und nachdem ihre vierjährige Tochter stirbt, betäubt sie ihre Leere mit Alkohol. Außerdem ist Gatte Gustav wieder impotent. Ihr gemeinsamer Freund Sigmund Freud stellt während einer Analyse fest, dass er in jeder Frau seine Mutter sucht, und rät ihm, Alma im Bett mit dem Namen seiner Mama anzusprechen. Mit dieser Lizenz zum virtuellen Inzest ausgestattet, »kann« Mahler wieder. (Über Freuds hohe Rechnung regt sich Alma noch eine halbes Jahrhundert später auf!)

Zwischenzeitlich vergnügt sie sich mit Mahlers Kollegen Hans Pfitzner: »Ich bekämpfte die sinnliche Erregung nicht, die seine Berührung hervorruft. Eine Erregung, die ich so lange entbehrt habe.« Es bleibt bei einem heftigen Flirt, da der Dirigent kein Genie ist. Ein deutscher Architekt (vier Jahre jünger als sie) hingegen, den sie während ihres Kuraufenthalts trifft, ist es schon: Walter Gropius. Frau Mahler fühlt sich nach der ersten Liebesnacht mit dem Berliner Bauhaus-Gründer wie befreit: Da hätten sich »zwei Seelen gefunden, und zwei Körper hatten sich dabei vergessen ... Wann wird die Zeit kommen, wo du nackt auf meinem Leib liegst, wo uns nichts trennen kann als höchstens der Schlaf?«

Mahler erwischt sie in flagranti, bewahrt Fassung (genau wie später Gropius in derselben Situation), fordert lediglich seine Frau auf: »Entscheide dich.« Plötzlich hat er Angst, sie zu verlieren. Er widmet Alma eine Sinfonie, macht Geschenke, zeugt eine zweite Tochter: »Für dich leben! Für dich sterben, Almschi!« Keiner von beiden ahnt, dass Mahler kaum ein Jahr später mit 51 stirbt.

Alma ist 32, Mahlers Pension macht sie unabhängig. Als Frau ist sie begehrter denn je, sie hat schließlich einem »Star« gehört. Und das ist (heute noch) ein unwiderstehliches Gütesiegel. Nicht zu vergessen: In der Warteschleife lauert schon das nächste Genie, der Maler Oskar Kokoschka. Sie kennen sich gerade 24 Stunden, als Kokoschka (7 Jahre jünger) sie anfleht: »Werden Sie meine Frau, im Geheimen, solange ich arm bin.« Drei Jahre dauert ihr Liebeskampf. »Nie zuvor hatte ich solche Spannung, diesen Himmel und diese Hölle gekostet«, steht in ihrer Autobiografie.

> *»Jeder Mensch kann alles, aber er muss auch zu allem bereit sein«*

Wenn er sie nicht liebt, malt er sie, quasi pausenlos, in seinem winzigen Atelier mit schwarz gestrichenen Wänden, in dem sein Meisterwerk, »Die Windsbraut«, entsteht.

Er bettelt: »Ich muss dich bald zur Frau haben, sonst geht meine große Begabung elend zugrunde. Du musst mich in der Nacht wie ein Zaubertrank neu beleben ...« Almas sexuelle Ungezügeltheit musste in Zeiten steifer Damenmoral betörend wirken.

Als sie von ihm schwanger wird, ist Kokoschka außer sich vor Stolz und träumt vom häuslichen Glück. Alma treibt ab, wie schon öfter und immer wieder. Er gibt sich geschlagen und meldet sich freiwillig an die Front. Alma schreibt: »So, auch das wäre vorüber. Etwas, das ich für dauernd hielt ... Ich möchte einen anderen Mann finden ...«

Und besinnt sich des gut erzogenen Gropius, lädt ihn ein: »Ohne ein Nachthemd oder sonst irgendetwas mitzuhaben, fast mit Gewalt, war ich die Beute dieses Mannes geworden. Ich muss sagen, es gefiel mir sehr wohl.« Alma – eine Beute? Niemals. Kokoschka lässt sich im Sommer 1918 eine lebensgroße Puppe nähen, die Alma erotisch ersetzen soll. Er malt sie, kauft ihr Schmuck und Kleider, geht mit ihr aus. In seiner Autobiografie schreibt er: »Die Puppe hatte mir die Leidenschaft gänzlich ausgetrieben ...« Die echte Alma und er blieben bis zu ihrem Tod Freunde.

Mitten im Krieg, am 18. August 1915, erhält Leutnant Gropius Sonderurlaub, um die Witwe Mahler in Berlin zu ehelichen. Am 5. Oktober 1916 bringt Alma in ihrer Wohnung in der Mommsenstraße Tochter Manon zur Welt. Er schenkt ihr Edvard Munchs Gemälde »Mitternachtssonne«. Sie kommentiert trocken: »Man kann keine Ehe auf Distanz führen.« Und langweilt sich.

Doch die Erlösung naht: der 11 Jahre jüngere Dichter Franz Werfel. Sohn eines reichen Prager Handschuhfabrikanten, ein »fetter, o-beiniger Jude mit wulstigen Lippen« (Tagebuch-Zitat). Aber das wird Alma, die latente Antisemitin, erst später stören, nachdem sie mit ihrem »Götterliebling« ins Exil muss.

Alma besucht Werfel täglich in seinem Hotel. Sie lieben sich, dann sperrt sie ihn ein, damit das Jung-Genie ungestört arbeiten kann. Ist Werfels Tagespensum fertig, geht es wieder ins Bett. Werfel notiert: »Ich hatte mich nicht beherrscht. Wir liebten uns! Ich schonte sie nicht.« Alma ist zu diesem Zeitpunkt im 7. Monat schwanger.

Mit 39 bringt sie Sohn Martin zur Welt, eine Frühgeburt. Alma ist nicht sicher, wer der Vater ist. Gropius hört, wie seine Frau und Werfel über den Namen des Kindes beraten. Und fragt lediglich: »Nicht wahr, er ist dein Liebhaber?« Scheidung. Im selben Jahr (1920) stirbt das Baby.

Und schon wieder bettelt ein Mann sie an: »Almitschka, lebe für mich! Ich sehe meine Zukunft nur in dir. Ich möchte dich heiraten. Und nicht nur aus Liebe. Sondern aus der tiefen Erkenntnis, dass, wenn es einen Menschen auf Erden gibt, der mir die Erfüllung bringen und mich zum Künstler machen kann, du allein dieser Mensch bist.« So perfekt wie Franz Werfel hat keiner das Geheimnis ihrer magischen Unwiderstehlichkeit in Worte gefasst. Alma ist sicher: »Franz ist ein winziger Vogel in meiner Hand.«

Am Vorabend ihrer dritten Hochzeit (1929) gesteht sich Alma: »Ich muss schritthalten, muss Jugend heucheln. Muss mein ganzes Lebensinteresse auf sein Werden wenden – darf nicht, wie ich möchte, objektiv über den Dingen stehen.« Ihre Verführungskraft hat dennoch nichts an Wirkung eingebüßt. Auf einer Party verkündet der Dramatiker Gerhart Hauptmann: »Im nächsten Leben müssen wir beide ein Paar werden. Ich möchte jetzt schon meine Reservierung anmelden.« Seine Frau spottet: »Ich bin sicher, Alma ist auch da schon ausgebucht.«

1930, kaum ein Jahr nach der Hochzeit, gesteht sich Alma: »Ich liebe ihn nicht mehr ...« Für eine Scheidung jedoch fühlt sie sich zu alt. Also sucht die Frau, die ihren Antisemitismus nur selten beherrschen kann, Trost beim Kräuterlikör – und in der Religion. Johannes Hollnsteiner ist ein politisch ambitionierter Priester. Alma ist 54, als sie beim Beichten im Stephansdom ihr Gewissen erleichtert. Fast täglich: »Er ist der erste Mann, der mich je erobert hat.« Alma – erobert? Niemals.

Auch Hollnsteiner, 16 Jahre jünger, beichtet ihr: »Ich war noch nicht einmal in der Nähe einer Frau. Sie sind die erste, und Sie werden die letzte sein.« Ehemann Werfel kommentiert: »Das ist Almas letzte Verrücktheit.« Alma mietet eine kleine Wohnung, verwöhnt dort den Verführten. »Gewisse Verwirrung in mir ... Hollnsteiner ist entweder ein Engel oder ein Schurke. Aus Gründen der Selbstachtung habe ich beschlossen, ihn als Engel zu betrachten.« Als 1935 Almas 18-jährige Tochter Manon Gropius stirbt, hält Hochwürden Hollnsteiner die Leichenrede. Nach Kriegsausbruch emigriert Alma mit dem schwer kranken Werfel nach Amerika, drei Monate nach Hitlers Niederlage, im August 1945 stirbt er, nicht mal 55 Jahre alt.

Alma hört schlecht, trinkt (am liebsten mit Erich Maria Remarque), lebt in New York. Allein. Aber sie empfindet das Alleinsein auch als Befreiung. Als Mahler-Erbin wird sie hofiert, Nachwuchstalente buhlen um ihr Interesse, da ihr Gespür für Genialität zum Markenzeichen wurde. Und Anna Mahler – das einzige ihrer Kinder, das Alma nicht sterben sah – hilft ihrer Mutter, die Erinnerungen zu ordnen und den Alltag zu ertragen.

Nur wenige Frauen haben so intensiv und so selbstbestimmt wie diese Weltbürgerin gelebt. Und doch blieb sie, umstritten, angefeindet, von Frauen gehasst, im Schatten ihrer Männer. Bereut hatte sie es nie. Alma wurde eine glamouröse Dienerin – aus Überzeugung: »Ich weiß, dass der Mann in der Welt draußen das Pfauenrad zu schlagen hat, während er sich zu Hause ›ausruhen‹ will. Das ist das Los der Frau. Aber nicht das meine! Ich habe nur ein Ziel: mein Glück für das eines anderen zu opfern – und vielleicht dadurch selbst glücklich zu werden.«

»Ich liebe mein Leben. Und kann nichts bereuen«

Katia
Mann

FRAU UND »SCHWESTERHERZ«
DES NOBELPREISTRÄGERS
(1883–1980)

*»Ich habe tatsächlich mein ganzes,
allzu langes Leben immer im strikt Privaten
gehalten. Nie bin ich hervorgetreten,
ich fand, das ziemte sich nicht«, beteuerte
Katia Mann, die Ehefrau eines
der bedeutendsten Schriftsteller des
20. Jahrhunderts. Und in der Tat –
sie trug, spätestens nachdem ihr »Tommy«
1929 den Literaturnobelpreis erhielt,
einen großen Namen. Aber sie
ließ auch nichts ungeschehen, damit dieser
Name unbefleckt bleibt.*

Die Braut in Weiß trug keinen Schleier: »Mit Schleier käme ich mir vor wie ein Opfertier«, hieß es. Sie wollte keine kirchliche, nur eine Ziviltrauung am Münchner Rathaus am Marienplatz. Die Hochzeitsnacht fiel auch aus: »... ein sonderbarer und sinnverwirrender Vorgang«, notiert der Bräutigam. Tags darauf, am 12. Februar 1905, tritt das Paar seine Hochzeitsreise an. Kaum im Züricher Luxushotel »Baur au Lac« angekommen, denkt der Ehemann, einen Spezialisten für Nervenleiden konsultieren zu müssen.

Die Mutter der Braut ist jedenfalls überzeugt, dass die Tochter »zum Glücklichsein an der Seite eines Mannes kein Talent hat«. Schon als Vierjährige tauscht sie ihr Weihnachtsgeschenk, ein Puppenservice, gegen die Spielzeugpistolen eines ihrer vier Brüder ein. Sie nimmt auch an allen Streichen teil; wissend, dass dies die volle Zustimmung ihrer Großmutter Hedwig Dohm findet, einer bekannten Feministin, die in aller Öffentlichkeit fragt: »Ich soll ein echtes, ein wahres Weib sein! Was ist denn das: ein wahres Weib? Muss ich, um ein wahres Weib zu sein, bügeln, nähen, kochen und kleine Kinder waschen?«

Katias Vater, der Mathematikprofessor Alfred Pringsheim, zählt zu den reichsten Männern Münchens: Sein Stadtpalais hat 1500 Quadratmeter Wohn- und Nutzfläche, die Diener tragen Livree. Franz von Lenbach porträtiert die zwölfjährige Tochter, der bayerische Prinz Luitpold kommt zum Plausch, Richard Strauss darf am Klavier improvisieren. Aber: Papas Prinzessin bleibt nicht verborgen, dass ihr Vater ein notorischer Schürzenjäger ist, der keinerlei Probleme damit hat, seine Geliebte in seinem Haus coram publico zu empfangen: »So Männer haben's gut, die dürfen ja immer«, stellt die Mutter (»eine berühmt schöne Frau«) unaufgeregt fest. Und Katia lernt: Alles, was kommt, wird hingenommen, man arrangiert sich.

Andererseits hält sie schon mit fünf Jahren die Männer für ein unkalkulierbares Risiko, »denn ... ein Mann ist sehr brav, und wenn man geheiratet ist, dann merkt man, er ist sehr bös, da ist's doch besser, man heiratet sich erst gar nicht: Ich bleib bei meinem Mutterl.« Aber sie entscheidet sich erst einmal für eine akademische Laufbahn und studiert u. a. Experimentalphysik bei Wilhelm Röntgen, dem Entdecker der »Röntgenstrahlen«. Die zahlreichen Liebeswerber

(»alle recht jung und unbedeutend«) werden ignoriert. Vom Vater verwöhnt, von den Brüdern vergöttert, von der Mutter wie eine Freundin
behandelt – wer bietet mehr? »Ich wusste eigentlich nicht, warum ich
nun schon so schnell weg sollte.«

Als Thomas Mann Katia in einer Straßenbahn kennenlernt – sie
hat keinen Fahrschein, wird von einem Kontrolleur erwischt, beschimpft ihn und haut ab –, hat er zwar
schon *Buddenbrooks* veröffentlicht, aber der
Verkauf läuft schleppend. Die Saga einer
Lübecker Patrizierfamilie ist stark autobio-
grafisch und von seinem Dauerthema geprägt: dem Widerspruch zwischen Moral
und Sinnlichkeit, zwischen Bürger- und
Künstlertum.

> *»Ich habe in*
> *meinem Leben nie*
> *tun können, was ich*
> *hätte tun wollen«*

Mann wirbt um die Pringsheim-Tochter: »Ich bin Christ, aus guter
Familie, habe Verdienste, die gerade diese Leute zu würdigen wissen.«
Katia zögert: »Ich war ... nicht so sehr enthusiasmiert.« Hat sie Angst,
ein Schriftsteller kann ihr nicht den gewohnten Lebensstandard bieten? Oder spürt sie, dass der stets korrekt gekleidete Hanseat ähnlich
veranlagt ist wie ihr latent homosexueller Zwillingsbruder Klaus, der
ihr den Dichter unbedingt »andrehen« will?

Thomas, der eine »eheliche Befestigung« braucht, um sich im bür-
gerlichen Milieu ohne Gefahr bewegen zu können, steigert sich von
Brief zu Brief: »Meine kleine Königin ... meine Bejahung, meine
Rechtfertigung, meine Vollendung, meine Erlöserin ...« Sie gibt seinem
Werben nach. Verliebt war sie kaum und behauptet es auch niemals.
»Geheiratet habe ich nur, weil ich Kinder wollte.« Sie wird in den nächs-
ten 14 Jahren sechs Kinder bekommen und zwei Fehlgeburten ver-
kraften.

Knapp ein Jahr nach der Hochzeitsreise kommt Erika zur Welt:
»Es war also ein Mädchen, Erika. Ich war sehr verärgert. Ich war immer verärgert, wenn ich ein Mädchen bekam, warum, weiß ich nicht«,
gesteht die junge Mutter ein halbes Jahrhundert später in *Meine unge-
schriebenen Memoiren.*

Die Reaktion des Vaters: »eine Enttäuschung«. – »Verdammter

alter Anti-Feminist«, schimpft Großmutter Dohm. Tommy sinniert: »Vielleicht bringt mich die Tochter innerlich in ein näheres Verhältnis zum ›anderen‹ Geschlecht, von dem ich eigentlich, obgleich nun Ehemann, noch immer nichts weiß«, und tritt eine Kur an, um sich zu erholen. Seine Schwiegermutter stellt fest: »Ihr Mann ist ein rechter Pimperling, der nicht viel verträgt.« Als Vater wird Thomas Mann immer ein Sonderling bleiben: Er isst während der Inflation vor den Augen seiner hungrigen Kinder das einzige Stück Fleisch auf dem Tisch.

1906 kommt es zwischen Thomas und Katias Vater zu einem handfesten Krach. Der Grund: seine Novelle *Wälsungenblut*, in der er eine inzestuöse Beziehung zwischen Geschwistern schildert. Die Pringsheims fürchten, »die Menschen« könnten in den Protagonisten Katia und ihren Zwillingsbruder Klaus sehen. Die Inzest-Novelle erscheint erst 15 Jahre später, als sich Katia längst »arrangierte«.

Als 1912 Manns Novelle *Der Tod in Venedig* erscheint, wird sein Geheimnis gelüftet: Der Held der Story, Professor Aschenbach (alias Tommy), verliebt sich unsterblich in den »vollkommen schönen« Knaben Tadzio ... Ausgerechnet jetzt bricht Katias Tuberkulose aus, sie wird über Monate in einem Schweizer Sanatorium behandelt.

Nun kann sich keiner von beiden vor ihrem Problem drücken: »Von eigentlicher Impotenz wird kaum die Rede sein können, sondern mehr von der gewohnten Verwirrung und Unzuverlässigkeit meines ›Geschlechtslebens‹.« Wie wäre es, falls ein Junge »vorläge«?, fragt er sich im Tagebuch. Sie schreibt ihm: »Ich habe hier so viel Zeit zum Nachdenken, und da denke ich doch manchmal, dass ich mein Leben nicht ganz richtig eingestellt habe, und dass es nicht gut war, es so ausschließlich auf dich und die Kinder zu stellen.«

Ändern wird sich nichts, aber es kommt immerhin zu einer Aussprache: »Dankbarkeit gegen K., weil es sie in ihrer Liebe nicht im Geringsten beirrt oder verstimmt, wenn sie mir schließlich keine Lust einflößt und wenn das Liegen bei ihr mich nicht in den Stand setzt, ihr Lust, das heißt die letzte Geschlechtslust, zu bereiten.« Wie unendlich traurig! Tommy war der einzige Mann, mit dem Katia je geschlafen hat. Gut möglich, dass ihr Körper nie begehrt wurde, nie einen Orgasmus erlebte.

Als 1914 der Krieg ausgebrochen ist, wird Mann Untauglichkeit (wegen seiner Homosexualität?) bescheinigt, er muss nicht an die Front. Eines Tages, 1919, beobachtet er seine Söhne: »Klaus, völlig nackt vor Golos Bett, Unsinn machend. Starker Eindruck von seinem vormännlichen, glänzenden Körper. Erschütterung.«

1920 schenkt er Katia zum Geburtstag ein Damenfahrrad, das sie gegen ein Herrenrad umtauscht und tüchtig radelt.

1925 erklärt er sie endgültig zum »Schwesterherz«, das dafür sorgt, dass die erwachsenen Kinder die Neigung ihres Vaters wohlwollend-belustigt ansprechen können. Und sie empfindet sich als »Zubehör« (Zitat) ihres »Zauberers« (wie ihn ihre Kinder seit einem Kostümfest 1921 nennen), obwohl sie als Übersetzerin aus Latein und Englisch (ihre Übersetzung von Thackerays *Jahrmarkt der Eitelkeiten* erschien 1950) zu den Besten ihres Fachs gehört.

1929 nennt er in seiner Dankesrede für den Nobelpreis den heiligen Sebastian, den »Schutzheiligen« der Homosexuellen, seinen Lieblingsheiligen und verteidigt Homosexualität am Beispiel von Michelangelo und Friedrich dem Großen: »Ich sehe nichts Unnatürliches und viel lehrreiche Bedeutung, viel humane Größe in dem Zartgefühl reifer Männlichkeit für lieblichere und feinere Männlichkeit.« Die schwedischen Zeitungen erwähnen »das Maskuline in der Erscheinung« von Frau Mann, die festes Schuhwerk und Männerhüter trägt.

Bleibt wohl die Frage: Wie viel hat Katia als unabdingbar akzeptiert? Hat Thomas Mann seine Homosexualität je ausgelebt oder nur sublimiert? Seine Tagebücher, denen er beichtete, was er zwischen dem 2. Dezember 1921 bis 14. März 1933 erlebte, hat er eigenhändig vernichtet.

Katia leidet zwar, wenn der Dichter sie »begriffsstutzig und ungebildet nennt, (was) hart und ungerecht ist«, aber zugleich genießt sie den Ruhm, die Auslandsreisen zu seinen Vorträgen, die Hotel-Suiten, das Dinner im Weißen Haus und mit dem schwedischen König. »Frau Thomas Mann« (so stellt sie sich vor) führt ein Dasein wie die meisten Genie-Ehefrauen. Bis auf einen wesentlichen Unterschied: Katias Mann erfüllte zwar irgendwie seine ehelichen Pflichten, aber lieben konnte er nur Männer.

Nach außen hin ist ihre Welt in Ordnung. Thomas Mann ist der leuchtende Star der deutschen Literatur, Katia schützt seinen Ruf und Ruhm – und somit auch ihre eigene Ehre und ihren Lebenssinn. 1933 befindet sich das Ehepaar Mann auf einer Auslandsreise, von der es nicht mehr nach Deutschland heimkehrt. Fast fünf Jahre verbringt die Familie Mann am Zürichsee. Am 14. September 1939 werden die Requisiten ihres bisherigen Lebens an Bord des Überseedampfers geladen: »Bei Tische stellten wir die 33 Jahre unseres Verheiratetseins fest. Das Erschrecken, der Schwindel dabei: Das Leben – ich sagte, ich möchte es nicht wiederholen, das Peinliche habe zu sehr überwogen. Fürchte, K. wehgetan zu haben.« Thomas Mann hat sich als Paterfamilias in den bürgerlichen Lebensformen eingerichtet, aber als Autor empfindet er es entsetzlich banal. Das alte Dilemma.

Und Katia? Katia macht ihren Ehefrau-Job und sie macht ihn gut. Sowohl in Princeton, wo Mann eine zweijährige Gastprofessur hat, als auch in Kalifornien, wo sich die Manns ein Haus in Pacific Palisades bauen lassen und bis zu ihrer Rückkehr nach Deutschland leben (1952). Aber als Mutter kommt sie nicht über das Gefühl hinweg, versagt zu haben. Thomas macht sich schon lange nichts vor: »Jemand wie ich sollte keine Kinder in die Welt setzen.«

Die Kinder des hohen Paares der deutschen Literatur sind privilegiert aufgewachsen und hoch begabt. Aber sie sind auch beschädigt durch ihren kalten, geistig dauerabwesenden Vater und ihre frustrierte, herrische Mutter. Michael und Klaus enden im Suizid. Elisabeth heiratet einen um 36 Jahre älteren Mann. Monika flüchtet sich in eine unstandesgemäße Beziehung mit einem Fischer auf Capri. Golo leidet unter Depressionen und Phobien und, ähnlich wie der Vater, unter seiner unterdrückten Homosexualität.

Bleibt Erika, Schauspielerin und Schriftstellerin. Katia hat in ihrer Erstgeborenen nie nur ein Kind gesehen, sie war stets auch Vertraute und Stellvertreterin. Sie protestiert nicht, als Erika im gleichen Alter wie sie selbst einen Mann wie sie selbst heiratet, den bisexuellen Gustaf Gründgens. Und sie nimmt es hin, dass diese Tochter privat wie beruflich scheitert: »Ich glaube, im Grunde ist sie tief unbefriedigt von ihrer Existenz, die ja reich und angeregt, aber menschlich eben doch nicht das Richtige ist.« Kann sie nicht akzeptieren, dass die Tochter lesbisch ist?

Der Vater bietet Erika eine Stelle als Sekretärin, Biografin, Nachlasshüterin an. Sie soll den Job ihrer Mutter übernehmen. Prinzessin Katia scheint überflüssig zu sein. Aus der Freundin wird eine Rivalin, mit der der 75-jährige Familienpatron, in einen Kellner verguckt, »über mein Faible scherzt«. Mutter und Tochter sitzen stundenlang an Manns Sterbebett. Beim Begräbnis verbergen beide ihr Gesicht hinter einem Witwenschleier.

Unfähig, sich zu ernähren, widmet Erika ihr restliches Leben einer geradezu hysterischen Verklärung des Vaters. 1969 stirbt sie an einem Gehirntumor. »Frau Thomas Mann« legt sich (Tommy hätte der Anblick gestört) einen Swimmingpool im Garten an, dreht begeistert ihre Runden, bewirtet und unterstützt Gäste und Verwandte, aber »trotz Kindern und Enkeln hat mein Leben nun eben doch seinen Sinn verloren«. Sie überlebt den »Zauberer« um 25 Jahre.

»Wer so lange lebt, muss viele überleben«, sagt Katia Mann an ihrem 90. Geburtstag. Diese Frau, die nur zu gerne Männerhüte trug, die, extrem schusselig, ständig alles, egal ob Schlüssel, Portemonnaie oder Theaterkarten, verlegte und, falls gestresst, Katzenzungen naschte, findet Halt in der Gewissheit um ihre Einmaligkeit im Leben von Thomas Mann: als Vermittlerin »zwischen seinem Werk und dem täglichen Leben« (Marcel Reich-Ranicki), aber auch als Inspiration und Ideenlieferantin. Als der Gatte sie einst im Tbc-Sanatorium bei Davos besuchte, »habe ich ihm die verschiedenen Typen gezeigt; ich habe sie ihm auch geschildert. Er hat sie dann bloß mit Veränderung der Namen verwendet« – im Meisterroman *Der Zauberberg*. Auch »den Stoff zu seiner Geschichte ›Die Betrogene‹ hat mein Mann von mir«.

»Sie hat immer ihr Licht ein wenig zu sehr unter den Scheffel gestellt«
Golo Mann

Ein einziges Mal, so scheint es, bebte Katia vor Leidenschaft: in Princeton, als sie Molly, die Gattin des Physikers Allan Shenstone, kennenlernte. »Liebste Molly«, schrieb sie ihr, »ich vermisse dich mehr, als ich ausdrücken kann.« Katia, ein Mensch über 50, war verliebt. Erstmals. Endlich. Und natürlich »hoffnungslos«, da für sie beide der Ruf ihrer Ehemänner für ihr Selbstwertgefühl mehr zählte als ihre Sehnsucht nach körperlich erfüllter Liebe.

»Ich habe in meinem Leben nie tun können, was ich hätte tun wollen«, schreibt die Thomas-Mann-Witwe. Und es klingt nach Wehmut, wie die Suche nach einem anderen Leben, das nicht vergeudet war.

Maria
Theresia

DIE KAISERLICHE
REICHS-REFORMATORIN
(1717–1780)

*»Sieh nur auf das Herz«, schrieb Maria Theresia,
16-fache Mutter und die »Mater magna« ihrer
14 Millionen Untertanen, ihrem ältesten Sohn
und Nachfolger Joseph – und meinte es ernst.
        Obwohl die Monarchin mit absoluter Macht
ausgestattet war, konnte sie nicht verhindern,
dass Joseph gegen sie aufbegehrte und
        ihr Mann sich mit anderen vergnügte.
Umso unmissverständlicher verlangte sie
                von Menschen, die sie achtete, die
Wahrheit zu hören. Und nahm sich
        diese Wahrheit zu Herzen.*

Als sich die Fronleichnamsprozession der Hofburg nähert, erkennt das Mädchen auf dem Balkon den Mann im Prunkgewand und ruft: »Komm her, Papa, und lass dich ein bissel anschau'n!« Die Wiener sind erquickt, der Kaiser, ihr Vater, unterdrückt sein Lächeln. Karl VI. ist ein Meister der Selbstbeherrschung. Diese majestätische Eigenschaft hat seine Älteste, Maria Theresia, wohl nicht geerbt. Und ihrer geliebten Erzieherin, der Gräfin Charlotte von Fuchs, die sie »Mami« nennt, liegt spontane Natürlichkeit wohl auch näher als die steife Hofetikette. Später, als Kaiserin, lässt Maria ihre Ersatzmutter als einzige Nicht-Habsburgerin in der kaiserlichen Kapuzinergruft neben den Sarkophagen der Herrscher beisetzen.

Kaiser Karl VI., ein bedächtiger Katholik, hat keinen Sohn. Darum bestimmt er, dass die habsburgischen Erbländer auch von weiblichen Nachkommen regiert werden können. Dieser radikale Erlass, genannt »Pragmatische Sanktion«, wird am 19. April 1713 verkündet. Und Karl lässt sich die Zustimmung anderer Herrenhäuser zu seiner »Sanktion« einiges kosten, obwohl er weiß, wie brüchig erkaufte Loyalitäten sind.

An Karls Hof lebt Franz Stephan von Lothringen, dessen Herzogtum im Krieg an Frankreich verloren ging. Der länderlose Prinz und Habsburgs Erbtochter verlieben sich. Eine Mesalliance dieser Art kommt selbstverständlich nicht infrage. Und doch gewährt der Kaiser seiner Tochter das Recht auf Liebesheirat. Die 18-jährige Erzherzogin schreibt ihrem Bräutigam, sie erwarte seine Briefe so sehnsüchtig wie »ein armes Hündchen. Adieu mäusl. Ich umarme Sie vom ganzen Herzen.« Am 12. Februar 1736 führt »mäusl« sie zum Traualtar, der Kaiser ernennt den »Bettelprinz« zum Großherzog von Toskana. Zwei Jahre später hat Maria Theresia zwei Töchter. Der Kaiser trägt es mit Fassung und lässt Tauben mit einem Spruchband um den Hals herumflattern: »Jetzt konnt's nit sein. Warum? Gut Ding will Weile haben.« Als auch Marias drittes Kind eine Tochter ist, wird Franz Stephan zum Prügelknaben des Hofes.

Am 20. Oktober 1740 stirbt der Kaiser, seine 23-jährige Tochter wird Herrin über einen riesigen ethnischen Flickenteppich. In ihrem Reich spricht man Deutsch, Tschechisch, Ungarisch, Italienisch usw.

Vorbereitet wurde sie auf diese Rolle nicht. Wie jeder Prinzessin ihrer Zeit bringt man ihr nur weibliche Fertigkeiten bei: Tanzen, Musizieren, Sprachen. »Solange der Kaiser gelebt, hat mich niemand angesehen, noch ist wer zu mir gekommen«, schreibt sie. Andererseits: Wer mit fünf ein Heer von Dienern befiehlt, müsste eigentlich mit 23 auch eine Armee befehlen können. Maria ist unwissend, aber gut »präpariert«.

Wenige Stunden nach ihres Vaters Tod empfängt sie unter dem Thronhimmel die Minister und hält mit ergreifender Selbstbeherrschung eine Rede. Sie spricht frei. Sagt, was die Stunde gebietet. Bestätigt sie in ihren Ämtern, bittet um Treue. Vereint Natürlichkeit und Würde. »Niemand wird dem widersprechen, dass nicht leicht ein Beispiel in der Geschichte zu finden ist, dass ein gekröntes Haupt unter schwereren und misslicheren Umständen die Regierung angetreten ist als ich.«

Es stürmt so vieles auf sie ein! Also stürzt sie sich in die Arbeit, fordert Berichte ein, eilt von Konferenz zu Konferenz und arbeitet sich in die Staatsgeschäfte ein mit einem Schwung, der verzaubert, und mit einer Schnelligkeit, die alle verblüfft. Ihren Mann ernennt sie zwar zum Mitregenten, aber entscheidet auch künftig alles allein. Am 13. März 1741 erblickt ihr erster Sohn, der künftige Kaiser Joseph, das Licht der Welt: »Liebe Resel, halt dich wohl, / Mach uns öfters freudenvoll«, jubeln ihre Wiener. Die Popularität gibt ihr Halt, als sie sich wieder den Geschäften widmet. Und den braucht sie, denn ihr Erbe gleicht außen- wie innenpolitisch einem Trümmerfeld.

Die Kassen sind leer, an Steuererhöhung ist nicht zu denken. Also heißt es: sparen. Sie fängt damit bei sich und beim Hof an. Gleichzeitig lässt sie das Steuersystem vereinfachen und gerechter gestalten: Nicht nur das Volk, auch der Adel und die Geistlichkeit sollen zahlen.

Diese Reform durchzusetzen ist nicht einfach, aber sie schafft es, weil sie geniale Personalentscheidungen trifft: »Die wichtigste Obsorge eines Regenten ist die Auswahl seiner Ratgeber.« Sie umgibt sich mit Männern mit modernen Visionen, ihr sind die Fachkompetenz und Persönlichkeit ihre Berater wichtiger als deren Abstammung.

Währenddessen machen sich Europas Großmächte bereit, die habsburgischen Erbländer untereinander neu zu verteilen, da in Wien ein Weib regiert und sie Schwäche wittern. Maria verdoppelt ihre Armee, lässt sie besser ausrüsten und kämpft um ihr Erbe.

Friedrich II. über Maria Theresia:

»Einmal haben die Habsburger einen Mann auf dem Thron – und dann ist es eine Frau«

Vor allem mit Friedrich II. von Preußen, der am 16. Dezember 1740 in Schlesien einmarschiert. Ohne Kriegserklärung. Maria ist immer wieder verletzt, wenn man sie hintergeht. Also bleibt »Fritz« für sie ein »Ungeheuer« und »böses Tier«, mit dem sie drei »Schlesienkriege« führt: »Macht mit mir, was ihr wollt. Von Schlesien geb ich nichts her.« Am Ende verliert sie es, weil der Erhalt zu viele Opfer fordern würde.

Ungarn hingegen gewinnt sie: Man überreicht ihr die Krone des heiligen Stephan (ihr Gatte darf an der Krönungszeremonie nicht teilnehmen, da ein Privatmann). Am 30. April 1743 wird sie auch in Prag gekrönt. Und lästert: Die Krone des heiligen Wenzel sehe »einem Narrenhäuberl gleich«.

Marias Herzensanliegen ist Bildung. In Zusammenarbeit mit dem Aufklärer und ihrem Leibarzt Gerard van Swieten schafft sie die Basis des modernen Schulwesens, indem sie das Monopol der Kirche auf Bildung aufhebt. Die Universität wird zur »staatlichen Anstalt«, da sie »tüchtige Staatsdiener« braucht: »Das Schulwesen aber ist und bleibt allzeit ein Politikum.« Sie wünscht, dass es kein Pfarrdorf mehr geben soll, weder in Siebenbürgen noch in Tirol, wo kein Schulmeister den Kindern lesen, das Einmaleins und den Katechismus beibringt, denn allein die »unentbehrlichen, nützlichen und zierlichen« Kenntnisse führen nach oben, zu mehr Recht und damit zu Wohlstand, Vernunft und Tugend. Die Völker sollen in den Genuss einer gemeinsamen Grunderziehung kommen – aktueller geht's kaum.

Um dieses Projekt durchzusetzen, ist sie sogar bereit, sich mit der Kirche anzulegen, obwohl sie überzeugt ist, dass »alles Gute ... unwidersprechlich von Gott als dem Ursprung aller Gnaden« kommt. Sie fühlt sich für das Seelenheil ihrer Untertanen verantwortlich. Kurz: Als »Chefin« agiert Maria Theresia geradezu vorbildlich.

Und als Mutter von 16 Kindern? 16 Kinder – aus heutiger Sicht eine geradezu groteske Fruchtbarkeit. Es war sicherlich nicht einfach, den Überblick über diese Schar zu bewahren. Aber Maria gelingt es, alle 13 überlebenden Kinder standesgemäß zu versorgen. Zwei Töchter werden Äbtissinnen, Marie Antoinette Königin von Frankreich. Sie liebt ihre Kinder, ist allerdings auch bereit, ihr Lebensglück für politische Rücksichten zum Wohle und zur Vermehrung des habsburgischen Reiches zu opfern. Mit ihrem erstgeborenem Sohn und Erben Joseph lag sie übrigens im Dauerclinch, weil er als Skeptiker mit seiner Kritik an der Gier der Kirche nicht sparte: »Du bist eine Coquette des Geistes!«

Am 13. September 1745 wird in Frankfurt am Main Franz Stephan zum Kaiser des Heiligen Römischen Reiches deutscher Nation gewählt. Maria, da Frau, kann diese Krone nicht tragen, darf nicht einmal den Kaiser wählen. Also »kauft« sie die Stimmen der Kurfürsten (jener Reichfürsten, die das Recht hatten, den Kaiser zu wählen) und verhilft auf diese Weise ihrem geliebten Ehemann zur höchsten weltlichen Würde Europas. Wien wird Kaiserstadt.

Sie sieht vom Balkon eines Hauses am Frauenstein zu, wie »ihr« Kaiser vorbeireitet. Goethe, dem man das Spektakel beschrieb, als er ein Kind war, schildert in seiner Autobiografie, wie sie »in ein unendliches Lachen ausgebrochen« war und, »um ihren Gemahl zu begrüßen, das Schnupftuch geschwungen und ihm selbst ein lautes Vivat zugerufen« hat. Das Volk jubelt ihr zu.

Sie triumphiert, aber lehnt es ab, sich mit Franz Stephan zur Kaiserin krönen zu lassen. Sie will alles für ihn, nichts durch ihn. Sosehr sie ihn liebt, sie weiß doch genau zwischen Privatem und Politik zu unterscheiden, ist schneller, entschiedener, belastbarer als er. Franz sagt man einen Hang zur Bequemlichkeit und einen Mangel an Durchsetzungskraft nach.

Und noch etwas: Dieser prachtvolle Titel ist »leerer Schein« (Maria), mit keiner realen Macht verbunden. Dass sie jedoch auf ihn verzichtet, »lässt mein teutscher Patriotismus« nicht zu. Also bleibt der Kaiser Prinzgemahl einer Königin von Gottes Gnaden und sucht Ablenkung und Zerstreuung in seinen »Hobbys«: Er sammelt Münzen, malt und verwöhnt Burgschauspielerinnen (woraufhin die Kaiserin eine »Keuschheitskommission« ins Leben ruft, die zur Verbesserung der Sitten beitragen soll).

Als sie am 18. August 1765 erfährt, dass ihr Mann gestorben ist, ist sie fassungslos. Sie lehnt die zeremonielle Kondolenz durch den Hofstaat ab, verbietet den Damen aufs Strengste das Schminken. Befiehlt, dass man ihr die langen, noch nicht ergrauten Haare abschneidet. Verteilt ihre Kleider unter Kammerfrauen und den Schmuck unter ihren Töchtern. Trägt nur noch Schwarz, lebt nur noch für ihre Pflichten: »Ich vergesse alles. Um fünf Uhr früh stehe ich auf, lege mich spät zu Bett und tue den ganzen Tag lang nichts. Ich denke nicht einmal mehr. Meine Lage ist fürchterlich.« Nur solange er lebte, fühlte sie sich lebendig, wie sie auf einem Zettel festhält: »29 Jahre, 6 Monate, 6 Tage, macht also Jahre 29, Monate 335, Wochen 1540, Tage 10781, Stunden 358744.«

Eigentlich will sie ins Kloster. Aber eine »Fahnenflucht« kommt für eine Habsburgerin nicht infrage. Sie führt weiter Kriege, baut Schloss Schönbrunn, führt die Schulpflicht vom sechsten bis zum zwölften Lebensjahr ein, lässt Moorgebiete trockenlegen, um Arbeitslose zu beschäftigen, und auf ihren Krongütern die »Robot« (Zwangsarbeit der Leibeigenen) abschaffen, sie bringt als Erste in Mitteleuropa Papiergeld auf den Weg und modernisiert den Verwaltungsapparat. Und schließt 1779, an ihrem Geburtstag, Frieden mit Friedrich II.: »Ich habe heute glorios meine Karriere geendigt«, schreibt sie einem Minister. Vom Rheuma geplagt, lässt sie sich einen »Bauchladen« zum Umhängen bauen, um Akten im Freien abarbeiten zu können. Das Ding wackelt, sie macht einen Tintenfleck auf ein Staatsdokument und schreibt drunter: »Ich schäme mich dafür.«

Sie hat ihren Staat umgebaut. Sie schafft die »Geheime Konferenz« ab und erhöht Steuern (u. a. die Getränkesteuer), ohne die Untertanen zu ruinieren. Mühe über Mühe, Arbeit, immer nur Arbeit. Maria weiß um die Verantwortung ihrer Macht gegenüber. Aber bleibt dennoch bodenständig: Als Maria Josepha, eine ihrer Schwiegertöchter, an Blattern erkrankt, küsst sie sie, obwohl ihr das Risiko bewusst ist. Eine Woche später hat sie Blattern. Im ganzen Land werden Bittgottesdienste für ihr Leben gehalten. Sie lässt sich die Letzte Ölung geben – und überlebt.

Sie arbeitet, obwohl schwer erkältet, noch an ihrem Todestag im Bett. Ihr Sorgenkind Joseph meint: »Majestät liegen sehr schlecht.« Sie erwidert: »Aber gut genug, um zu sterben.« Maria Theresia besteht ihr Sterben nicht weniger tapfer als ihr Leben. Am 29. November 1780 verlangt sie um fünf Uhr früh, wie gewohnt, ihren Morgenkaffee. Ausgetrunken hat sie ihn nicht mehr.

> *»Gott nicht getreu, was kann der Mensch von ihm erwarten? Bleibt auch der Segen aus«*

Unter Maria Theresias Ägide gewann die kalte Macht ein menschliches Gesicht. Dem Hergebrachten zugetan, war sie immer wieder bereit, Neues zu erlernen, Verkrustetes aufzubrechen. Und sie blieb in dieser Zeit des Umbruchs ein Garant der moralischen Stabilität. Ihre Völker jedenfalls scheinen etwas von ihrer unverwüstlichen Freundlichkeit, ja Heiterkeit, ihrem Lebensmut und ihrer Weltzutraulichkeit geerbt zu haben. Sie war eine Autokratin – und doch ein Mensch wie du und ich.

So liebenswert Maria Theresia als Mensch war, musste sie doch zahlreiche Kompromisse zwischen ihren Prinzipien und den Interessen des Habsburgerreiches eingehen. Rückblickend auf ihr Leben, schrieb sie in ihr Gebetbuch: »In religions, geistlich, justizsachen, Kinderzucht, standsobligationen weiß ich mich nicht besonders schuldig. Ich klag mich aber an aller unwissenden fremden vergessenen sünden und all meiner gebrechen, erkenne mich vor Gott schuldig aller in mein leben begangenen krieg aus hoffart, neid, zorn, trägheit, weichlichkeit, wider den Nächsten in reden, in wenig charitat.«

Maria Theresia war einer reinen Männergesellschaft ausgesetzt. Doch sie erwarb die Sympathien der Herren und imponierte ihnen, zuerst durch Lernbereitschaft, später durch Fachkompetenz und Glaubwürdigkeit. Die Männer spürten, dass diese Frau in sich ruhte,

weil ihr der »Beruf« wichtiger war als ihre Person. Dass man sie weder korrumpieren noch brechen konnte. Maria Theresia war, wie so
viele Power-Ladys, beides: sachlich und sinnlich, vital und warmher-
zig. Als »First Mother« ihres Reiches bemutterte sie ihre Völker und
beherrschte ihre Kinder. Doppelbelastung? Für Maria Theresia ein
Fremdwort. Ihr Credo? »Wir sind auf der Welt, damit wir anderen
Gutes erweisen.«

Jenny
Marx
geb. von Westphalen

DIE FRAU DES REVOLUTIONÄRS
(1814–1881)

*»Oh, mein Schwarzwildchen …
Gelt, ich kann dich doch heiraten?« Sieben
Jahre musste Jenny von Westphalen,
die umworbene Ballkönigin von Trier,
warten, bis Karl Marx, die »Ikone des
Proletariats«, so weit war. Denn der
Mann, der gegen die Versklavung einer
Frau in der bürgerlichen Ehe wetterte,
war in Wirklichkeit ein Macho
par excellence. Er allein bestimmte,
was wann geschah.*

Die Braut trägt ein hellgrünes Seidenkleid, bestickt mit rosa Rosen, als sie ihren »verbummelten Studenten« (so das Urteil ihres Halbbruders) am 16. Juni 1843 heiratet: Karl hat endlich einen Doktortitel in Philosophie, eine Aussicht auf Anstellung und ist – obwohl er einer alten Rabbinerfamilie entstammt und sich als Atheist fühlt – bereit, sich in der protestantischen Pauluskirche in Bad Kreuznach trauen zu lassen. Ein Ehevertrag, der Marx verpflichtet, für seine bisherigen Schulden allein aufzukommen, wird am Tag zuvor unterschrieben. Dass die Gebühren für die Trauung und die Kosten der Hochzeitsreise Jennys verwitwete Mutter übernimmt, hält er für selbstverständlich.

Genau wie den Umstand, dass das Kästchen mit Jennys Erbschaft in bar, das die Eheleute mit in die Flitterwochen nehmen, in jedem Hotel offen auf dem Tisch steht, damit sich Gesinnungsgenossen daraus ungeniert bedienen können. Es ist binnen Wochen leer. Und das Familiensilber aus Jennys Aussteuer ist in den folgenden Ehejahren öfter im Pfandhaus als auf dem Küchentisch zu sehen.

Marx braucht immer viel »Kapital«. Aber er lernt nie, Geld zu verdienen, einem »bürgerlichen Broterwerb« ist er niemals nachgegangen. Ist es ein Zeichen von dickem Fell, geistiger Stärke oder doch eher konsequent? Predigt er nicht unermüdlich, dass das Geld den Menschen von seinem wahren Ich entfremdet? »Je weniger du bist, je weniger du dein Leben äußerst, umso mehr hast du, umso größer ist dein entäußertes Leben«, steht im *Kapital*, seinem Hauptwerk.

Ein Jahr nach der Hochzeit muss Marx wegen Majestätsbeleidigung ins Exil. Jenny geht mit und bekommt am 1. Mai 1844 in Paris das erste ihrer Kinder, die sie »unterwegs« zur Welt bringt: Jennychen. Karl ist entzückt, obwohl sein »armes Püppchen« bis zur Erschöpfung schreit und von lebenbedrohlichen Krämpfen befallen wird.

Erst Heinrich Heine, Karls entfernter Verwandter und Exilant wie er, erlöst die überforderten Eltern: »Das Kind braucht ein Bad«, erkennt er und reinigt höchstpersönlich das Baby.

Marx verbringt seine Tage mit Lesen, Schreiben, Kneipenbesuchen und Pläneschmieden. Jenny versetzte ihr Silber, ihre Mutter überlässt dem Paar das Dienstmädchen Lenchen. 1845 veröffentlicht Marx seine These, die zum Credo künftiger Revolutionäre wird: »Die Philosophen haben die Welt nur unterschiedlich interpretiert, es kommt darauf an, sie zu verändern.«

Die Pariser Behörden werten das als Aufruf zum Aufstand, verweisen den Unruhestifter des Landes, die junge Familie siedelt nach Belgien um. 1848 erscheint das *Manifest der Kommunistischen Partei*: »Proletarier aller Länder, vereinigt euch!«, fordern Marx und sein uneigennütziger Freund, Mitstreiter und Mäzen Friedrich Engels. Die Brüsseler Regierung lässt Marx wegen Konspiration und Jenny wegen »Landstreicherei« verhaften. Die Nacht auf der Wache mit »Prostituierten der niedrigsten Sorte« ist für die geborene Gräfin Jenny ein Schock. Am Tag der Entlassung wird die Familie Marx ausgewiesen.

Nach etlichen Umwegen landet Marx mit Jenny, Lenchen und drei kleinen Kindern in London, in einer Zweizimmerwohnung ohne fließendes Wasser: »Waschen, Kämmen, Wäschewechseln gehört bei ihm zu den Seltenheiten«, berichtet ein preußischer Spitzel seinem Vorgesetzten, dem preußischen Regierungsrat (und Jennys Halbbruder) Edgar von Westphalen. »In keiner der Stuben ein sauberes oder anständiges Möbelstück, alles ist zerbrochen, zerschlissen, zerfetzt, fingerdicker Staub klebt darauf ... Manuskripte, Bücher und Zeitungen liegen kunterbunt neben Spielzeug und Fetzen aus dem Nähkorb seiner Frau, Tassen mit zerkerbten Rändern, schmutzige Löffel ...«

Als die Vollzugsbeamten, wie Jenny ihrer Mutter schreibt, auch »all meine kleine Habe mit Beschlag belegten, Betten, Wäsche, Kleider, alles, selbst die Wiege meines armen Kindes«, spielt Marx mit dem Gedanken, nach Amerika auszuwandern.

Gerettet hat die Familie einmal mehr Engels, der in der Textilfabrik seines Vaters in Manchester arbeitet. Er schickt nicht nur regelmäßig Geld, sondern schreibt auch ab und zu Artikel, die Marx lediglich signierte. Jenny beginnt, für deutsche Zeitungen Artikel über die Londoner Kulturszene zu verfassen.

In dieser Zeit lässt Jennys Erstgeborene ihre Mutter und Lenchen jenen Fragebogen ausfüllen, mit dem man sich bei Gesellschaften die Zeit vertreibt: Für Jenny ist darin Glück »Gesundheit«, Unglück »Abhängigkeit«. Sie hasst »Schulden«, ihre Lieblingsbeschäftigung ist »Handarbeit«. Und als ihr Hauptmerkmal nennt sie »Empfindsamkeit«.

Für Lenchen, die sechs Jahre jünger als ihre Herrin ist und den Chef im Schach schlagen kann, besteht Glück darin, »eine Mahlzeit essen, die ich nicht gekocht habe«, und Unglück darin, »von anderen abhängig sein«. Ihre Heldin: »Meine Kaffeekanne«, ihre Maxime: »Leben und leben lassen«. Als Hauptmerkmal gibt sie »Die Liebe zu den kleinen Marxens« an.

Am 31. März 1851 berichtet Marx: »Meine Frau ist leider von einem Mädchen und nicht von einem garçon entbunden.« Wenige Monate später stirbt das Neugeborene, weil sich der Revolutionär keinen Arzt leisten kann.

»Der Mann kräftigt sich im Kampf, wir sitzen daheim und stopfen Strümpfe«

Drei Monate nachdem Jenny ihr fünftes Kind zur Welt bringt, wird auch Lenchen Mutter. Sie weigert sich, den Vater ihres Sohnes zu verraten, aber keiner zweifelt daran, dass es der alte Marx selber ist. Der »Mohr« (so nennt ihn seine Familie) zwingt das Dienstmädchen, ihr Baby wegzugeben: Mit einem »Bastard« im Hause könnten seine Töchter niemals angemessen heiraten.

Und Jenny, die duldsame Protestantin? Nach außen hin verzeiht, versteht, entschuldigt sie den maßlosen Egoismus ihres Gatten: Immerhin ist er kein Schürzenjäger (wie Engels) und meidet, im Unterschied zu den meisten Männern im viktorianischen England, Bordelle.

Nicht zu vergessen, die gebildete Aristokratentochter verteidigt inzwischen die Visionen ihres Mannes von einer gerechteren, humaneren Gesellschaft mit fast mehr Glut als er selbst, denn sie kennt den echten Marx, den radikalen Humanisten, und nicht den von Lenin, Stalin & Co. pervertierten Vater einer weltlichen Erlösungstheorie. Jenny ist die erste Herzblut-Marxistin Europas, während er zu Protokoll gibt: »Alles, was ich weiß, ist, dass ich kein Marxist bin.«

Dennoch geht sie nicht nur an »Mohrs« Vertrauensbruch, sondern an der ganzen Alltagsmisere allmählich zugrunde. Kaum kommt Geld ins Haus – durch Erbschaften, Spenden von Genossen oder Honorare –, zieht die Familie in eine Villa, und Marx lässt goldumrandete Visitenkarten drucken: »Dr. Marx & Mme Jenny Marx née Baronesse de

Westphalen« bitten zu einem Ball in ihre »Residenz«. Diener in Livree, Tanzkapelle, neue Kleider für die einstige Ballkönigin. Die Mädchen bekommen Ponys und besuchen ein »Damenseminar«, um sie mit jenen sozialen »Aufklebern« auszustatten, die man für Geld kaufen kann. Zwei Jahre später landet alles im Pfandhaus.

Und Marx berichtet an Engels: »Meine Frau sagt mir jeden Tag, sie wünschte, sie läge mit den Kindern im Grab, und ich kann es ihr wahrlich nicht verdenken, denn die Demütigungen, Qualen und Schrecken sind in der Tat unbeschreiblich.« Jenny leidet an schweren Depressionen: Drei ihrer sieben Kinder sind vor ihr gestorben. Und bei den drei lebenden Töchtern findet sie auch keinen Halt, die himmeln ihren Papa an, der als Führer der internationalen Arbeiterbewegung in ihren Augen zu einem Mix aus Messias und Märtyrer aufgestiegen ist.

Als 1867 *Das Kapital* erscheint, bessert sich die finanzielle Situation der Familie. Im gleichen Jahr wird bei Jenny Krebs diagnostiziert. Sie, müde, leer, erschöpft: »Uns Frauen fällt bei allen diesen Kämpfen der schwerere, weil kleinlichere Teil zu. Der Mann, er kräftigt sich im Kampf mit der Außenwelt ... wir sitzen daheim und stopfen Strümpfe. Das bannt die Sorge nicht und die täglich kleine Not nagt langsam, aber sicher den Lebensmut hinweg.«

In den letzten drei Lebenswochen kann sie ihren Mann nicht einmal mehr sehen: Er liegt im Bett mit einer Bronchitis, sie im Zimmer nebenan. Keiner von beiden hat Kraft genug, das Bett zu verlassen: »Karl, mir schwinden die Kräfte ...«, ruft sie sterbend durch den Flur. Drei Tage später begräbt man sie in einer ungeweihten Ecke eines Londoner Friedhofs. Marx ist zu krank, um Abschied nehmen zu können.

»Die täglich kleine Not nagt langsam, aber sicher den Lebensmut hinweg«

Die Baronesse redigierte die Texte ihres »Schwarzwildchens«, war sein geschätzter Partner beim Austausch revolutionärer Gedanken, kurz: Sie hatte enormen Einfluss auf das Gesamtwerk von Karl Marx. Und nicht wenige der Genossen schätzten ihr politisches Urteilsvermögen. Trotzdem empfand sie sich als das »Liebchen«, »das da hofft und jammert und ganz abhängig von deinem Schicksal ist«. Sie machte sich kleiner – um ihn strahlen zu lassen. Und ihm fehlte der Großmut, seinem »Frauchen« zu mehr Selbstachtung zu verhelfen.

Eines jedoch steht fest: Karl Marx liebte seine Jenny mit aller Herzenskraft, die ein Patriarch seinerzeit überhaupt aufbringen konnte: »Nicht die Liebe für das Proletariat, sondern die Liebe für die eigene Geliebte, nämlich dich, macht einen Mann wieder zum Mann. Es gibt zwar viele Frauen auf der Welt, und manche von ihnen sind schön, aber wo kann ich ein anderes Gesicht finden, in dem jeder Zug, sogar jedes Fältchen, die größten und süßesten Erinnerungen meines Lebens zu mir zurückbringt?« Für diese Liebe nahm die Gräfin alles in Kauf: Mohrs wilden Elan, Exil, Ehebruch, materielles Elend – und sogar die Geringschätzung ihrer Töchter.

Paula
Modersohn-Becker

DIE KEUSCHE MALERIN
DER NACKTHEIT
(1876–1907)

*»Ich weiß, ich werde nicht sehr lange
leben. Aber ist das denn traurig?
Ist ein Fest schöner, weil es länger ist?
Und mein Leben ist ein Fest, ein
kurzes, intensives Fest ...«
Paula Modersohn-Becker ist 24, als sie
diese Zeilen schreibt. Sieben Jahre
später stirbt sie, eine Rose im
Haar. Sie war eine Malerin
von Rang, aber gehörte keinem
»-ismus« an: verkannt,
aber berufen, wie eine
Generation vor ihr
Vincent van Gogh.*

Paulas Eltern haben beschlossen, ihre Silberhochzeit in Worpswede zu feiern. Also machte sich die Großfamilie im Juni 1897 auf den Weg in das Dorf am Rande des Teufelsmoors nordöstlich von Bremen, in dem es seit 1889 eine »Künstlerkolonie« gab. Maler in ganz Deutschland verließen ihre Ateliers und Akademien und kamen nach Worpswede, um den Zauber der heilen Natur einzufangen. Ein Trend, der sich überall in Europa durchsetzte. 1895 stellten »die Worpsweder« ihre Bilder mit Birken und Torfstechern in München aus und begeisterten. Seitdem zieht ihr Dorf Touristen und Talente an.

Paula Becker ist, wie sie in ihrem Tagebuch schreibt, hingerissen von der »Versunkene-Glocken-Stimmung ... Dann ist da noch der Modersohn ... Er hatte so etwas Weiches, Sympathisches in den Augen.«

Paula, das dritte von sieben Kindern, ist examinierte Lehrerin, will aber Malerin werden, seit sie mit 16 Malunterricht erhält. Ihr Vater rät, über eine Gouvernantenstelle nachzudenken. Der Kunstbetrieb lebt ja vom Geniekult, Männlichkeit und Job sind identisch, während Weiblichkeit und Berufung als unvereinbar gelten. Genies tragen keine Röcke. Daher bleiben die Akademien für Damen tabu, und Generationen von Männern profitieren von diesem Verbot, das die weibliche Konkurrenz automatisch ausschaltet. Mutter Mathilde, Paulas Verbündete, überzeugt immer wieder die Verwandtschaft, für deren Kunstunterricht aufzukommen, und gesteht ihrem Ehemann: »Ich glaube nicht, dass unsere Töchter sich verheiraten werden. Paula am wenigsten, weil sie für andere kritischer als für sich selbst ist und von ihnen viel mehr verlangt, als sie zu verlangen berechtigt ist.«

Am 7. September 1898 ist Paula zurück in Worpswede: »Wenn man es zu etwas bringen will, muss man seinen ganzen Menschen dafür hingeben.« Sie richtet sich bei einem Bauern ein Atelier ein und malt: »Um mich herum köstliche Abendstille und die vom Heu durchschwängerte Luft ... Ich genieße mein Leben mit jedem Atemzug, und in der Ferne glüht, leuchtet Paris.«

Natürlich besucht sie den berühmten Otto Modersohn (»Er ist mir besonders lieb«), der inzwischen verheiratet, Vater einer Tochter und aus der »Künstlervereinigung« ausgetreten ist: Der Erfolg hat aus Freunden Rivalen gemacht, sie streiten um die künstlerische Führungsrolle, neiden sich die Honorare. Heinrich Vogelers Werke kosten um 6000 Mark, Fritz Mackensens bis 5000, Otto Modersohns bringen um 1500.

Ende 1899 darf Paula ihre Werke in Bremen vorstellen. »Sie mag vielleicht ein niedliches Talent haben«, notiert Modersohn. Der Kritiker der *Weser-Zeitung* urteilt brutaler: »Für die Arbeiten ... reicht der Wörterschatz einer reinlichen Sprache nicht, und bei einer unreinlichen wollen wir keine Anleihe machen« (20. Dezember 1899). Paulas Vater redet Klartext, er hat ja doch nie an das Talent seiner Tochter geglaubt: »Deine Worpsweder Hängebäuche sind durch zierliche in der Malerakademie ersetzt worden.«

Paula steigt in der Silvesternacht 1899 in einen Zug nach Paris: »Wachsen ist ja das Allerschönste auf dieser Erde.« Wer zu dieser Zeit Künstler in Europa sein wollte, musste nach Paris, in das ästhetische Gehirn des Kontinents. Hier gab es den Louvre, Galerien, Theater, Varietés im Überangebot.

> »*Wenn man es zu etwas bringen will, muss man seinen ganzen Menschen dafür hingeben*«

Zweimal die Woche besucht sie die »Académie Colarossi«, eine private Kunstschule, die auch weibliche Studenten annimmt. Die Herren Professoren sind höflich, glauben aber nicht wirklich an ihre Schülerinnen. Wie schwer muss es für Paula gewesen sein, dass man sie allein wegen ihres Geschlechts für talentlos hält? Der Vater empfiehlt, sich auf Landschaftsmalerei zu spezialisieren, damit »wirst du mehr Käufer finden denn als Porträtmaler«. In ihrem Tagebuch findet sich ein seltsamer Eintrag: »Ich werde Weib. Das Kind beginnt, das Leben zu erkennen ...« Ob sie mehr noch als Künstlerin Mutter werden wollte?

Paula lockt mit euphorischen Briefen die Worpsweder, allen voran Modersohn, nach Paris: »Sie sind einer, der sich durch den Berg der Konventionen hindurchgearbeitet hat. Ich hoffe ganz riesig auf Ihre Zukunft!« Drei Tage nachdem die Worpsweder im Juni in Paris ankommen, erhält Modersohn ein Telegramm: Seine Frau ist tot. Man bricht sofort auf, zurück in den Norden.

Am 26. Juli 1900 Paulas Todesahnung: »Ich weiß, ich werde nicht lange leben ...« Diese Gelassenheit! Keine Spur von Furcht, Wehmut, Selbstmitleid. An die Eltern: »Ich habe in diesen Tagen so viel von Modersohn gehabt.« Modersohn schwenkt zwischen Sympathie und Aversion: »Ein so freies, verbildetes Mädchen wie P. B., die alles besser kennt wie ich – ist nichts für mich, ohne sinnlichen Reiz für mich.«

Nach dem Tod seiner Frau verlobt sich Modersohn im September 1900 mit Paula – heimlich während einer nächtlichen Kahnfahrt. Natürlich könnte die Ehe mit einem wohlsituierten Witwer Paulas finanzielle Probleme lösen und sie von der väterlichen Autorität befreien. Aber diese Verlobung ist weder berechnend noch ein Kotau vor Konventionen. Sie liebt ihn (»Mein Port, mein Hort, mein König!«), genießt es, »Bräutlein« zu sein, absolviert einen Kochkurs in Berlin, kauft Sachen für die Einrichtung des Hauses und »für unsere Kinder«. Modersohn ist zufrieden: »Meine Paula ist ein Juwel, da sie alle meine Ideen mehr wie versteht.«

Es ist beeindruckend, mit welcher Unbeirrbarkeit Paula Modersohn-Becker ihrer Arbeit trotz des totalen Mangels an Anerkennung folgt: »Es wird in mir Morgenröte ... Ich werde etwas.« Modersohn, der Stillleben-Spezialist: »Begabt in der Kunst ist Paula ja sehr, ich bin erstaunt über ihre Fortschritte. Wenn sich damit doch mehr menschliche Tugenden verbänden. Das muss das Schwerste für ein Frauenzimmer sein: geistig hoch, intelligent und doch ganz Weib.« 1903 finanziert er Paulas nächsten Parisaufenthalt. Konnte sie ihn überzeugen, dass bald die Zeit kommen würde, »wo ich mit Stolz fühlen werde, dass ich Malerin bin«? Je sicherer sie sich als Künstlerin empfindet, umso heftiger ihre weiblichen Sehnsüchte. An Otto: »Ich sehe mir kleine Kinder mit Liebe an ...«

Zurück von einem weiteren Parisaufenthalt, beginnt Paula, lebensgroße Akte zu malen. »... und das kann sie nicht, ebenso lebensgroße Köpfe kann sie nicht«, entrüstet sich Otto in seinem Tagebuch, »Paula macht mir in ihrer Kunst lange nicht so viel Freude wie früher. Sie nimmt keinen Rat an – es ist sehr töricht und schade.«

Im Februar 1905 ist Paula erneut in Paris. Worpswede mit seiner Betulichkeit ermüdet, die spannungslosen Variationen des Gleichen zermürben sie: »Ich habe von Zeit zu Zeit den starken Wunsch, noch etwas zu erleben. Dass man, wenn man heiratet, so furchtbar festsitzt, ist etwas schwer.«

Eigentlich will sie mit 30 als Künstlerin »am Ziel« angekommen sein. Mit 30 wäre es aber auch höchste Zeit, Mutter zu werden. Eine Frau muss – glaubt sie – ein Kind haben, um eine wirkliche Frau zu sein, berichtet ihre Freundin, die Bildhauerin Clara Westhoff, ihrem Ehemann, dem Dichter Rainer Maria Rilke. Als Clara eine Tochter bekommt, fragt die verzweifelte Paula ihr Tagebuch: »Muss Liebe knausern? Muss sie einem alles geben und anderen nehmen?«

Tatsache ist, sie kann kein Kind haben, da sie nach fünf Ehejahren immer noch eine Jungfrau ist: Modersohn ist impotent. Paula will nach Paris, diesmal für immer, aber sie hat nicht einmal das Geld für eine Fahrkarte.

Der weit gereiste Dichter Rainer Maria Rilke, Ehemann ihrer besten Freundin Clara Westhoff, sieht Paulas Bilder mit anderen Augen als der »Provinzler« Modersohn und berichtet einem Gönner: »Das Merkwürdigste war, Modersohns Frau an einer ganz eigenen Entwicklung ihrer Malerei zu finden, rücksichtslos und geradeaus malend, Dinge, die sehr worpswedisch sind und die noch nie eine sehen und malen konnte. Und auf diesem ganz eigenen Wege sich mit van Gogh und seiner Richtung seltsam berühren.« Spontan entschlossen, kauft er für 120 Mark Paulas »Säugling mit der Hand der Mutter«. Das ist für sie ein »Ja« eines Dichtergenies zu ihren Fluchtplänen.

Am 23. Februar 1906 bricht Paula von Worpswede in Richtung Paris auf. Tagebucheintrag: »Nun habe ich Otto Modersohn verlassen und stehe zwischen meinem alten und meinem neuen Leben.«

Ihr Ehemann ist schockiert: »Warum? Keine Nacht finde ich Schlaf – keinen Strich kann ich malen – kein Wort kann ich lesen. Dass ich so blind war!« Paula an einen Freund: »Ich habe fünf Jahre neben ihm gelebt, ohne dass er mich zu seiner Frau machte, das war Tierquälerei.« Für eine Frau Wilhelminischer Ära gehört reichlich Mut dazu, einem Mann Impotenz vorzuwerfen.

Jetzt malt sie um ihr Leben, schläft auf dem Atelierboden, umgeben von ihren Bildern. Um Farbe und Leinwände kaufen zu können, um Modelle bezahlen zu können, bittet sie Modersohn: »Willst du mir für die nächste Zeit monatlich 120 Mark geben, dass ich leben kann?« Und Modersohn zeigt Größe, schickt das Geld: »Zähle auf mich, rechne auf mich. Lebe dein Leben.« Sprich: Er gibt sie frei für erotische Erlebnisse, wenn sie nur eines Tages wieder zurückkehren würde.

Paula malt. Eine Mutter, die mit ihrem Baby kuschelt, nackt. Nie zuvor hat es jemand gewagt, eine Szene von solch weiblicher Intimität zu malen. Ihrer Mutter schreibt sie: »Ich glaube, ich habe etwas vollbracht, was gut ist.« Am 25. Mai 1906 entsteht der Halbakt einer hochschwangeren Frau. Dieses Selbstporträt legt ihren heiligsten Wunsch offen – Mutter zu werden: »Dies malte ich mit 30 Jahren am meinem 6. Hochzeitstage. P. B.« Sie signiert mit ihrem Mädchennamen.

Endlich findet sich jemand, der ihre Arbeiten mag: der Bildhauer Bernhard Hoetger. Nachdem er sie in ihrem Atelier besuchte, heißt es: »Dort erlebte ich still und ergriffen ein Wunder. Ich konnte ihr nur sagen: ›Es sind alles große Werke, bleiben Sie sich treu!‹« Paula kann es kaum fassen: »Dass Sie an mich glauben ...«

»*Dass man, wenn man heiratet, so furchtbar festsitzt, ist etwas schwer*«

Pfingsten steht ihr Mann vor der Tür, um sie zurückzuholen; die Aussprachen enden ergebnislos. 3. September 1906: »Nun möchte ich dich bitten: Gib mich frei, Otto. Ich mag dich nicht zum Manne haben. Du sprichst immer von dem ›Kinde‹. Mit dem Kind eilt es nicht so. Erst will ich einen Mann haben.« Im selben Brief bittet sie nochmals um Geld, sie weiß: Was sie bisher schuf, entstand im Schutz der Ehe.

Am 9. September 1906 nimmt sie alles zurück: »Wenn du mich überhaupt noch nicht aufgegeben hast, so komme bald her, dass wir versuchen, uns wiederzufinden.« Was ist passiert? Hat Hoetger, der von seiner reichen russischen Ehefrau unterstützt wird, sie überredet, die »Vernunft« walten zu lassen? Paula ist um ihrer Kunst willen bereit, in den bürgerlichen Schutzraum zurückzukehren: »Ich armes Menschlein, ich fühle nicht, welches mein richtiger Weg ist.«

Otto kommt, bleibt über den Winter, sie gehen aus, unternehmen kleine Ausflüge. Ihre Selbstbildnisse aus diesen Tagen erinnern an die

Porträts der ägyptischen Mumien: Es sind Bilder, die von den Augen leben, die einen aus dem Jenseits anschauen. Paula malt, was sie erahnt, erwartet: Abschied. In den letzten Tagen ihres letzten Parisaufenthalts wird sie schwanger. Monate zuvor hat Paula mit der gleichen Ergebenheit, mit der sie ihren frühen Tod vorhergesehen hat, aufgeschrieben, wie ihr Grab aussehen soll: »Es muss gar keinen Hügel haben. Es sei ein viereckig längliches Beet mit weißen Nelken umpflanzt. Darum läuft ein kleiner sanfter Kiesweg ... in der Mitte eine kleine schwarze Holztafel mit meinem Namen, ohne Datum und Worte. So soll es sein.«

Paulas Tochter Mathilde kommt 1907, einen Tag nach Allerheiligen, auf die Welt. Es war eine schwere Geburt, berichtet ihre Mutter der Familie, aber vor allem eine »Erlösung«. Am 20. November darf die glückliche Mama zum ersten Mal aufstehen. Sie macht ein Fest daraus. Lässt Kerzen anzünden, schmückt sich mit Rosen, geht ein paar Schritte, sinkt plötzlich zu Boden und sagt: »Wie schade ...« Es dauert, bis Modersohn begreift, dass er zum zweiten Mal Witwer geworden ist. Todesursache: Embolie.

Hinterlassen hat Paula Modersohn-Becker 750 Gemälde. Verkaufen konnte sie zu Lebzeiten drei, immerhin zwei mehr als van Gogh.

PS: 1908 schrieb einer der Gründungs-Worpsweder Fritz Overbeck an Paulas Witwer: »Wir Worpsweder haben in den letzten Jahren, abgesehen von deiner Frau, im Grunde doch nichts hervorgebracht, das uns stolz machen könnte.« Modersohn hat übrigens 1909 zum dritten Mal geheiratet, eine Sängerin.

Nico

GOTHIC-GÖTTIN UND
UNDERGROUND-IKONE
(1938–1988)

*»Warum Selbstmord begehen, wenn Sie diese
Platte kaufen können?«* – So lautet ein Werbeslogan für ihre Songs.
»Das Leben ist ja ein Schrank, sozusagen«, behauptete sie
immer wieder. Ein deutscher Schrank, aus dem sie ausbrechen will:
Nico, die ihr Haar mal burschikos kurz, mal lang wie Loreley
trägt, meistens blond, oft hennarot, gelegentlich pech-
schwarz. Aber eines ist sie immer: schön.

Obwohl ihre Schönheit nichts Süßliches, eher etwas – glauben ihre Lover – Teutonisches hat. »Aber ich bin nur ganz wenig deutsch!«, widerspricht sie und gesteht in ihren Songs ihre Probleme mit ihrer Herkunft: »Will you spell the words for me to hear. / Nibelungen / Nibelungen / Nibelungen land.« Das Land, in dem die Tochter einer Schneiderin geboren wurde, ist nie ihre Heimat geworden.

Bei ihrer Taufe brennen Synagogen, mit fünf Jahren spielt sie auf Friedhöfen. Der Vater, ein Abenteurer, ist ein schwarzes Schaf des Kölner Brauerei-Clans Päffgen. Als er an der Ostfront stirbt, lässt man verbreiten, Hitler selbst hätte seine Erschießung angeordnet. Nico behauptet, er sei im Konzentrationslager umgekommen – um sich nicht schämen zu müssen für einen Führer-Diener?

Als die Mutter mit ihr nach Lübbenau bei Berlin zieht, starrt Christa (so ihr Taufname) auf den brennenden Himmel über der Hauptstadt. Kriegstote, Trümmerlandschaften; sie ist schon als Kind heimatlos. Mit 13 verlässt sie die Schule, mit 15 entdeckt sie beim Schaufensterbummel am Ku'damm der Hausfotograf des Modezaren Heinz Oestergaard. Oestergaard schickt sie nach Paris, das Mädchen beginnt, die Kraft ihrer Schönheit wahrzunehmen. »Sie hatte keine Freunde, sie war immer allein. Ihre Hände waren wie Milch und Glas. Wunderschöne Hände«, sagt ihre Tante Helma Wolff.

Mit 16 in Paris; für Fräulein Christa ein Leben wie im Rausch. Fotosessions für *Elle*, *Vogue*, *Esquire*. Ihre Makellosigkeit fasziniert sogar Coco Chanel. Nur eines stört das Covergirl: ihr Name. Zu deutsch, zu spießig. Also nennt sie sich wie der griechische Regisseur und Nachtclubbesitzer Nico Papatakis, mit dem sie zusammenlebt: Nico. Und verwandelt sich in eine Kunstfigur, die den Markenwert ihres Körpers zu nutzen weiß.

Als Federico Fellini Nico 1960 eine Rolle in seinem Film *La Dolce Vita* anbietet, ist sie bereits so berühmt, dass sie sich selbst spielen kann: »Nico!«, begrüßt sie in einer Szene Marcello Mastroianni als Klatschreporter, »Paparazzo will mit dir eine Serie machen für die *Vogue*.« Nicos Drehbuch-Antwort: »Ich arbeite doch nicht mehr als Fotomodell, Marcellino, das ist vorbei.« Ob Nico ihr Leben jetzt schon zu »süß« vorkommt?

Während der Dreharbeiten trifft sie Alain Delon, am 11. August 1962 kommt Sohn Ari auf die Welt, aber der französische Filmstar bestreitet bis heute die Vaterschaft. Delons Mutter Edith (»Nico war die schönste Frau, die ich je gesehen habe«, sagt sie) lässt ihren mutmaßlichen Enkel entführen und von ihrem Ehemann Boulogne adoptieren. Und die Glamour-Mama? Vermutlich erleichtert, da total mit ihrem Job und der angestrebten Bewusstseinserweiterung beschäftigt. Also alles außer Lichtgestalt.

Nico gehört zum Jetset, 1965 inspiriert sie Bob Dylan zu seinem Song »I'll Keep It With Me«, zieht Brian Jones, Jimmy Page, Iggy Pop in ihren Bann – aber ein Groupie ist sie nicht. Sie teilt zwar ihr Bett, aber nicht ihre Seele, bleibt Projektionsfläche und liest Nietzsches *Jenseits von Gut und Böse*, wo erklärt wird, »warum wir ohne Moral die besseren Menschen sind«. (Erster Satz: »Vorausgesetzt, dass die Wahrheit ein Weib ist ...«)

Inzwischen lebt Nico in New York, modelt noch, aber nur um ihr Schauspielstudium am renommierten »Lee Strasberg Theatre and Film Institute« finanzieren zu können: »Marilyn Monroe war in meiner Klasse. Very exciting.«

1965 trifft sie in einem mexikanischen Restaurant Andy Warhol. Der Pop-Guru »adoptiert« die Schöne, die »aus der Walhalla kommt«, auf der Stelle. Andy, ein Kind tschechischer Einwanderer, und Nico schweben auf der gleichen Wellenlänge, getrieben von Lebensangst und Todesfurcht zugleich. Er zeigt seine Seele in den Topthemen seiner Bilder: Schönheit (siehe Porträts von Marilyn Monroe, Liz Taylor, Jackie Kennedy) und Tod (elektrischer Stuhl, Autounfälle), die Macht des Banalen (Suppendosen, Dollarnoten, Schuhe, Kühe). Nicos »Werk« wird ihre Selbstzerstörung werden. Andy: »Sie war nicht der Typ, der plötzlich auf dem Tisch tanzt.« Nico wird die Protagonistin seines experimentellen Dokumentarfilms über das New Yorker Künstler-Hotel »Chelsea«, *The Chelsea Girls*: »Danach war Nico Königin der bösen Mädels, furchterregend« (Regisseur Paul Morrissey).

> »Sie war die Königin der bösen Mädels, furchterregend«
> Paul Morrissey

Und dann bringt Warhol seine »Mondgöttin« in der Band The Velvet Underground um Lou Reed unter. Die Jungs sind unbekannt, Andy protegiert sie, der Deal lautet: Die Musiker müssen Nico als Sängerin aufnehmen. Der Karriere zuliebe stimmen sie zu, aber mobben das Topmodel: »Wir haben ihr das Mikrofon ausgeschaltet oder ihre Stimme im Gitarrensound untergehen lassen, weil wir wollten, dass sie sanft singt und nicht mit dieser ihrer, na ja, deutschen Stimme. Wir machten alles, damit sie sich paranoid fühlt.« Nico behauptet später, dass Lou Reed sie aus der Band ekelte, weil sie eine Deutsche war und er einer jüdischen Familie entstammt.

Für das Debütalbum gestaltet Warhol das berühmte Cover mit einer Banane zum Schälen; im März 1967 erscheint *The Velvet Underground & Nico*. Heute ein Klassiker der Rockgeschichte, wird es damals kaum wahrgenommen, obwohl die *New York Times* meint, es sei »ein sehr vergnügliches Album über Tod, Drogenabhängigkeit und Sadomasochismus«. Also keineswegs »velvet« (»samten«).

Nicos Stimme ist frostklar wie ein Wintertag, ihr Sex-Appeal der einer Eiskönigin, die Songs sind melancholisch wie Abschiedslieder. Sie zelebriert den Lebensüberdruss der »Live fast, die young«-Generation, während die unbekümmerten Flower-Power-Kids »Make love, not war« skandieren. Rückblickend wirken die Velvet-Songs wie eine makabre Vorhersage des baldigen Endes der Hippie-Leichtigkeit.

Wie immer verliert Warhol eines Tages das Interesse an seinem Geschöpf, und Nico verfällt dem selbstmordgefährdeten Frontmann der Gruppe The Doors: Jim Morrison. Nico beginnt, eigene Lieder zu schreiben und zu komponieren. Texte, melancholisch wie deutsche Romantik, Musik wie ein avantgardistisches Echo auf Bach-Choräle – später wird man sie »die Erfinderin des Gothic-Rock« nennen. Und sie wird drogensüchtig. Es beginnt in ihrer Pariser Model-Zeit: zuerst Cannabis, dann LSD und Kokain. In New York kommt Amphetamin dazu, das ihren Appetit drosseln soll. »Alle sagten: ›Du siehst furchtbar aus‹«, erinnert sich Andys Freund Billy Name, »und genau das machte sie glücklich.« Drogen statt Antworten auf Fragen, die sie wie Furien verfolgen?

Sie trägt nur Schwarz, präsentiert ihre vergammelten Zähne wie ein Markenzeichen. Je verhüllter ihr Körper, desto nackter ihr Inneres in ihren Songs. Sie erklärt: »Der einzige Grund, warum ich mich nicht erschieße, ist, dass ich wirklich einzigartig bin.« Alles Pose – oder echter Weltschmerz? Oberflächlichkeit oder Tiefsinn?

Ihrer Mutter kauft Nico ein Haus auf Ibiza, sie selbst nächtigt in Hotels und schließlich, mit ihrem neuen Partner, dem Dichter John C. Clarke, in einem schwarz verhängten Zimmer in Manchester: »Ich muss nicht rausgehen, um draußen zu sein ... Ich bin gerne eingesperrt.«

Sie setzt sich drei Schüsse pro Tag und lässt ihr Haar verfilzen, als würde sie in der Hässlichkeit Erlösung suchen. Aber sie zerstört nicht nur sich selbst. Kaum dass ihr verlorener volljähriger Sohn zu ihr zieht, führt sie ihn in die Welt der Drogen ein – der Beginn einer teuflischen Komplizenschaft. Als Ari nach einem Schuss auf der Intensivstation landet, nimmt sie die Geräusche seiner Herz-Lungen-Maschine auf Tonband auf, um sie in einem Song zu verwenden. »Mutter war zu keiner Tat mehr fähig ohne Drogen«, verrät er in seinem Buch *L'amour n'oublie jamais* (Die Liebe vergisst nie): »Nur so überstand sie rund 1200 Konzerte in sieben Jahren.« Bei ihren Auftritten in Deutschland rockt sie das Deutschlandlied und widmet es dem RAF-Terroristen Andreas Baader.

Der Berliner Musiker Lutz Ulrich, der mit ihr von 1975 bis 1979 das Bett teilt und sie auf der Gitarre begleitet, erinnert sich, wie die Tournee-Crew im Hotelpool in Arles planschte und Nico, in hochgeknöpfter schwarzer Bluse, ein ägyptisches Totenbuch liest. Ob diese Frau jemals lachte? Ob Nico je verliebt war?

Ibiza, 18. Juli 1988. Nico fährt mit dem Fahrrad zu ihrem Haschisch-Dealer, stürzt, stirbt. Ari behauptet, seine Mutter sei die letzten beiden Jahre clean gewesen.

»Die Sehnsucht und die Einsamkeit erlösen sich in Seligkeit«

Tot ist sie heimgekehrt, bei der Beerdigung auf dem Friedhof Grunewald, wo man einst Selbstmörder begrub, spielten Freunde Nicos Song »Mütterlein«: »Liebes kleines Mütterlein/ Nun darf ich endlich bei dir sein/Die Sehnsucht und die Einsamkeit/

Erlösen sich in Seligkeit.« Christa wird im Grab ihrer Mutter Margarete beigesetzt.

Wieso ausgerechnet dieser Junkie zur Pop-Ikone wurde? Vielleicht
weil sie der Welt geholfen hat, die Deutschen zu verstehen, und den
Seelenwunden ihrer Landsleute eine Stimme gab. Vielleicht aber auch,
weil sie sich konsequent wie kaum eine andere Frau weigerte, auf ihre
Schönheit reduziert zu werden: »Ich bedaure nichts, außer dass ich als
Frau und nicht als Mann geboren wurde.«

Domenica Niehoff

DIE HURE MIT DEM GROSSEN HERZEN
(1945 – 2009)

*»Allein die Tatsache, dass ich
tagtäglich meinen Körper vermiete,
bedeutet noch lange nicht, dass ich
mich mit Haut und Haaren verkaufe!«
Genauer als sie selbst kann wohl
keiner beschreiben, was Domenicas
Charme, ja Charisma ausmachte.*

Domenica, wunderhübsch im weißen Kleidchen, wartet auf ihre erste heilige Kommunion. Plötzlich kommen Polizisten die Kirchentreppe hochgelaufen, eine Frau springt auf und versucht zu fliehen, vergeblich. Sie wird vor den Augen der Festgemeinde verhaftet. Es ist die Mutter des Mädchens. Sie soll wegen Hehlerei ins Gefängnis, flieht aber, um mit ihrer Tochter, die seit ihrem vierten Lebensjahr in einem katholischen Waisenhaus aufwächst, diesen Tag erleben zu können: »Mein schönster Tag war gelaufen.«

14-jährig muss Domenica zurück nach Hause, soll Buchhalterin werden, bricht die Lehrzeit ab (»Ich war ein Träumerkind«), schwärmt für einen Nachbarsjungen. Die Mutter, »eine Zockerin und Ganovenbraut, erwischte mich am helllichten Tag bei meinem ersten Kuss, schlug mich und schrie: ›Hure! Hure!‹« Ein Knackpunkt-Erlebnis. »Wenn du ein Kind kriegst, trete ich es dir aus dem Bauch«, droht die Mutter weiter. »Ich bin mein Leben lang nie schwanger geworden«, berichtet Domenica 1994 in ihrer Biografie *Körper mit Seele*.

Und sie erinnert sich auch, dass der Vater, ein italienischer Eisverkäufer, sich aus dem Staub macht, nachdem seine Kölner Ehefrau Anna zum dritten Mal schwanger wird. Was bleibt, sind die Namen der Kinder: Domenica (dem Herrn gehörend), Amando (der Liebenswürdige), Angelina (die Engelgleiche).

Domenica ist keine 17, als sie Kuno heiratet: 25 Jahre älter, Bordellbesitzer. Sie lernt das »Milieu« kennen, aber anschaffen darf sie nicht. Nach elf Ehejahren erschießt er sich und die 27-jährige Witwe steht mittellos auf der Straße. Ein Kollege ihres Mannes, der berühmte »Hanne aus der Ritze«, holt sie nach Hamburg. Domenica steigt ein: »Grenzen überschreiten konnte ich nie, ich musste sie sprengen.« Als Erstes kauft sie sich – wie jede, die neu anfängt – ein großes Handtuch, das man beim Dienst aufs Bett legt. Auf ihrem war ein »wunderschöner Löwenkopf, und darunter stand Jean Cocteau«. Bilder wird sie ihr Leben lang lieben, die Handtücher werden im Laufe der Zeit billiger. Dreieinhalb Jahre schafft sie für ihren Luden, den Hanne, an. Er lässt sie erst gehen, nachdem sie ihm als »Ablöse« einen Ring für 13 000 Mark kauft.

Kaum frei, arbeitet sie in der legendären Herbertstraße: einer Sackgasse, für Frauen tabu, sofern sie nicht dort arbeiten – 150 Meter lang, in Schaufenstern halbnackte Frauen. Domenicas Markenzeichen: üppige Oberweite (122 Zentimeter), zurückgebundenes Haar, in der Hand ein Glas Tee mit Rum. Sie hat ein Klavier in ihrem Zimmer. Ein Gast, der »ein schönes Musikstück« spielt, muss nicht zahlen.

Das Haus Nummer 10, Domenicas Arbeitsplatz, wird zur Touristenattraktion. »Jeder glotzte auf die Titten. Keiner aufs Gesicht. Die mir ins Gesicht geguckt haben, das waren die besten Freier.« Apropos Freier. Domenica erfüllt »netten Gästen« fast jeden Wunsch. Aber das Erfolgsgeheimnis ist ihr Kölner Naturell: »Ich war eine fröhliche Anschafferin. Ich sang ja auf der Treppe rauf und runter. Die Männer spürten: Die tut es gerne. Ich kann den Hass auf Freier überhaupt nicht nachempfinden. Wenn ich Kochen hasse, werde ich keine Köchin. Wenn ich Männer hasse, werde ich keine Hure.« Geküsst wird trotzdem nicht: »Das ist ja etwas, das man natürlich nur zu Hause macht.«

> »Wenn ich Männer hasse, werde ich keine Hure«

Mit 35 kauft sie das Haus Nr. 10 und arbeitet weiter als Domina. Lange hält sich ihr Etablissement allerdings nicht, erzählt sie gelassen: »Wenn da mal eine nix verdient hat, dann hab ich der noch 50 Mark in die Hand gedrückt ... Aber mein Haus war auch das mit der höchsten Erfolgsquote!« Sie meint: das Haus mit den meisten Aussteigerinnen.

Geld war ihr nie das Wichtigste: »Für einen Tausender konnte ich nie richtig arbeiten. Der Tausender mit Superprogramm war mir zu stressig. Für zwei- oder dreihundert Mark war ich locker und unverkrampft, so richtig in den Vollen.« Und wenn sie sich in den einen oder anderen verliebte? »Dann habe ich jeweils gesagt: Komm, wir gehen weg aus dem Puff.«

Aber aussteigen kann nur eine, die leugnet, dass sie mal anschaffte. Ein unerträglicher Zustand, der den Menschen zum Heuchler macht, findet Domenica. Und sagt laut und deutlich, was eh alle wissen: »Ich bin eine Hure – keine Nutte. Hure ist doch ein schönes altes Wort.«

Domenicas Outing. »Als ich mich outete, war das Leben in Hamburg zuerst die Hölle.« Aber sie »erreicht, dass mehr über Prostitution geredet, nicht mehr nur getuschelt wird«. Sie wird zum Talkshow-Star mit Herz und einem Hauch von Hautgout, diskutiert mit Ole von Beust, ist Stammgast bei Promi-Partys und Aushängeschild der Hurenemanzipation.

1987 entstehen die ersten Selbsthilfegruppen, die den Prostituierten ihren Ausstieg erleichtern sollen. Seit 2002 ist Prostitution als Berufstätigkeit anerkannt und legal, ihre Diskriminierung als sittenwidrig aufgehoben, die Prostituierten können in die gesetzliche Kranken- und Rentenversicherung eintreten. Das ist natürlich nicht allein Domenicas Verdienst. Aber sie war die Erste, die verkündet: »Huren sind auch Menschen« und keine Sündenböcke, auf die sich alles »Schmutzige«, alle Sex-Fantasien, die man selbst nicht auszuleben wagt, projizieren lassen.

Die Künstler entdecken sie als Muse. Tomi Ungerer (*Der Furz*) quartiert sich bei ihr für drei Monate ein, zeichnet sie mit einem Heiligenschein. Wolf Wondratschek singt im *Playboy* ein »Loblied auf eine Hure« und in *Letzte Gedichte* widmet er ihr ein Porträt: »Wenn sie mit dem Hintern wackelt, fließen die Flüsse bergauf.« Alfred Hrdlicka darf mit aufs Zimmer, A. R. Penck schenkt ihr 3000 Mark, die ihr für die Miete fehlen. Ohne Gegenleistung. Die Promis sind fasziniert. Gloria von Thurn und Taxis verspricht: »Domenica, ich schick dir Gäste« (und setzt sich probeweise in der Herbertstraße ins Fenster). Alice Schwarzer raunt den Freiern zu: »Geht mal alle nach Hause!« Domenica: »Ich lasse mir doch von ihr nicht das Geschäft kaputt machen« (die Feministin lehnt es ab, sich im Fenster zu zeigen).

1990, mit 45, steigt sie aus und beginnt, als Streetworkerin (für 2500 Mark monatlich) zu arbeiten. Die neuen Kolleginnen »haben mich boykottiert, verunglimpft, ausgegrenzt, angegriffen ... Es hat ihnen nicht in den Kram gepasst, dass ich keine Studierte war und trotzdem genauso viel wie sie verdiente.« Dennoch betreut sie, stets mit einer Thermoskanne voll Kakao ausgerüstet, »Drogenabhängige mit Abszessen, mit epileptischen Anfällen, mit Aids, Aussteigerinnen, die Dämonen sehen und Stimmen hören, HIV-infiziert und obdachlos sind, die – auf Deutsch gesagt – verrottet sind. Ich bin in das Grauen gekommen, habe meine ganzen Ersparnisse in diese Arbeit gesteckt und bin Tag für Tag 15 Stunden auf der Straße herumgerannt.« 1997 hört sie auf: »Ich halte das nicht mehr aus, ich hab so viele sterben sehen.«

Die Kneipe »Domenica« am Hamburger Fischmarkt muss sie 2000, nach gerade mal zwei Jahren, wegen 20 000 Mark Steuerschulden schließen: »Ich bin nicht die beste Geschäftsfrau.«

Von ihrem Bruder, der an Aids stirbt, erbt sie ein Haus im Eifel-Ort Boos, zieht 2005 um, plant, drei Gästezimmer zu vermieten. »Domenicas Nähkästchen« heißt ihre Pension. Drei Jahre später verkauft sie sie. »In Boos war das so langweilig ... ich bin völlig vereinsamt.« Verständlich, für die Nachbarn ist sie geblieben, was sie war: eine Hure. Ihre Haushälterin hört sie nachts beten. Der Nähkästchen-Käufer erinnert sich: »Ich sollte oft Geldbeträge an ihre angeblich bedürftigen Bekannten in Hamburg überweisen. 10 bis 20 Schnorrer waren das, denen ich Beträge zwischen 50 und 500 Euro überwies.« Bis das Geld alle ist: »Ich denke mit Ausdauer positiv«, sagt sie.

Zurück in Hamburg lebt Domenica seit 2008 in einer 50-Quadratmeter-Sozialwohnung: »Hauptsache, ich bin wieder zu Hause. Hier aufm Kiez bleibe ich jetzt für immer! Mein Rentnersitz.« Schwester Angelina stirbt in dieser Wohnung. Auch Mutter Anna: »Sie hat zu mir gesagt: ›Dass du Hure geworden bist, ist nicht schlimm. Aber dass du nichts gespart hast, das ist wirklich schlimm.‹«

Domenica raucht zwei Schachteln Zigaretten am Tag. Sie ruiniert ihre Bronchien und ignoriert, trotz Diabetes, ihren Insulinspiegel. 2009 stirbt sie mit 64 an einem Lungenleiden, ohne Groll: »Ich bereue überhaupt nichts.«

Freunde legen zusammen, um ein Sozialbegräbnis zu verhindern. Angeführt von einer Blaskapelle, die ihr Lieblingslied »La Paloma« spielt, ziehen 800 Trauergäste durch St. Pauli, die Prostituierten verhängen ihre Fenster mit schwarzen Tüchern. In der Herbertstraße setzt die Musik eine Weile aus. Die Aussegnung hält der Pastor der evangelischen St. Pauli Kirche, obwohl sie »streng katholisch« und »ziemlich fromm« war, Kirchenmusik liebte (wie auch Kaninchen, Mandelbäumchen und einsame Inseln) und als Äbtissin verkleidet ihre Biografie signierte. Nur mit dem Be-

*»Ich war nie schön,
ich war schlimmer«*

ten haperte es, gestand sie und steckte lieber jenen Menschen, die sie mochte, Kastanien als Glückbringer in die Taschen.

Drei Wünsche, die offenblieben. Sie hätte gern einen Mann gehabt – »aber welcher Mann würde sich schon mit mir ins Restaurant setzen?«. Sie hätte gerne eine Tochter gehabt, selbst wenn sie Hure geworden wäre: »Ich würde versuchen, ihr beizustehen. Ich würde sie auf keinen Fall fallen lassen.« Und sie hätte »schon manchmal ganz gerne ein Vorbild gehabt. Dem Drewermann, dem würde ich gern folgen, mich an seine Seite stellen und ihm mithelfen, das würde mir gefallen.« Eugen Drewermann (70) war katholischer Priester, wurde aber vom Papst suspendiert, weil er die Praktiken der Kirche kritisiert hatte.

Es war ihr großer Busen, der sie berühmt machte: »Ich war nie schön, ich war schlimmer.« Ihr Herz aber war viel größer. Darum schrieb sie wohl *Domenicas Kopfkissenbuch* – einen Ratgeber für die Ehefrauen ihrer Freier. Sie bemühte sich, den verklemmten, verletzten oder wütenden »Anständigen« den Unterschied zwischen einem Bordellbesuch und einem Seitensprung klarzumachen, verriet Tricks im Umgang mit müden, zu schnellen, ungeschlachten Männern. Und gab den ultimativen Tipp: »Sie müssen lernen, sich selbst zu lieben.« Dann klappt's auch im Ehebett.

PS: Die Museumskneipe »Domenica Lounge« in der Herbertstraße ist offen für alle: Nach Dekaden dürfen auch Frauen die sündige Meile wieder betreten.

Elisabeth
Noelle-Neumann

DIE DAME, DIE WUSSTE, WAS DIE DEUTSCHEN DACHTEN

(1916–2010)

»Ich habe einfach immer getan, was mir richtig erschien«,
beteuert Elisabeth Noelle-Neumann, die als Erste den
Deutschen mit Meinungsumfragen zu Leibe rückt
und bezeichnenderweise überzeugt ist, dass es
keine Zufälle gibt. Und ausgerechnet diese
»Pythia vom Bodensee«, sprich:
eine Frau, sollte den Männern an der
Macht die Welt erklären.

Elisabeth ist eine höhere Tochter par excellence: intelligent, schön, reich. »Wenn seit vielen Generationen Geld selbstverständlich ist, dann interessiert man sich überhaupt nicht mehr dafür«, heißt es in ihren *Erinnerungen*. Und weiter: »Meine Eltern wussten nicht, was sie mit mir anfangen sollten, weil ich so intelligent war.« Wenn gelangweilt, treibt sich das Kind in Berliner Bars herum.

Der ratlose Vater, Jurist und Gründer der Tobis-Filmgesellschaft, sieht sich gezwungen, das Mädchen im berühmten Internat Salem unterzubringen. Dort am Bodensee angelangt, »hatte ich das sichere Gefühl, hier mein Leben zu verbringen«. Es wird mehr als das halbe Leben.

Aber erst einmal muss sie diese Schule nach einem halben Jahr, im Juli 1933, wegen »ungebührlichen Verhaltens« verlassen.

Glaubt man Elisabeths *Erinnerungen*, zieht sie als Studentin »den Führer« in ihren Bann: Sie besichtigt mit ihrer Gruppe »nationalsozialistischer Studentinnen« Hitlers Residenz auf dem Obersalzberg, »da stand auch schon Hitler und begrüßte uns mit Handschlag ... nahm mich am Arm und führte mich an die Brüstung ... (Am Tisch) saß ich direkt neben Hitler, und (wir) unterhielten uns sehr gut, ganz unaufgeregt und heiter.« Später erklärt Elisabeth, sie wäre »nie in Gefahr, mit den Nationalsozialisten zu sympathisieren, aber das Charisma Hitlers beeindruckte auch mich«. Schuldgefühle empfindet sie nicht: »Ich war nie mit den Nazis verknüpft.«

Kurz: Elisabeth lebt im klaren Glauben, zu Höherem geboren zu sein (»Ich meine, ich sei vom Schicksal begünstigt«). Sie ist sicher, von Engeln beschützt zu werden: »Ich bin im Alter von fünf Jahren eines Nachts aufgewacht und mein Zimmer war gleißend hell erleuchtet ... Die Engel haben mich besucht.« Von diesem Selbstbewusstsein geprägt, wählt sie ihr Credo aus einem Gedicht des Barock-Lyrikers Paul Fleming: »Wer selbst sein Meister ist und sich beherrschen kann, dem ist die weite Welt und alles untertan.«

Elisabeth ist zehn, als sie beschließt, Journalistin zu werden, und darf eine ihrer ersten Geschichten, »Ein Mädchen wartet«, dem legendären Zeitungsverleger Heinz Ullstein (man kennt sich ja!) vorlegen. Er ermutigt sie, weiter zu schreiben, und das Mädchen hebt die Papierblätter auf – und wird bis ans Lebensende die unterschiedlichsten Dinge (die erste Schreibmaschine, ein Spielzeughäuschen aus einer Art Über-raschungsei) aufbewahren, als müsste sie Zeugen ihres Auserwähltseins sammeln: »... habe ich heute noch«, betont sie immer, immer wieder in den Memoiren.

Nach Schulende gönnt sich die 23-Jährige eine Reise durch die USA, fährt nach Mexiko, Japan, Korea, in die Mandschurei, nach China, Sumatra, Ceylon, Ägypten. Dort hat sie eine »Vision. Plötzlich schien die Tempelwand vor mir in den Boden zu sinken. Ich gehörte gleichsam zu einer zeitlosen Atmosphäre.« Sie verliert »jegliche Todesfurcht« und wird »dadurch zu einem anderen Menschen«. (Mal wieder!)

Als Studentin der Zeitungswissenschaften verbringt Elisabeth 1937/38 ein Auslandsjahr an der School of Journalism in Missouri. Dort entdeckt sie eine neue Wissenschaft: die Demoskopie. Demoskopen erforschen die Meinung der Bevölkerung zu politischen, wirtschaftli-chen, sozialen, ethischen und allen möglichen anderen Themen. Heute eine Selbstverständlichkeit, damals ein Novum. George Gallup, der die öffentliche Meinung als Machtfaktor erkannte und 1936 erstmals eine korrekte Wahlprognose für die Präsidentschaftswahl in den USA abgab, wurde zum begehrten Politikerberater.

Zurück in Deutschland schreibt Elisabeth Noelle 1939 ihre Disser-tation über »Amerikanische Massenbefragung für Politik und Presse«. Die Lehrzeit in Amerika lohnt sich. Dass man mit den Massen rech-nen muss, ist eine Idee, die auch in Nazi-Deutschland hoch im Kurs steht. Mit frischem Doktortitel wird Elisabeth 1940 Volontärin bei der Berliner *Deutschen Allgemeinen Zeitung*. Bald werden zwei Männer auf das Fräulein Doktor aufmerksam. Erich Peter Neumann, Redakteur der Wochenzeitung *Das Reich*. Er holt Elisabeth in seine Redaktion, sie werden ein Paar. 1940 kauft er ein Knallbonbon, in dem ein weißes Häuschen versteckt ist. Elisabeth »prophezeit«: »Das ist unser kleines weißes Haus nach dem Krieg am Bodensee.« Der zweite Mann ist Pro-pagandaminister Joseph Goebbels, der im April 1942 anfragen lässt, ob sie bereit sei, seine Adjutantin zu werden. Die Entscheidung wird ihr durch »einen jener abenteuerlichen Zufälle ... die ich nur als Gotteswun-der bezeichnen kann«, abgenommen: Sie wird krank (ein Nierenleiden, das erst Jahre später geheilt wird). Der brüskierte Goebbels sorgt für ihre

»Die Demoskopie kann schreiben, was sie will, sie ändert doch nichts an der Realität. Das glaubt mir niemand, aber so ist es«

Entlassung. Sie wechselt zur *Frankfurter Zeitung*, schreibt nach deren Schließung unter Pseudonym für Illustrierte.

Nach Kriegsende heiratet sie Neumann, und das Schicksal führt dem Paar einen Herrn über den Weg, der tatsächlich ein weißes Haus am Bodensee besitzt, in Allensbach. Die beiden mieten es. Der Herr arbeitet als Übersetzer für die französische Besatzungsregierung, die in Erfahrung bringen will, wie es um die deutsche Jugend bestellt sei. Sein Chef liest gerade Elisabeths Dissertation und bittet seinen Übersetzer, herauszufinden, wo sich die Frau aufhalte: »Kein Problem«, antwortet dieser, »die wohnt bei mir zur Miete.« Nun soll Frau Noelle-Neumann im Auftrag der französischen Militärregierung Jugendumfragen organisieren. Für sie: »Ein Wunder.«

Am 8. Mai 1947 finden im Auftrag der französischen Militärregierung die ersten Interviews statt – »das war der Beginn des Instituts für Demoskopie in Allensbach«, der ersten Einrichtung ihrer Art in Europa. »Wir wurden ausgelacht«, berichtet die Gründerin später. Aber das legt sich, nachdem sich ihre Prognosen als richtig erweisen.

Die Erfolgsmethode heißt: repräsentative Umfrage. Man befragt eine kleine Gruppe von Menschen, die, was Alter, Geschlecht, Beruf, Einkommen etc. betrifft, genauso zusammengesetzt ist wie die Gesamtpopulation. Auf diese Weise lässt sich die Einstellung sämtlicher Bürger offenlegen. Untersucht wird, was den Kunden interessiert: von der bevorzugten Zigarettensorte und der Lieblingszahnpasta über den Nutzwert von Wegwerfwindeln bis zur Reichweite des *Altöttinger Liebfrauenboten*. Einer der ersten Auftraggeber ist Ludwig Erhard, der wissen will, wie die geplante Währungsreform ankommt. Für einen anderen Kunden erforschte man: »Oder glauben Sie an Engel?«

Das Entscheidende für den Erfolg jedes Demoskopen jedoch waren und bleiben die Wahlprognosen, denn deren Trefferquote lässt sich überprüfen. Das Allensbacher Institut prognostiziert bei elf Bundestagswahlen zwischen 1957 und 1994 die Ergebnisse mit einer Abweichung von weniger als einem Prozent.

Bereits 1950 schließt das Institut einen Vertrag mit der Bundesregierung, die in regelmäßigen Abständen über die Stimmung im Land informiert werden möchte. Mit Kanzler Adenauer trinkt das Demoskopen-Ehepaar Tee. Auch Helmut Kohl sucht 16 Jahre lang den Rat Noelle-Neumanns. Man hat verstanden: Wer nicht weiß, was das Volk meint, läuft Gefahr, abgewählt zu werden. Adenauer etwa senkt 1962 vor der Bundestagswahl die Kaffeesteuer und die Begeisterung darüber überlagert gelegentlich sogar den Unmut über die Wiederbewaffnung. Nicht verzagen, Elisabeth fragen, heißt es im Kabinett. Sie aber weiß: »Die Demoskopie kann schreiben, was sie will, sie ändert doch nichts an der Realität. Das glaubt mir niemand, aber so ist es.«

Die Nähe zur CDU bringt ihr viel Kritik ein. Auch Franz Josef Strauß behauptet, sie habe eine Umfrage »manipuliert« – nachdem herausgekommen war, dass er keineswegs so beliebt ist, wie er annahm. Während der 68er-Revolten wird Noelle-Neumann zur Reizfigur. Ihre Studenten (sie lehrt Zeitungswissenschaften und leitet seit 1967 das Mainzer Institut für Publizistik) werfen ihr vor, die Haus-Demoskopin des Kanzlers könne keine neutrale Wissenschaftlerin sein, sie wolle nicht nur Meinung erforschen, sondern selbst machen: »Mit einer Auflage von 6000 Exemplaren wurden Flugblätter gegen mich verteilt. Ich habe alle, die ich bekommen konnte, aufbewahren lassen.« Geht es während ihrer Vorlesung wild zu, »sagte ich: ›Schade, dass Sie so viel Krach machen, ich wollte gerade einen Witz erzählen.‹ Schon war es ganz ruhig im Saal.«

1980 veröffentlicht Noelle-Neumann ihre berühmte Theorie der Schweigespirale. Sie behauptet: Die Verfechter der vermeintlich herrschenden Meinung verträten diese offensiv, während die Vertreter der vermeintlichen Minderheitsmeinung aus Angst vor Isolation eher schweigen – umso mehr, je mehr sie sich in der Minderheit fühlen. »Wichtiger als das eigene Urteil ist dem Individuum, sich nicht zu isolieren.«

Noelle-Neumanns Kontrahenten behaupten, sie führe Intuition und Unschärfe in die Wissenschaften ein. Aber das tangiert sie kaum, sie ist längst Europas Nummer eins in ihrem Fach. Ende des 20. Jahrhunderts hat ihr Institut 95 feste Mitarbeiter und 2000 nebenberufliche Interviewer. Pro Jahr werden etwa 100 Studien mit bis zu 90 000 Interviews durchgeführt.

1979, sechs Jahre nach dem Tod ihres ersten Mannes, heiratet Elisabeth den Kernphysiker Heinz Maier-Leibnitz, seines Zeichens nicht nur Präsident der Deutschen Forschungsgemeinschaft, sondern auch ein begnadeter Koch. Leider kann seine Frau seine Künste nicht genießen, da sie während des Krieges ihren Geruchssinn verloren hat (»Ich roch und schmeckte nahezu nichts mehr ... über Jahrzehnte hinweg«).

»*Mir wurde nie etwas verwehrt, weil ich eine Frau bin. Eher im Gegenteil*«

Und während die Welt dem Jugendwahn verfällt und das Alter tabuisiert, scheint sie frei von der Furcht vor Falten zu sein: »Nur wenn Sie richtig leben, keine Zeit vertrödeln, aktiv sind, ist das Alter wunderbar. Ich habe mein Leben lang zwölf Stunden pro Tag gearbeitet, zwei Stunden lang etwas gegessen und den Rest geschlafen. Warum sollte ich jetzt etwas dran ändern?«, sagt sie mit 89 Jahren.

Eine Ausnahme-Frau, fraglos. Doch das Außergewöhnlichste an der Wissenschaftlerin im Dienst des Rationalen ist ihr Bekenntnis zu Irrationalem. In ihrer Arbeit verlässt sie sich auf Zahlen und Fakten, möchte alles überprüfen. Selbst dem Glück gedenkt sie auf die Spur zu kommen: »Glück muss ich messen können!«

Gleichzeitig ist sie unverbesserlich abergläubisch: »Ich habe in meinem Leben derartig viele Fügungen erlebt, dass ich gelernt habe, mich dem zu fügen.« Elisabeth Noelle ist felsenfest überzeugt, dass die 19 ihre Glückszahl ist, lässt wichtige Briefe von Grafologen analysieren, hat »ein Ufo gesichtet« und »25 komplett irrationale Erlebnisse in meinem Leben gehabt«, glaubt an Horoskope (»wie rund 30 Prozent aller Männer und 60 Prozent der Frauen«) und an die Wiedergeburt: »Ich werde noch ganz oft leben.«

Heidi
Oetinger

DIE FRAU, DIE PIPPI
LANGSTRUMPF ENTDECKTE
(1908–2009)

»Es war keine Geschichte, eher ein
Märchen vom Glück«, erzählt später die
Verlegerin Heidi Oetinger, die das
stärkste Mädchen der Welt, Pippi
Langstrumpf, nach Deutschland holte –
und damit den Mädchen Lust
auf Unabhängigkeit schenkte
und den Jungs die Furcht vor
starken Frauen nahm.

Es war einmal ... ein Mädchen voller Sommersprossen, das »so furchtbar stark war, dass es auf der ganzen Welt keinen Polizisten gab, der so stark war wie sie«. Ihr Name war Pippi. Pippi Langstrumpf. Und obwohl sie nie groß wurde, wird das Mädchen zum Vorbild sehr vieler Frauen. Auf der ganzen Welt, aber vor allem in Deutschland, wo Pippis Weltkarriere begann: bereits 1948, also lange bevor die Geschichte der schwedischen Autorin Astrid Lindgren in nahezu alle Sprachen der Erde übersetzt, verfilmt und berühmt wurde. Dass sie Deutschland verzauberte, war Heidi Oetinger zu verdanken, der Mitbegründerin, dann Chefin des einst kleinen Oetinger-Verlags. Sie wusste: Wie der erste Kuss ist das erste Buch – unvergesslich.

Als Heidi auf die Welt kommt, gibt es mehr Pferdekutschen als Autos, eine anständige Frau trägt Korsett und hält den Mund. Sie ist zehn, als der letzte deutsche Kaiser abdankt, nach dem verlorenen Ersten Weltkrieg, in dem ihr Vater fällt. Heidi wächst vaterlos auf – wie Pippi.

In der Weimarer Republik gelten für Mädchen die gleichen Benimmregeln wie im Kaiserreich, und die Backfisch-Romane romantisieren sie: *Der Trotzkopf* (erschienen 1885) oder *Das Nesthäkchen* (1913) rebellieren zwar gegen die tradierten Geschlechterrollen, werden aber gezähmt und ihre Wandlung in perfekte Hausfrauen wird mit einem Ehemann belohnt. Aus dem Hochzeitskleid wird die Schürze, die Daseinsberechtigung schrumpft auf Kinder, Küche, Kirche.

Heidis Mutter wird Hausdame in den Villen wohlhabender Hamburger, einer ihrer Arbeitgeber lässt die wissbegierige Kleine in seiner Bibliothek stöbern. Aber für ein Studium fehlt das Geld. Seitdem sie 14 ist, ist Heidi auf sich gestellt, wird Sekretärin und Büroleiterin eines Schifffahrtsanwalts.

Vier Tage nach dem Ausbruch des Zweiten Weltkrieges heiratet sie den Holzkaufmann Alfred von Hacht, 1941 wird Tochter Silke geboren, 1943 fällt von Hacht, im gleichen Jahr wird das Haus, in dem die alleinerziehende Witwe wohnt, in Schutt und Asche gebombt, samt der herrlichen Schleiflackmöbel, die sie vom Ersparten gekauft hatte (»mein ganzer Stolz«). Was bleibt, passt auf eine Kinderkarre, mit der sie zunächst nach Innsbruck, dann nach Mecklenburg flieht.

Das Wertvollste – den Ehering, eine Uhr – versteckt sie im Holzwattebauch einer Puppe. Einmal mehr muss Heidi ihr Leben allein meistern.

Hamburg, 1946. Der Buchhändler Friedrich Oetinger erhält von der britischen Besatzungsmacht die Lizenz für einen Verlag und will sich auf wissenschaftliche Bücher spezialisieren. Dass damit im Nachkriegsdeutschland nichts zu verdienen ist, stört den Schöngeist nicht. Er steht kurz vor der Scheidung, sucht eine Sekretärin. Heidi überzeugt ihn durch ihre Selbstständigkeit; schon bald prägt sie das Verlagsprogramm, 1948 mit einem erfolgreichen *Kinderknigge*, und dann bekommt sie ein Kinderbuch einer Schwedin auf den Tisch. Sie liest es, wohl wissend, dass es bereits fünf deutsche Verlage abgelehnt hatten: »Es war anders als alle Bücher, die ich bis dahin kannte.« Das Besondere: Pippi richtet sich an alle Kinder, an Mädchen, weil sie stark ist, und an Jungs, weil sie ihnen die Angst vor starken Mädchen nimmt.

»Wer liest, der hat immer mehrere Leben, nämlich in Büchern«

Die Kriegswitwe verzichtet auf ihr Gehalt, damit der Druck bezahlt werden kann. Sie muss sich in Pippi, in diesem frühen Girlie, das quirlig, cool und finanziell unabhängig ist, das kocht und putzt, wiedergefunden haben. Der Oetinger-Verlag präsentiert das spätere »Kinderbuch des Jahrhunderts« 1949 auf der ersten Buchmesse der Nachkriegszeit. Und Pippi polarisiert. Die ehrwürdigen Pädagogen lehnen die »Rotzgöre« als antiautoritäre Anarchistin ab. Ein Kind, das sich gegen Erwachsene durchsetzt, das nicht zur Schule geht? Das gab es noch nie, das geht gar nicht. Aber Pippi vertreibt mit ihrem Lachen den Mief der Trümmerzeit aus den deutschen Kinderzimmern, wird zum Instrument politischer Früherziehung. In Stalins Sowjetunion wird das Buch verboten.

Nach *Pippi Langstrumpf* kommen *Madita* und *Ronja Räubertochter*, nach Astrid Lindgren Erich Kästner, Christine Nöstlinger. Das Markenzeichen der Oetinger-Bücher ist ein fantasievoller Realismus, der das Geschehen sozialkritisch begleitet, damit die Kinder lernen, mit Ängsten, Krisen, Lügen umzugehen. Falsche heile Welt? Tabu. Aus der Starautorin Lindgren ist längst eine Freundin geworden, aus der Sekretärin die Verlegergattin. Die Verlegergattin wird Chefin – und die Chefin wird Workaholic.

Abends klingelt das Telefon an ihrem Schreibtisch: »Komm doch schon nach Hause!«, bittet ihr Mann. »Bin gleich da«, verspricht sie. Eine Stunde später ist sein Ton schärfer: »Ich mag nicht länger warten.« Sie: »Bin schon unterwegs!« Ist sie nicht. Der Rollentausch ist vollbracht, die Folgen ebenso typisch wie unabwendbar: Mit der Frau eines Freundes, neunzehn Jahre jünger, lässt Friedrich Oetinger 1974 seine Frau sitzen. »Das war sehr bitter«, erinnert sie sich. Ein Seitensprung des Mannes gilt noch als Kavaliersdelikt. Für die Frau ist die Scheidung jedoch eine Schande, da ein »Beweis«, dass sie als Frau »versagte«.

Heidi schottet sich ab. (»Darüber redet man nicht, schon gar nicht mit den eigenen Kindern.«)

Heidi Oetinger erweitert den Verlag, teilt sich die Verantwortung mit ihrer Tochter, ihrem Schwiegersohn und ihren drei Enkeln, der Familienbetrieb bietet globalen Verlagsimperien die Stirn. Sie engagiert sich ehrenamtlich, organisiert Lesewettbewerbe, an denen bereits 1973 ausländische Schulkinder teilnehmen: »Es ist besonders wichtig, diese Kinder auch durch das Lesen immer stärker mit unserer Sprache vertraut zu machen, damit sie ohne Schwierigkeiten im täglichen Leben mit unseren Kindern aufwachsen können.«

Die Tatsache, dass Astrid Lindgren 1978 als erste Kinderbuchautorin den Friedenspreis des Deutschen Buchhandels erhält, ist ein Meilenstein der deutschen Buchkultur – und zugleich eine Anerkennung für Heidis Einsatz. 1988, an ihrem 80. Geburtstag, wird Heidi Oetinger vom schwedischen König Carl XVI. Gustaf zum Ritter der ersten Klasse des Königlich Schwedischen Nordsternordens ernannt.

Anfang Januar 2002 erfährt sie, dass Astrid Lindgren schwer krank ist, schickt ihre Lieblingsblumen nach Stockholm: rosa Rosen. »Wie schön! Dann sag mal danke und grüß schön«, lässt Astrid ausrichten. Als Heidi Oetinger von Lindgrens Tod erfährt, ist sie wohl erstmals in ihrem Leben ratlos: »Was machen wir jetzt?« Nun – sie arbeitet weiter. Geht zu Buchmessen, bäckt ihre berühmte gedeckte Apfeltorte, fährt

Auto (bis zu ihrem 90. Geburtstag!). Lieblingsgetränk: starker Kaffee (wie Pippi).

Fest steht: Ohne den enormen Erfolg von Lindgrens Büchern in Deutschland hätten diese nie ihren globalen Siegeszug angetreten. Und Lindgrens Nachfolgerinnen wie Elfie Donnelly (*Bibi Blocksberg*), Cornelia Funke oder Joanne K. Rowling hätten es noch schwerer gehabt, sich durchzusetzen. Richtig, Jugendbuchautoren machen Millionenauflagen. Aber einen Nobelpreis? Doch nicht für diese kaum ernst zu nehmenden Schriftsteller!

Pippi ist heutzutage mehr als nur ein Buch, Pippi ist Lebensgefühl, ist Einstellung. Wie Pippi sein heißt, individuell zu sein, da zu sein für jeden, der ein bisschen Mut oder Hilfe braucht. Und die Welt anders zu sehen – so wie moderne Frauen mit Pippi-Gen. Zum Beispiel Lena Meyer-Landrut, die Grand-Prix-Siegerin, die nicht nur eigene Auftrittsregeln, sondern auch eigene Sprache erschafft: »Verdammte Axt, ist das geil!« Pippi ruft, wenn sie überwältigt ist: »Spunk!« (und keiner weiß, was das ist). Oder wie Helene Hegemann, die für ihren Debütroman *Axolotl Roadkill* als Genie gefeiert wird, bevor rauskommt, dass sie, sorglos wie Pippi, Seemannsgarn erzählt.

Mit 99 Jahren wird ihr klar: »Doch – ich bin wohl eine starke Frau«

Kurz vor ihrem 100. Geburtstag tat Heidi Oetinger kund: »Doch – ich bin wohl eine starke Frau.« Mit Recht. Schließlich hat sie allein in Deutschland rund 7,5 Millionen Kinder dazu gebracht, darüber nachzudenken, wer stark ist und wer eher feige. Nicht jede Pippi wird eine starke Frau. Aber die Chancen, es zu werden, sind bei einem Mädchen, das sie für ihre verlorene Zwillingsschwester hält, wesentlich höher als bei anderen.

Eines Tages tritt Pippi als Heldin auf, indem sie zwei Kinder aus einem brennenden Haus rettet. Die Mitbürger feiern die Heldin und schreien viermal: »Hurra!« Aber jemand schreit fünfmal. Und das ist Pippi.

Leni
Riefenstahl

DIE UMSTRITTENE
GENIE-FILMEMACHERIN
(1902–2003)

»*Was ich bereue? Dass ich in meinem Leben Hitler
begegnet bin*«, *beteuert Leni Riefenstahl unermüdlich. Sie war stets
bemüht, das Beste zu geben – und war umstritten wie
kaum ein anderer deutscher Künstler. Denn sie verdankte ihren
internationalen Durchbruch als Filmregisseurin dem
Nazi-Regime. Obwohl kein Parteimitglied, wird
sie während des Kriegs zum Aushängeschild
des Dritten Reiches und nach Kriegsende zum
verabscheuten Muster-Mitläufer.
Bis Schwarzafrika der
»Teufelsregisseurin« ein souveränes Comeback beschert.*

Vater Alfred, ein Selfmademan, dessen Installationsfirma rasch expandiert, war ein Familientyrann par excellence: »Er konnte wie ein Elefant trampeln, wenn sich am gestärkten Kragen seines Hemdes der Knopf nicht aufmachen ließ.« Ihre Mutter Berta, das jüngste von 18 Kindern, wollte eigentlich Schauspielerin werden und besucht mit ihrer Tochter Bälle, geht mit ihr ins Kino und finanziert heimlich ihren Tanzunterricht. Als der Herr Gemahl das erfährt, reicht er die Scheidung ein.

Um den Hausfrieden zu retten, gibt Leni auf. Aber sie beschließt: »Niemals wollte ich in meinem Leben von irgendjemand abhängig werden.« Damit ist der Anspruch an sich selbst programmiert.

Aber vorläufig wird sie Sekretärin im Betrieb ihres Vaters, lernt Schreibmaschine, Stenografie und Buchhaltung und nimmt Zeichenunterricht (heimlich). Sie fürchtet den väterlichen Diktator – aber ist zugleich von ihm fasziniert (wie später von Hitler): »Ohne meine Willenskraft, die ich von meinem Vater geerbt habe, wäre ich an den Verfolgungen, die ich erleiden musste, kaputtgegangen.«

Kaum volljährig und finanziell unabhängig (sie macht Werbung für eine Hautcreme), studiert sie mit der heute legendären Gret Palucca modernen Tanz: »Das hat mir am meisten Spaß gemacht, weil ich da alles allein mit meinem Körper machen konnte.« Max Reinhardt engagiert sie 1923 als Solotänzerin für das Deutsche Theater in Berlin. Sie geht auf Tournee, wird in Prag von 3000 Menschen bejubelt: »Lampenfieber hatte ich nicht.« Es wäre sicher eine triumphale Karriere geworden – wäre sie nicht gestürzt und hätte sich dabei am Meniskus verletzt. Sie tanzt trotz Schmerzen zu Ende. Aber es ist ihr letzter Solotanz.

Am dritten Tag nach der Knieoperation erscheint an ihrem Krankenbett ein gewisser Arnold Fanck, den sie mit ihrem Auftritt in dem Dokumentarfilm *Wege zu Kraft und Schönheit* begeisterte, mit einem Manuskript in der Hand: *Der heilige Berg – geschrieben für die Tänzerin L. R.* Fanck ist Filmregisseur, bietet ihr die Hauptrolle an – es ist der Beginn einer langjährigen, oft knochenharten Zusammenarbeit. Denn Leni ist zu stolz beziehungsweise zu ehrgeizig, um sich doubeln zu lassen: Sie springt leicht bekleidet über Gletscherspalten, lässt sich von einer Schneelawine zuschütten, erträgt obszöne Witze der Männercrew, sprich: Sie verschafft sich Respekt, weil sie nie klein beigibt.

Aber eigentlich fühlt sich Leni wohler hinter der Kamera. Also lässt sie sich in den Drehpausen die Schnitttechnik, die Kameraführung, kurz: das Regiehandwerk erklären. Sie kapiert schnell, welche Macht Bilder haben. Dass man schöne Bilder missbrauchen kann, hat sie vermutlich niemals akzeptiert. Als würde sie ganz naiv glauben, Schönheit kann nicht böse sein. Denn das Böse ist hässlich. 1931 gründet sie die »Leni Riefenstahl Filmproduktion«, die bis zu ihrem Tod existiert.

Von ihrem ersten Liebhaber, dem seinerzeit besten deutschen Tennisspieler Otto Froitzheim, wird sie vergewaltigt: »Ich fühlte nichts als Schmerzen und Enttäuschung. Nach kurzer Zeit warf er mir ein Handtuch zu und sagte, auf die Tür zum Bad zeigend: ›Da kannst du dich waschen.‹ Dann drückte er mir einen Geldschein, eine Zwanzig-Dollar-Note, in die Hand und sagte: ›Wenn du schwanger werden solltest, kannst du es dir wegmachen lassen‹«, schreibt sie in ihren *Memoiren*.

Sie ist 30, als ihr erster Film, *Das blaue Licht*, am 24. März 1932 im Berliner UFA-Palast am Zoo Premiere feiert. Drehbuch, Hauptrolle, Regie, Produktion – L. R. Es ist eine grandios fotografierte Bergsaga, die zeigt, was mit Menschen geschieht, die ihre Umwelt zerstören.

Während der Dreharbeiten beendet Leni ihre Affäre mit ihrem Tonmeister, der »ausgerechnet dann mit mir schlafen wollte, wenn ich 150-prozentig mit meiner Arbeit beschäftigt war«. Ein anderer Mann hingegen ist sowohl von ihrem Werk als auch von ihr *in natura* hingerissen. Adolf Hitler: »Er bewunderte, dass ich es geschafft habe, mich ohne eigene Mittel als Frau durchzuringen. Das hat ihm imponiert. Der Film war ja ein Welterfolg. Ich bekam Telegramme von Chaplin und Douglas Fairbanks.«

Hitler, der die Rolle der Frau einzig darin sieht, sich dem Mann unterzuordnen und der Nation Kinder zu gebären, lädt die Filmemacherin zu einem Spaziergang in Horumersiel am Nordseestrand ein. Am 22. Mai 1932 »gingen wir stumm nebeneinander. Nach einer Pause blieb er stehen, sah mich lange an, legte langsam seine Arme um mich und zog mich an sich«, berichtet sie. Sie befreit sich aus seiner Umarmung. Seine Reaktion: »Wenn wir einmal an die Macht kommen, müssen Sie meine Filme machen.«

Am 28. März 1935 wird Lenis Dokumentarfilm über den Reichs-

Jean Cocteau an
Leni Riefenstahl:

»Sie haben den Film
auf eine Höhe gebracht,
die er selten erreicht«

parteitag vom Vorjahr uraufgeführt. Hitler ist anwesend und zufrieden. Er selbst wählt den Titel *Triumph des Willens*. Dieser Film und noch ein ungleich imposanterer über die Olympischen Spiele von 1936 in Berlin werden ihr nach der deutschen Kapitulation zum Verhängnis. Propaganda für die NSDAP – so lautet der Vorwurf. Obwohl es Filme sind, die heute noch beeindrucken. Keiner ihrer männlichen Zeitgenossen wagte es, so revolutionäre Kameraperspektiven und eine solche Schnitttechnik anzuwenden. Sie filmt, als würde sie tanzen. Solo.

Ende 1938 reist Riefenstahl nach Amerika, um für ihre Filme zu werben. Die Reise wird zum Misserfolg. Kein Studio lädt sie ein, kein Vertrag wird unterzeichnet. Die Realität hat die Kunst eingeholt.

Als sie mit 42 heiratet, schickt Hitler einen Blumenkorb. Drei Jahre später lässt sie sich scheiden, weil der Gebirgsjäger Peter Jacob sie betrügt. Hat sie ihn enttäuscht, weil sie die traditionelle Frauenrolle nicht bedient? Am Drehort ist schließlich sie der Boss, verwaltet Millionenetats, hat das letzte Wort bei der Besetzung – ist ein Weltstar. In einem der letzten Interviews kommt sie auf den Punkt: »Ich habe in der Liebe immer nur Unglück gehabt. Ich bin zu eng mit meiner Arbeit verbunden. Die Männer haben einfach gespürt, dass ich das doch vorziehen könnte ... Ich glaube: Ich bin 100 Prozent Mann und 100 Prozent Frau«.

Berchtesgaden, 30. März 1944. Letzte Begegnung mit Hitler: »Meine Gefühle bei dieser Begegnung blieben zwiespältig. Vieles störte mich an ihm.« Sechs Jahre zuvor sagte er zu ihr: »Menschen wie Sie werden meist einsam sein. Sie werden es nicht leicht haben.«

In den Nachkriegsjahren muss sie sich erst einmal mit erfundenen Klatschgeschichten herumschlagen, wird zur Symbolfigur der Auseinandersetzung mit dem Nationalsozialismus, polarisiert, wann immer das Thema Kunst und Moral aufkocht. Wohlgemerkt: Kein anderer Künstler, der unter den Nazis Karriere machte, wird so dauerhaft angefeindet wie sie: weder Luis Trenker, Veit Harlan noch Arno Breker, weder Martin Heidegger noch Wilhelm Furtwängler. Dabei war sie nicht einmal in der NSDAP. Aber eben »nur« eine Frau, die man einfacher an den Pranger stellen kann als einen Mann.

1962, ausgerüstet mit Leica-Kameras, reist sie zum ersten Mal nach Afrika. Warum Afrika? Erstens war sie von Hemingways Roman *Die grünen Hügel Afrikas* begeistert, zweitens von einem Zeitungsbericht erschüttert, der den Sklavenhandel (gedeckt von Missionaren!) entlarvt. Einen »gesunden Neger« könne man schon für 2000 Dollar haben, steht darin.

Im Sudan, bei den Nuba-Stämmen angekommen, erlebt sie »biblische Bilder, wie aus der Urzeit der Menschheit«. Sie gewinnt das Vertrauen der Schwarzen und fotografiert. Die Fotostrecke, die 1966 im *Stern* unter der Überschrift »Was noch nie ein Weißer sah« erscheint, beschert ihr ein souveränes Comeback.

1967 erscheint in ihrer Münchner Wohnung Horst Kettner. Kameramann, 41 Jahre jünger. Er begleitet sie bei der nächsten Afrika-Expedition, »obwohl ich ihm kein Gehalt zahlen, sondern nur die Reisespesen übernehmen konnte«. Er ist auch 1972 vor Ort, als ausgerechnet sie im Auftrag der *Sunday Times* die Olympischen Spiele in München fotografiert. Da ist aus »Horst und ich« (so eine Kapitelüberschrift in ihren *Memoiren*) längst ein »Wir« geworden.

Er ist für sie da, als sie sich beim Skilaufen den Oberschenkel bricht, findet es großartig, wenn sie sich um 20 Jahre jünger macht, um mit 72 einen Tiefsee-Tauchschein machen zu können. Er ist der erste Mann ihres Lebens, der beides will: mit ihr als Frau leben und als Chefin arbeiten. Dem *Time Magazine* sagt sie: »Es ist ein tolles Gefühl, wenn man mit jemandem all die schönen Sachen des Lebens teilen kann, es ist wunderbar, jemanden zu haben, der mir glaubt, obwohl alle anderen mich verdammen.«

Liebt sie ihn? »Wenn Sie mich als Frau fragen: Lieben kann ich überhaupt nicht mehr, seit ich mich habe scheiden lassen. Das war ein so starkes Gefühl, eine so starke Liebe, dass das, was man Liebe nennt, für immer kaputtgegangen ist.« Kinder? Sie hat keine Kinder, »weil mir der Mann, von dem ich gern Kinder gehabt hätte, nicht begegnet ist«. Als was empfindet sie sich morgens vorm Spiegel? »Ich bin eine ehrgeizige Filmemacherin mit genug Durchsetzungskraft, um in diesem Männerberuf erfolgreich zu werden.«

Am 22. August 2002 wird sie 100 Jahre alt, was sie kaum erstaunt: »Ich habe immer sehr gesund gelebt, nicht geraucht und wenig getrunken und viel und gerne gearbeitet.« Angst vor dem Tod hat sie nicht, Ziele hingegen schon: »Möglichst noch aktiv arbeiten zu können ... Ein Leben in Ruhe wäre doch langweilig, sogar unerträglich.«

»Ich glaube: Ich bin 100 Prozent Mann und 100 Prozent Frau«

Leni polarisiert. Fritz J. Raddatz nannte sie »Hofschranze«, Harald Schmidt »Nazi-Matratze«. Für die *Berliner Zeitung* ist sie »Teufelsregisseurin«, für die *taz* »einfach nur doof«.

Das Ausland ist ganz anderer Meinung: »Fantastisch«, urteilt Mick Jagger, der sich von ihr porträtieren ließ. George Lucas: »Für mich auch heute noch die modernste Filmemacherin überhaupt.« Die *New York Times*: »Die größte weibliche Filmemacherin, die je gelebt hat.« Jodi Foster: »Es gibt im 20. Jahrhundert keine andere Frau, die so verleumdet wurde.« Könnte es sein, dass die Wahrheit diesmal nicht bei den Deutschen liegt?

Die Riefenstahl wird heute von Künstlern wie dem Ballett-Magier Johann Kresnik oder der Autorin Thea Dorn zur »künstlerisch wertvollen Figur« erhoben. Wirklich verstanden – geschweige denn rehabilitiert – wurde sie nicht.

Romy
Schneider

DIE GELIEBTE DRAMA-QUEEN
(1938 – 1982)

»Ich kann nichts im Leben, aber alles auf der Leinwand«, behauptet Romy Schneider, Traumprinzessin für Generationen von Frauen und Männern. Selbst im größten Erfolg zieht sie alles in Zweifel, hält alles für eine schillernde Seifenblase, die jederzeit zu zerplatzen droht.

»Küssen, küssen, küssen!«, fordern alle im Filmatelier und lachen. »Und wir küssten uns immerzu. Ich habe gar nicht überlegt«, erzählt Romy ihrer »Peggy«, wie sie – aus Mangel an echten Freundinnen – ihr Tagebuch nennt. Sie ist 16, es ist ihr erster Kuss. Aber kein »richtiger«, denn der Geküsste, Claus Biederstaedt, ist ein Schauspieler, mit dem sie *Feuerwerk* dreht. Und sie fragt sich:»Mein Gott, wie wird es sein, wenn ich mich mal verliebe!!! In fesche, schöne Männer. Andere will ich ja nicht – nur fesche! Schöne!«

Rückblickend wirkt dieser Arbeitskuss wie ein Bann, der Romy zu einer ewigen Gratwanderung verdammt. Kaum 20-jährig gesteht sie sich: »Ich weiß, dass ich in dieser Schauspielerei aufgehen kann. Es ist wie ein Gift, das man schluckt und an das man sich gewöhnt und das man doch verwünscht.« Übrigens: Romy konnte (fast) so gut schreiben wie schauspielern.

Studiert hat sie weder noch. Aber das »Theaterblut« hat sie geerbt: Die Wiener Großmutter Rosa Albach-Retty ist eine unvergessene Burgschauspielerin. »Papili« Wolf Albach-Retty hat einen Ruf als notorischer Schürzenjäger: Romy ist fünf, als er seine Familie verlässt (»Männer bleiben ja selten treu«, weiß schon die 13-Jährige). Auch »Mamili« Magda Schneider macht Bühnen- und Filmkarriere, deponiert deshalb ihre vier Wochen alte Tochter bei ihren Eltern in Mariengrund bei Berchtesgaden. Über Rosemaries ersten Zahn wird sie per Telegramm vom Kindermädchen informiert, der Job hat Vorrang.

1949 kommt das Kind in ein katholisches Internat bei Salzburg. Exerzitien, Drill, Bigotterie. Die aufmüpfige Romy träumt davon, im Advent das Jesuskind in die Krippe legen zu dürfen, doch die Klosterpräfektin ordnet an: »Du trägst ihn nicht! Du wirst ganz bös enden. Bei dir ist all mein Beten verloren. Hast nicht einmal eine richtige Familie, und blöd bist du auch.« Und da keiner widerspricht (Mama besucht sie in vier Internatsjahren zwei Mal, Papa nie), leidet Romy zeitlebens unter Minderwertigkeitskomplexen. Als sie am 12. Juli 1953 das Internat verlässt, kann Romy auf Kommando weinen, knicksen, hat tadellose Manieren und einen Wunsch: »Ich muss auf jeden Fall eine Schauspielerin werden! Ja! Ich muss!«

Vier Tage später sitzt sie erstmals im Flugzeug, unterwegs zu Probeaufnahmen in Berlin. Mit Mutter Magda. Romy soll die Rolle ihrer Filmtochter in *Wenn der weiße Flieder wieder blüht* übernehmen. Der Backfisch begeistert mit seiner Ausstrahlung und wird mit 17 Sissi. Der Rest ist Legende.

Ernst Marischkas Sissi-Trilogie setzt in der Zeit des Wirtschaftswunders der neuen Wir-sind-wieder-wer-Euphorie die Kaiser-Krone auf, Romy wird zur Projektionsfläche des Aufschwungs. Ihr selbst

> *»Ich muss auf jeden Fall eine Schauspielerin werden!«*

kommt die Hysterie verdächtig vor: »Bin ich vielleicht nur eine Seifenblase, die so recht schillert von Glück und eines Tages platzt?« Sie wünscht, mal in einer »richtigen Kneipe Würstel (zu) essen, ohne dass jemand zuschaut und kontrolliert«. Also weigert sie sich, einen vierten Sissi-Film zu drehen. »Ich kam mir wie ein österreichischer Schmarrn vor, den man verschlingen wollte.« Daraufhin wird aus dem Liebling der Nation eine undankbare Vorgestrige. Der *Spiegel* schreibt: »Als Schauspielerin ist das herzige Maderl eine glatte Niete.« Sie klagt: »Hier behandelt man mich wie deutsches Nationalgut.«

Magdas zweiter Mann, der Gastronom Hans Herbert Blatzheim, der in seinen Restaurants »Hühnerbrüstchen à la Romy« serviert, legt ihr einen Koffer mit einer Million Mark in bar zu Füßen, damit sie ihre Meinung ändert. Vergeblich. Romy lässt sich von ihrem »Daddy« (»Er hat versucht, mit mir zu schlafen. Und das nicht nur einmal!«) nichts mehr sagen. Sie fleht: »Gebt mir endlich eine Rolle, mit der ich beweisen kann, was in mir steckt.« Kriegt sie nicht. Also stellt sie fest: »Ich könnte nie mehr hier leben.« Wo dann? Sie hat ja keine richtige Familie, keine Freunde, nichts, das sie erden würde. Dreht sie nicht, weiß sie nicht, was sie mit sich anfangen soll.

Und dann kommt Alain Delon, »fescher« Franzose, Leinwandpartner in der Verfilmung von Arthur Schnitzlers *Liebelei*. Romy wird noch während der Dreharbeiten seine Geliebte: »Weil alles Deutsche mir wehtut ... Ich bin jetzt Französin.« »Mamilein« ist hysterisch, »Daddy« cholerisch, die Nation wirft dem »Franzosenflittchen« Vaterlandsverrat vor. Während Konrad Adenauer und Charles de Gaulle versuchen, die Völker politisch zu verbinden, sind die Franzosen für die deutschen Stammtischler immer noch Feinde. Unvergessen die beiden Kriegsniederlagen, die auferlegten Reparationen. Und jetzt erbeutet ein gallischer Hahn auch noch die süße Jungfrau! Und heiratet sie nicht einmal!

Romys Liebesaffäre wird zur »Staatsaffäre«. Je mehr die deutsche Presse auf ihr herumtrampelt, umso mehr Verständnis bringen ihr die Franzosen entgegen.

Alain bleibt für Romy »der wichtigste Mann in meinem Leben ... Nur Alain hat mich als Frau geformt. Er hat mich zwar verlassen und mir einen großen Schmerz zugefügt, doch dadurch bin ich gereift.« Als sie ihn mit einem Mann im Bett erwischt, ist sie schockiert.

Einer von Alains Liebhabern ist Luchino Visconti (*Der Leopard*). Er nimmt sie ernst, verpflichtet sie für ein Theaterstück. Fünf Tage vor der Premiere kommt sie mit Blinddarmdurchbruch ins Krankenhaus. Jean Cocteau schickt ein Brieflein: »Frankreich befiehlt dir, wieder gesund zu werden.« Die Premiere im März 1969 ist ein Triumph: »Durch Luca bin ich ein anderer Mensch geworden – und eine Charakterdarstellerin: Ich wusste, ich bin besser als Alain!« Nie wieder wird sie so selbstsicher sein: »Das war eine ehrliche Leistung. Die einzige in meinem Leben, auf die ich stolz bin.«

Theatertournee in Marokko, Hauptrolle in Orson Welles' Verfilmung von Franz Kafkas *Der Prozess*, ein siebenjähriger Vertrag mit Columbia in Hollywood. Romy, der Weltstar, schuftet: »Ich bin zu selbstständig geworden – und das ist gefährlich für eine Frau.«

Als sie von ihren Dreharbeiten in Amerika zurückkehrt, findet sie in ihrer Pariser Wohnung einen Zettel: »Bin mit Nathalie nach Mexiko. Alles Gute, Alain.« Sie schneidet sich die Adern auf, wird gerettet. Und die Deutschen, obwohl schadenfroh, fühlen sich in ihrer Nationalehre verletzt.

Romy wächst an ihrem Schmerz: »Ich muss lernen, zu leben.« Soll heißen: »Was ich nie gehabt habe: ein Haus, das ein Heim ist. Das ist ein Traum, den ich mir bald erfüllen werde.« Doch vor allem: »Ich brauch Stärke. Einen Mann, der mich gewaltsam in die Knie zwingt.« Soll sie haben. Einen Deutschen.

Harry Meyen, ein KZ-Überlebender, ist Regisseur und Schauspieler. Wenige Stunden nach der ersten Begegnung im April 1965, bei der Einweihung des Berliner Europa-Centers, eröffnet sie ihm: »Harry, ich will ein Kind.« Sie bezahlt die Abfindung, die Meyens Ehefrau für die Scheidung verlangt (200000 Mark). Sie hört auf zu filmen, kocht Königsberger Klopse, Harrys Lieblingsgericht. Wird schwanger und sagt nach der heimlichen Hochzeit: »Harry ist mir so überlegen. Jetzt habe ich endlich einen Mann, der mich bis ans Ende meiner Tage lieben wird.«

Sie irrt. Harry gefällt sich in der Macho-Spießer-Rolle, die sie ihm zudenkt, genießt das von ihr finanzierte Jetset-Leben, aber die Inszenierungen, die sie ihm verschafft, sind furiose Flops. Er gibt ihr die Schuld: »Du bringst mir Unglück. So kann ich nicht mehr.« Während sie die brave Hausfrau »spielt«, schwappt »draußen« die sexuelle Revolution bis ins deutsche Wohnzimmer. Oswald Kolle, Anti-Baby-Pille, Kommune I. Romy ist fasziniert, aber »Harry sagt, ich sollte über Politik den Mund halten und lieber anfangen, erst mal die Abendzeitung zu lesen, statt für Willy Brandt zu schwärmen. Mir! So hingewischt, als ob das jemanden was angeht, dass ich keine Schule habe.« Mit Brandt wird erstmals ein Sozialdemokrat Bundeskanzler, ein Mann ohne Nazi-Vergangenheit, der mehr Demokratie wagen will. Romy verehrt den Womanizer, sie telefonieren, diskutieren.

Am 3. Dezember 1966 bekommt Romy ihren Sohn David: »Ehe und Mutterschaft können einen Menschen nur verbessern, erst sie machen einen zu einer richtigen Frau«, verkündet sie, »ich ordne mich Harry vollkommen unter. Ich bin nicht für Gleichberechtigung.«

Doch der Alltagstrott und Harrys Abhängigkeit von Psychopharmaka und Alkohol beginnen sie zu lähmen: »Nach einer Weile spürte ich, dass ich mein wahres Ich unterdrücke.«

Ausgerechnet Delon holt sie zurück vor die Kamera. Harry suhlt sich im Selbstmitleid und versucht, seine Frau kleinzureden. Die Scheidung kostet sie 1,4 Millionen Mark. Meyen erhängt sich 1979.

Romy ist eine der 374 Frauen, die 1971 auf dem *Stern*-Titel bekennen, abgetrieben und damit nach § 218 eine Straftat begangen zu haben. Und 1972 wird sie wieder Sissi. Freiwillig, denn die Kaiserin in Viscontis Film *Ludwig II.* ist eine souveräne Persönlichkeit.

1974 telegrafiert sie:»Meine Mama – mehr Erfolg kann man kaum haben – mein Privatleben ist null.« Tagsüber am Drehplatz, nachts auch mal mit Frauen, z. B. Simone Signoret, im Bett (»Ich bin halt ein rechtes Mischimaschi«), träumt der Star von Heim und Herd: »Ich gehe immer aufs Ganze. Ich führe eine Sache bis zum Ende. Ich verschwende mich.«

Alle um sie herum wissen, dass ihr Sekretär und Chauffeur Daniel Biasini ein Gigolo ist. Romy hingegen glaubt, dass er »der einzige Mann seit Alain ist, der mich mit Freuden eine Frau sein lässt«. Die 38-Jährige ist schwanger, als sie ihn 1975 in Berlin heiratet. Nachdem sie ihr zweites Kind bekommt, behauptet sie: »Wir vier – Daniel, Sarah, David und ich – sind wirklich eine perfekte Familie.« Kaum dass sie den »Mann fürs Leben« gefunden hat, fühlt sie sich stark genug, um in Deutschland zu drehen: *Gruppenbild mit Dame* (1976/77), nach einem Roman von Heinrich Böll. Sie bittet den Literaturnobelpreisträger um ein Treffen und fragt:»Wieso kann Heimweh so zunehmen?« Böll reagiert nicht. Nach einigen Wochen ein neuer Versuch: »Bin ich wirklich jemand für Sie, den man ohne Antwort lässt? Also unkenntlich? Bin ich das? Scheißdreck eben.« Das nicht, aber eben die »Sissi a. D.«. Schließlich darf sie ihn besuchen, ihr zweistündiges Treffen in Köln ist nichtssagend. Der Film floppt, der Versuch einer Rückkehr ist gescheitert. Die Dutschke-Deutschen haben ihr die k.u.k.-Kostümfilme noch nicht verziehen: »Was ich auch mache, in Deutschland wird man es mir ankreiden. Ich finde das zum Kotzen.«

Zurück in Paris hört sie zufällig, wie ihr Mann am Telefon prahlt: »Sie tut ja alles, was ich will.« Drei Tage später wird ihm die Scheidungsklage zugestellt. Romy kapselt sich ein, pumpt sich voll mit Psychopharmaka, Champagner und Whiskey. »Ich bin jetzt 54 Filme alt ... Ich habe vor nichts auf der Welt Angst. Nur vor mir.«

»Ich habe vor nichts auf der Welt Angst. Nur vor mir«

Ihr letzter Partner Laurent Pétin ist ein altmodisch-anständiger Filmproduzent. Einer, der ihr nicht auf der Tasche liegt, der versucht, Ordnung zu bringen, der Alkohol versteckt und Pillen wegwirft. 1979 erhält Romy ihren zweiten César, den Oscar der Franzosen. Ihre Ausstrahlung – die Aura von Unschuld, die sie selbst in gewagtesten Sexszenen bewahrt, und die bürgerlich versteckte Schamlosigkeit – fasziniert nach wie vor. Sohn David sitzt während der Verleihung neben ihr: »Für mich ist er ein herrlicher Gefährte.«

Am 5. Juli 1981 klettert David über den Zaun am Haus seines Stiefvaters, rutscht aus, spießt sich an einer der Eisenspitzen auf, stirbt, bevor Romy das Krankenhaus erreicht. Monate danach: »Ich muss Filme machen. Ich brauche das Geld ... Filme. Was sollte ich denn sonst machen, ich habe ja nichts anderes gelernt.«

Ihr 59. Film, *Die Spaziergängerin von Sans-Souci*, erzählt das Schicksal eines jüdischen Jungen im Dritten Reich: »Dieser Film ist für mich ein Schritt nach vorn ins Leben.« Es ist kein Zufall, dass Romy ein politisches Thema wählt. Sie hat auch immer wieder Nazi-Opfer gespielt – denn das ist ihr Versuch, ihre Landsleute zu verstehen: »Sie war total informiert und orientiert, was in der Politik los war«, bestätigt *Spaziergängerin*-Produzent Artur Brauner. Der Film begeistert nicht. Die Deutschen rümpfen die Nase, die Franzosen schreiben: »Wir wissen, dass der Film für Sie mehr als nur ein Film ist. Für uns ist er es auch ... wir lieben Sie, Romy Schneider.«

Romy plagen die ewigen Selbstzweifel: »Ich habe nie ein Meisterwerk zustande gebracht.« Und Finanzsorgen: Sie hat zwar Millionen verdient, aber auch verschenkt oder dank ihrer Finanzverwalter verloren.

Paris, 28. Mai 1982. Laurent und Romy gehen nach einem Abendessen zu Fuß nach Hause: »Geh schon schlafen«, sagt sie, »ich bleibe noch ein bisschen und höre Musik.«

Am nächsten Vormittag ist sie tot, in der Hand einen Zettel, den ihr »Papili« 1963, bei den Dreharbeiten zu ihrem einzigen gemeinsamen Film *Der Kardinal*, in die Hand drückte: »Steck deine Kindheit in die Tasche und renne davon, denn das ist alles, was du hast.« Die späteren Blutanalysen bestätigen: natürlicher Tod aufgrund eines Herzversagens.

Es gibt keinen, der Romys Erbe antreten will. Aus Angst vor Steuerschulden in Millionenhöhe, die der französische Staat einfordert.

»Ich kann nichts im Leben, aber alles auf der Leinwand«, sagt sie einmal und gibt zu: »Ich habe nie aus dem Widerspruch zwischen Leben und Beruf herausfinden können.« Ihren Landsleuten hinterließ sie eine Botschaft: »Ihr entziffert mich nicht! Nicht mehr. Das tue ich, und zwar so, wie ich es will!!!«

Johanna
Schopenhauer

SIE LEHRTE IHREN SOHN, WAS FREIER WILLE IST

(1766–1838)

»Ich habe dir immer gesagt, es wäre sehr schwer, mit dir zu leben ... ich atme erst frei auf, wenn du weg bist«, das sind noch die freundlichsten Worte, mit denen Johanna Schopenhauer ihrem Sohn Arthur, dem Philosophen, der Frauen hasste, klarmachte, was sie von ihm hält. Aber Klartext reden war schon immer ihre »Schwäche«.

Johanna war ein munteres Persönchen, das sich zu holen versuchte, was ihr nicht automatisch zugebilligt wurde. Daher wohl der Spitzname »Hänschen«. Als Tochter eines reichen Kaufmanns und Ratsherrn von Danzig erhält sie den damals üblichen Privatunterricht für Töchter – ein bisschen Musik und Deutsch, etwas Geschichte, Handarbeiten, Literatur, aber vor allem: Haushaltsführung. Von der Mutter lernt sie Wäschenähen, Backen, Herrichten aller Vorräte für den Winter, Dörren von Früchten, Einmachen von Kompott, Seifekochen, Kontrolle der Vorräte an Kaffee und Zucker usw.

Eines Tages – sie ist sieben – kommt der berühmteste Zeichner des 18. Jahrhunderts, Daniel Chodowiecki, zu Besuch. Johanna beobachtet, wie aus dem Nichts Bilder entstehen: »Der Atem verging mir darüber, ich dachte und empfand nichts als Glück, dergleichen schaffen zu können. Von diesem Augenblick an ging all mein Wünschen und Trachten auf Zeichnen und Malen aus.« Statt Puppen wünscht sie – und bekommt – Bleifeder, Tuschkasten und Papier. Und bittet ihren Vater, »mich in Berlin in die Lehre zu Chodowiecki zu geben«. Der erste Versuch, ihr Leben selbst in die Hand zu nehmen.

Die Reaktion des Vaters, der im Haus der unangefochtene Herrscher und für die Kinder meistens unerreichbar ist, ist so verletzend und nachhaltig, dass ihr noch 60-jährig die Tränen kommen, wenn sie sich daran erinnert: »Welch ein Ungewitter brach aber damals über mich Arme los! Alle waren empört, dass ein zu ihrer Familie gehörendes Kind auf den erniedrigenden Gedanken hatte verfallen können ... wie unbarmherzig er meinen kindisch-abgeschmackten Einfall, wie er ihn nannte, verlachte.« Sie muss sich fügen – dieses Mal.

Aber – intelligent, wie sie nun mal ist – sie wird damit nur fertig, indem sie beschließt, künftig für ein Versagen keine Ausreden zu suchen, sondern Auswege.

Als der Großkaufmann und Kosmopolit Heinrich Floris Schopenhauer um sie anhält, sagt die 18-Jährige sofort Ja, ohne die übliche Bedenkzeit von drei Tagen abzuwarten. Einen Wunsch äußert sie jedoch: Sie würde gern an einer Ballonfahrt teilnehmen, sie las darüber in der englischen *Times*, die ihr ihr Bewerber schenkte. Allgemeines Entsetzen.

Am 10. April 1785 verlobt sich das Paar, keine vier Woche später steht sie im Hochzeitskleid aus weißem Musselin und mit einem grünen Myrtenkranz im Haar vor dem Altar. Sie heiratet den um 19 Jahre älteren Mann. Aber liebt sie ihn auch, den stolzen, starrsinnigen, sehr reichen Patrizier? Wohl kaum, aber die Ehe war der einzige Ausweg, dem Schicksal einer von allen verachteten, als Last geduldeten »alten Jungfer« zu entgehen. Realitätsfremd war sie nie, vielmehr hochintelligent.

Und er? Herr Schopenhauer glaubt nicht an Liebe, also ist ihm egal, ob sie ihn liebt oder nicht, sie »gehört« ihm, ist sein Besitz. Hauptsache, sie bleibt ihm treu und sorgt für Stammhalter. Sie merkt es und leidet darunter, ebenso wie unter seiner Eifersucht. Aber sie passt sich an. Der Lohn dafür: ein Leben im Luxus. Stadtvilla mit Originalen großer Künstler (z. B. Veronese), einer großen Bibliothek und zwei spanischen Schoßhündchen. Unmengen von Personal.

Als Danzig 1793 von Preußen annektiert wird, beschließt Johannas Herr und Meister, in die Freie und Hansestadt Hamburg umzuziehen, da er – ein glühender Republikaner, deklarierter Gegner Preußens und der Monarchie – kein »Fürstendiener« sein möchte. Die Schopenhauers genießen das liberale Klima der republikanischen Bürgergesellschaft in Hamburg, geben in ihrem Haus Abendgesellschaften für bis zu 100 Gäste. Johanna blüht auf. Arthur, der Sohn, erinnert sich: »Schon als sechsjähriges Kind fanden mich die vom Spaziergang heimkehrenden Älteren eines Abends in der vollsten Verzweiflung, weil ich mich plötzlich von ihnen für immer verlassen wähnte.« Ein Erlebnis, das prägt.

Herr Schopenhauer schickt den Neunjährigen für zwei Jahre nach Le Havre, um ihn auf die Laufbahn eines Kaufmanns mit internationalen Geschäftspartnern vorzubereiten – so ist es der Wille des Vaters. Und allein sein Wille zählt. Arthur muss auf das Gymnasium verzichten, den verhassten Beruf seines Vaters erlernen.

Sein Vater kränkelt unterdessen, wird zunehmend unnachgiebiger, reizbarer, verstörter. Arthur später: »Meine Frau Mutter gab Gesellschaften, während er in Einsamkeit verging, und amüsierte sich, während er bittere Qualen litt. Das ist Weiberliebe«, schreibt er und vertritt die These, »dass der Mensch vom Vater den Willen (Charakter), von der Mutter den Intellekt (die geistigen Anlagen und Talente) erbt«. Am 20. April 1805 stürzt sich Arthurs 57-jähriger Vater aus dem obersten Stockwerk seines Hinterhauses ins Fleet.

Johanna ist als Witwe eine Ehefrau außer Dienst. Ehrbar und unabhängig, da Erbin. Sie nimmt zum zweiten Mal ihr Leben allein in die Hand. Sie verkauft Schopenhauers Firma und das Haus, kauft sich (immerhin eine Frau von knapp 40 Jahren!) einen luxuriösen »Putzkasten« (Kosmetikkoffer), besorgt ein Wunder wirkendes Haarfärbemittel und unternimmt nach Ablauf des Trauerjahres eine Erkundungsreise nach Weimar. Sie hält es für legitim, ihre »zu teuer erkaufte Unabhängigkeit« zu genießen. Arthur bleibt in Hamburg und setzt seine Kaufmannslehre fort.

Als Johanna im Oktober 1806 nach Weimar zieht, steht ihr Plan fest: Sie möchte einen »Salon« führen. Als Bürgerliche! Als am 12. Oktober ein »hübscher ernsthafter Mann im schwarzen Kleide« vor ihrer Haustür steht, ist er ihr nur zu willkommen: Goethe. Er wolle sich der Frau Hofrätin vorstellen. Johanna fühlt sich geehrt. Und lädt in Zukunft nicht nur Goethe, sondern auch seine in Weimar geächtete Frau, Christiane Vulpius, ein: Am 20. Oktober »stellte er mir seine Frau vor, ich empfing sie, als ob ich nicht wüsste, wer sie vorher gewesen wäre. Ich denke, wenn Goethe ihr seinen Namen gibt, können wir ihr wohl eine Tasse Tee geben.« Johanna durchbricht den Boykott. Aus bürgerlicher Solidarität, sicher. Aber es ist nicht nur eine überlegene, vielmehr auch eine einleuchtende Entscheidung, sichert sie sich doch damit einen Promi-Gast im Haus – und im Salon.

Am 12. November 1806 findet Johannas erste Teegesellschaft statt. Ab jetzt steht ihr Haus jeden Freitag und Sonntag zwischen 17 und 19 Uhr offen. Man liest vor, singt Lieder, malt, führt wissenschaftliche Dispute, erzählt sich Witze. Die Gesellschaft ist ein demokratischer Menschen-Mix, eine geistige Oase, die das kriegerische Chaos draußen vergessen lässt. Zugegeben, die meisten kommen, um Goethe zu treffen: »Sie wissen, wie gern ich mir von Ihnen befehlen lasse.« Johanna bedient, weise, wie sie inzwischen ist, seinen Selbstdarstellungsdrang. Für sie ist der Tyrann (und das ist Goethe) vor allem ein Titan, den sie instrumentalisiert. Für Johannes Tochter Adele wird und bleibt der Geheimrat ihr »lieber Vater«. Johanna beginnt, Berichte für *das Journal des Luxus und der Moden* zu schreiben, und beschließt, sich intensiv weiterzubilden.

Sie genießt ihren Erfolg und den häuslichen Frieden: »Ich lebe jetzt ganz nach meines Herzens Wunsch«, berichtet sie ihrem Sohn nach Hamburg. Arthur Schopenhauer in der fernen Hansestadt bittet seine Mutter Anfang 1807 um die Erlaubnis, dem Kaufmannskontor den Rücken

Johanna zu Arthur:
»Es ist zu meinem Glück notwendig, zu wissen, dass du glücklich bist, aber nicht, ein Zeuge davon zu sein«

kehren zu dürfen. Johanna stimmt zu, obwohl seine romantisch-pessimistischen Gedanken, seine »nutzlosen Grübeleien« und Melancholie sie schon damals verdrießen. Sie organisiert seinen Umzug, sorgt dafür, dass er ins Gymnasium in Gotha aufgenommen wird (um studieren zu können, muss er das Abitur nachholen), trifft aber Vorsichtsmaßnahmen, damit ihre Mutter-Sohn-Beziehung nicht im Kleinkrieg untergeht: »Es ist zu meinem Glück notwendig, zu wissen, dass du glücklich bist, aber nicht, ein Zeuge davon zu sein.« Am 23. Dezember 1807 trifft Arthur in Weimar ein.

Johannas Salon – der erste bürgerliche Salon Deutschlands! – ist inzwischen ein »Muss« für jeden, der etwas auf sich hält. Arthur findet seine Mutter umschwärmt von Schöngeistern und empfindet sich selbst als Zaungast. Eigentlich sucht er Halt bei ihr, eine »Mutti«, die pausen- und bedingungslos für ihn da wäre. Mit einer VIP-Mutter, die weder unterwürfig noch häuslich ist, weiß er nicht umzugehen. Und während sie einen Heiratskandidaten nach dem anderen abblitzen lässt, entflammt der Sohnemann – ausgerechnet! – für die Schauspielerin Karoline Jagemann, die offizielle Mätresse des Herzogs Carl August. Die Mutter seiner Kinder ist um elf Jahre älter als Arthur: »Dieses Weib würde ich heimführen, und wenn ich sie Steine klopfend an der Landstraße fände.« Johanna reagiert gelassen.

Als er 1809 mit 21 Jahren volljährig wird, zahlt sie ihm sein Erbe aus (19 000 Taler, die jährlich eine Rente von 650 Taler bringen) und legt ihm nahe, wie wichtig für seine weitere Entwicklung ein Universitätsstudium wäre. Wohlgemerkt: In Weimar gibt es keine Universität. Gleichzeitig schreibt Johanna ihr erstes Buch, eine Biografie über ihren verstorbenen Freund, den Weimarer Bibliothekar Carl Ludwig Fernow. Es wird ein Überraschungserfolg. Deutschland nimmt die Witwe erstmals als Schriftstellerin wahr.

Ihr Sohn wird für seine Dissertation *Über die vierfache Wurzel des Satzes vom zureichenden Grunde* zum Doktor der Philosophie promoviert und reist nach Weimar, um seiner Frau Mutter die gedruckte Dissertation zu überreichen. Sie meint ironisch, dieser »gelehrte Humbug ist wohl etwas für Apotheker«. Der verletzte Dr. Arthur returniert: »Das wird man lesen, während von deinen Schriften kaum ein Exemplar in einer Rumpelkammer stecken wird.« Johanna behält das letzte Wort: »Von den deinigen wird die ganze Auflage noch zu haben sein.« (Beide sollen recht behalten.)

Dennoch zieht Arthur bei seiner Mutter ein, aber erst nachdem er sich mit ihren »Spielregeln« einverstanden erklärt hat: »Höre also, auf welchem Fuß ich mit dir sein will ... an meinen Gesellschaftstagen kannst du abends bei mir essen, wenn du dich dabei des leidigen Disputierens, das mich auch verdrießlich macht, wie auch alles Lamentierens über die dumme Welt und das menschliche Elend enthalten willst, weil mir das immer eine schlechte Nacht und üble Träume macht und ich gern gut schlafe.«

Arthur verspricht, sich »zu benehmen«. Aber: In Johannas Haus wohnt inzwischen auch Georg Friedrich Konrad Ludwig von Gerstenbergk, genannt Müller-Gerstenbergk, Johannas »Hausfreund«. Er, 14 Jahre jünger, »gefällt mir gut«, sie nimmt ihn mit auf Reisen, führt den Beamten in die »bessere« Gesellschaft ein. Arthur ist schockiert. Müller, »diese *Fabrikware* der Natur« (Arthur), wagt es, den Platz seines Vaters für sich in Anspruch zu nehmen. Arthur gibt den Jung-Patriarchen, dessen Rechte unterminiert werden.

Die täglichen Szenen werden immer heftiger, Arthur stellt ein Ultimatum: »Von Gerstenbergk oder ich.« Johanna wählt ihren Lover. Mai 1814: »Ich bin es müde, länger dein Betragen zu dulden. Nicht Herr Müller, das beteuere ich hier vor Gott, an den ich glaube, du selbst hast dich von mir losgerissen. Dein wegwerfendes Benehmen gegen mich, deine Verachtung gegen mein Geschlecht. Deine Habsucht, deine Launen ... bleibst du so, wie du bist, so will ich dich nie wieder sehen.« Wird sie nicht, nie wieder, obwohl sie noch 24 und Arthur 46 Lebensjahre vor sich haben.

Arthur zieht nach Dresden, gönnt sich eine lustbetonte Italienreise (»Ich bin kein Heiliger«, schreibt er Adele, und holt sich Syphilis), lehrt Philosophie in Berlin, lebt als freier Schriftsteller in einer Mietswohnung in Frankfurt. Und bleibt Single. 1851 wird sein Essay »Über die Weiber« erscheinen, der seinen Ruf als Deutschlands prominentester Frauenhasser wohl endgültig besiegelt. Darin schildert er sein Frauenbild: Weiber sind wertloser als Männer, da ein »unästhetisches Geschlecht«. Sie sind nicht imstande, Großes zu schaffen, da sie »bloße Äfferei, Gefallsucht« im Sinn haben. 1819 erscheinen sein Hauptwerk *Die Welt als Wille und Vorstellung* im Friedrich Arnold Brockhaus-Verlag und Johannas erster Roman *Gabriele*. Im gleichen Verlag, gleichzeitig.

Nach dem Wiener Kongress von 1815 werden alle vom »Ungeheuer Napoleon« eingeführten Reformen rückgängig gemacht. Johanna spürt, dass nach der Restauration die liberale Zeit, die ihren bürgerlichen Salon zur kulturellen Macht werden ließ, vorbei ist. Sie sucht nach einer sinnvollen Ersatzbeschäftigung. Wichtiger noch: Das Danziger Bankhaus, in dem ihr Erbe lag, macht 1819 Bankrott. Sie verliert 70 Prozent ihres Vermögens. Da sich Arthur weigert, gemeinsam gegen die Bank vorzugehen, enterbt sie ihn. Sie steht – mit 53 (!) – wieder vor einem erzwungenen Neubeginn. Und beschließt zum dritten Mal, ihr Leben selbst zu bestimmen.

> *»Alle die hellstrahlenden Lichter, die einst um meinen Teetisch glänzten, sind erloschen ... und wenn ich mich recht umsehe, weiß ich gar nicht, was ich hier eigentlich tue«*

Johanna wird Berufsschriftstellerin. Ihr erster Roman *Gabriele* verkauft sich fantastisch, gar seine Exzellenz Goethe findet lobende Worte. Er hätte ihn »mit viel Vergnügen gelesen ... Es ist gut, sehr gut!« Arthurs philosophisches Meisterwerk dagegen geht unter: »Welches Scheißvolk das deutsche Publikum (doch) ist ...«, tobt er.

Johanna wird zur berühmtesten deutschen Autorin der Goethezeit, obwohl sie lange nicht die einzige Frau ist, die ihren Lebensunterhalt mit Schreiben verdient. Das Schreiben beglückt sie. Aber es bringt nicht genug, um ihren Salon auf dem gewohnten Niveau zu führen. 1829, nach 22 Jahren in Weimar, ziehen Mutter und Tochter Adele nach Unkel am Rhein. Für Johanna der vierte Neuanfang. Mit 63 wagt sie, einen Schlussstrich unter die Vergangenheit zu ziehen; sie ist sogar imstande, einige sachliche Briefe mit Arthur zu wechseln.

Mit Goethes Tod 1832 geht auch Johannas Glanzzeit zu Ende. Ihre Bücher verkaufen sich nicht mehr, sie kränkelt. Sie plant, eine Biografie über Goethe zu schreiben, zu zeigen, »wie er wirklich war«. Aber das schafft sie nicht mehr. Ziemlich verarmt, ziehen die beiden Schopenhauer-Damen 1838 zurück nach Sachsen, nach Jena, da der Großherzog Johanna eine Mini-Pension gewährt. Bald darauf stirbt sie.

Wer damals in Deutschland »Schopenhauer« sagte, meinte sie, die große Gastgeberin und Schriftstellerin. Je berühmter jedoch der Prediger der pessimistischen Weltanschauung wurde, umso vergessener war seine Mutter. Diese Mutter und ihr Sohn haben sich nichts geschenkt, sie war nie ein Gemütsasyl und spürte auch wenig von seinem Genie. Aber trotz dieser erschreckenden Ahnungslosigkeit bleibt sie eine der Top-Frauen ihrer Zeit. Und sie erweist sich als ein Segen für ihren störrischen Sohn. Nicht nur, dass er ihre Willensstärke erbte. Hätte er mit einer gefühlsbetonten »Mami« den Willen zum Zentrum seines Weltbildes gemacht? Ohne ihre gnadenlose Offenheit, ja Rücksichtslosigkeit, wäre er wohl nie zum Frauenhasser geworden, hätte seinen Platz in der Geschichte verfehlt und wäre wahrscheinlich längst vergessen.

Nicht zu vergessen: An Johannas Bürgerstolz hat er erkannt, dass es wichtig ist, niemals etwas aufzugeben, das einem lebenswert erscheint – die Selbstbestimmung.

Elsbeth
Schragmüller

DIE MEISTERSPIONIN
(1887–1940)

*»Ich war mein ganzes Leben entweder das
schwarze Schaf oder das Paradepferd meiner Familie«, klagt sie
ein wenig wehmütig. Leugnen kann sie es nicht.
Denn nicht wenige Beamte der kaiserlichen Behörden
empfanden die höhere Tochter als
echte Nervensäge.*

Wer »Spionin« sagt, denkt an Mata Hari. An laszive Bettgelage und wohlhabende Kavaliere, die im Champagnerrausch losplaudern. Kurz: an Weiber, die unter Einsatz ihres Leibes – und oft auch ihres Lebens – ihrer Heimat dienen. Die mit Lippenstift ebenso souverän umgehen wie mit Pistolen und ihre Dienstaffären mit Abtreibungen bezahlen. Dass die Deutschen über eine überaus effiziente Spionin verfügen, war den Abwehrchefs in Frankreich und England spätestens seit 1915 klar, doch da keiner ihre Identität »knackte«, ging sie als »Fräulein Doktor« in die Geschichte des Erstes Weltkrieges ein.

1929. Der Krieg ist längst verloren, das Kaiserreich der Weimarer Republik gewichen. Da behauptet der Journalist Hans Rudolf Berndorff in seinem Buch *Spionage!*, die Geheimnisumwitterte identifiziert zu haben. Es hagelt Schlagzeilen.

Nicht zuletzt, weil Berndorffs »Königin der Spionage« alle gängigen Klischees bedient:

Mit 16 gibt sie sich einem Offizier hin, bringt ein totes Kind zur Welt, spioniert, getarnt als Kunststudentin, Putzfrau, Krankenschwester oder Edelnutte; ist immun gegen Liebe und Leidenschaft, aber anfällig für Morphium etc. Aber auch seriös anmutende Sachbücher, zum Beispiel die *Sittengeschichte des Ersten Weltkrieges* (siehe Kapitel »Die Erotik der Spionage«), behaupten, das Fräulein war »ein Weib mit Nerven wie Stahl, einem messerscharfen Intellekt, gut beherrschter Sinnlichkeit und mit dämonischen Augen«, das seit Kriegsende »als elendes Wrack in einem Schweizer Sanatorium vegetiert«.

Das war dann wohl doch zu viel des Guten für das echte Fräulein Doktor, das daraufhin beschloss, sich zu outen. Denn »solche Berichte vergiften die Mentalität des deutschen Volkes und trüben seine Urteilsfähigkeit. Darum trete ich ein Jahrzehnt nach Beendigung des Krieges aus meinem bisherigen Schweigen hervor und ergreife die Gelegenheit, zu sagen, dass ich ›Mademoiselle Docteur‹ bin«, schreibt sie 1929 in dem Sammelband *Was wir vom Weltkrieg nicht wissen*. Ihr Name ist Schragmüller. Elsbeth Schragmüller.

Sie sieht sich als »ganz normales Menschenkind«, wächst behütet in einer wohlhabenden Familie in Dortmund auf: »Bodenständig bin ich in Westfalens roter Erde.« Mit neun kommt Elsbeth zu ihrer Groß-

mutter nach Münster (warum, verrät die künftige Nachrichtendienst-
lerin nicht), die mit ihrer Enkelin ausschließlich Französisch parliert
und sich von ihr zu ihren Kuraufenthalten im Ausland begleiten lässt.
Anschließend »wurde ich der üblichen Laufbahn der ›höheren Töchter‹ entsprechend für zwei Jahre in ein exklusives Pensionat Thüringens
(Weimar) geschickt«. Der militärisch angehauchte Drill des Vaters wird
durch Benimmzwang ersetzt.

Die junge Dame lernt gern und schnell, »doch das, was der weiblichen Jugend damals an Wissenswertem geboten wurde, erschien mir
oberflächlich, und so ertrotzte ich mir, sehr gegen den Willen der Meinen, die Erlaubnis zur Vorbereitung auf das humanistische Abitur ...
Wollte ich in drei Jahren das selbst gesteckte Ziel erreichen, so hieß es,
die Zähne aufeinanderzubeißen ...« Jetzt schon steht also fest: Elsbeth
weiß genau, was sie will. Und was sie will, das »ertrotzt« sie sich mit
»zäher Energie«. 1908 legt sie die Reifeprüfung am ersten deutschen
Mädchengymnasium ab.

Und sie will studieren. Staatswissenschaften, da sie doch ein »be-
sonderes Interesse an den großen weltgeschichtlichen Zusammenhän-
gen und den Fragen modernstaatlicher Organisation« hat.

»Du heiratest ja doch nicht«, prophezeit mürrisch ihr verärgerter
Vater – womit er recht hat.

Denn sein »Fräulein Doktor« gehört zu der ersten Generation der
hoch qualifizierten Frauen, die nicht in eine beliebige Karriere stol-
pern, vielmehr ihre Visionen mit kühlem Kopf und eiserner Disziplin
verfolgen. Sie wissen, dass sie ein Leben wie auf dem Präsentierteller
führen, also »ihren Mann« stehen müssen. Aber sie empfinden es auch
als eine Sache der Ehre, sich ihrem Beruf statt einem Gatten zu schenken. Elsbeth jedenfalls wird Dozentin für Staatsbürgerkunde an einem
Berliner Institut für Frauenberufe und engagiert sich bei der Volks-
wohlfahrt: »Die Psyche der Massen, die ich bisher nur aus Büchern
kannte, erlebte ich nun persönlich.«

Am 28. Juni 1914 kommt Erzherzog Franz Ferdinand, Thronfolger von Österreich-Ungarn, in Sarajevo bei einem Attentat ums Leben. Am 28. Juli 1914 erklärt Österreich-Ungarn Serbien den Krieg.
Seiner Bündnisverpflichtung folgend, erklärt das Deutsche Reich

Russland, Frankreich und Großbritannien den Krieg. Der deutsche Nachrichtendienst im besetzten Brüssel arbeitet auf Hochtouren.

Elsbeth will sich nützlich machen »beim Niederzwingen des Feindes«, schleppt schwere Wassereimer wie Tausende Frauen, welche die durchfahrenden Truppen am Bahnhof versorgen. Aber »ich haderte mit meinem Schicksal, das mich als Frau in die Welt gestellt, und ich zürnte mir, dass ich Staatswissenschaften und nicht Medizin studiert hatte«. Wo kann sie sinnvoll helfen?

Beim Nachrichtendienst zählt »das instinktive Gefühl, wie man Menschen nehmen muss, um sie zu Spitzenleistungen zu bringen«

»Am besten im Feindesland«, beschließt sie, »als Meldereiterin.« Jetzt muss nur noch das Oberkommando des Heeres mitspielen, da sie, um als Zivilistin an die Front zu kommen, einen Passierschein braucht: »Ich verfasste eine Eingabe und bat, mich hinzuschicken.« Auf die Antwort wartend, trainiert sie acht Stunden täglich im Sattel.

Was folgt, ist an »strategischer Raffinesse« kaum zu überbieten: »Als ich nach acht Tagen« – wohlgemerkt: Berliner Behörden mahlen in Kriegszeiten eher langsamer als sonst! – »noch keine Antwort hatte, meldete ich mich persönlich.« Ablehnung. »Ich bat um Audienz beim Oberbefehlshaber.« Ausreden. »Es war mir längst klar geworden, dass man mich nicht ernst nahm, und so beschloss ich, der Behörde durch unentwegtes Wiedervorsprechen so lästig zu fallen, dass sie mir, nur um mich loszuwerden, den verlangten Passierschein aushändigte.«

Am 20. August 1914 jedenfalls erhält die »Nervensäge« ihren Passierschein. Sie will nach Brüssel, weil das dortige Gouvernement noch im Aufbau ist. »Mein Vater prophezeite mir, man würde mich auf dem kürzesten Wege in die Heimat zurückschicken! Doch ich ließ mich nicht beirren.« Diesmal liegt der Vater falsch.

In Brüssel angelangt, ist sie fest entschlossen, diesmal den »kürzesten Behördenweg« zu gehen, und quartiert sich im gleichen Hotel wie Belgiens Generalgouverneur Colmar von der Goltz-Pascha ein, lauert ihm nach einem Mittagessen auf und bittet (»äußerlich sicher, doch innerlich pochenden Herzens«), verwendet zu werden.

Da sie den altgedienten General überzeugt, dass nicht »Abenteu-
erlust und Leichtsinn mich hinausgetrieben hatten, dass es mir heilig
und ernst war mit meinem Willen und Streben«, teilt er sie einer militärischen Dienststelle für Büroarbeiten zu. Sie soll beschlagnahmte
Briefe belgischer Soldaten nach Hinweisen auf die Taktik der feind-
lichen Truppen durchforsten. Sie stürzt sich »mit Feuereifer in den
neuen Pflichtenkreis«. Und muss, wie jeder Fußsoldat, frühmorgens
in Reih und Glied zum Appell erscheinen und ihr Essen mit einem
Blechnapf aus der Feldküche holen.

Ihre Berichte überragen alle übrigen an Klarheit und Knappheit.
Stabschef Beseler will den Verfasser persönlich kennenlernen und ist
konsterniert, als sich herausstellt, dass der Leutnant eine Lady ist. Er
rät dennoch seinem Vorgesetzten Oberst Walter Nicolai, »diese Kraft
warmzuhalten«, der, wie zu erwarten, auf Frauen in seinem Korps gut
verzichten kann. Elsbeth »ertrotzt« sich ein Gespräch.

Am 9. Oktober 1914 schlägt ihre Stunde: »Nur mit Aufbietung
aller in mir schlummernden Kräfte gelang es mir endlich, Einwilli-
gung zu erhalten.« Sie darf im Rang eines Hauptmanns für den Chef
der Abteilung III b, dem der gesamte Nachrichtendienst der Obersten Heeresleitung unterstellt ist, arbeiten. Rückblickend gesteht sie,
dass es ihr wie »eine immer noch unbegreifliche, verwunderliche
Schicksalsfügung« vorkam.

Ein halbes Jahr nach ihrem Ritt nach Brüssel, Anfang 1915,
wird Schragmüller Leiterin der deutschen Spionageabteilung gegen
Frankreich. Dabei hatte »ich über Spionage vorher noch nicht viel
nachgesonnen und darüber denn auch eine mehr als naiv-laienhafte
Vorstellung«.

Sie verdankt ihren unglaublichen Aufstieg der Tatsache, dass sie
rasch das Wichtigste erkennt: »Das innerste Wesen des Nachrichten-
dienstes ist kein militärisches.« Was zählt, ist »das instinktive Gefühl,
wie man Menschen nehmen muss, um sie zu Spitzenleistungen zu
bringen«.

Ihr Arbeitsplatz war also nie das breite französische Bett, sondern
ein unscheinbares Haus in der Brüsseler Rue de la Pépinière. Und
ebenso wenig wie die James-Bond-Chefin »M« die Zentrale verlässt,

ist auch Elsbeth »persönliche Vornahme irgendwelcher Erkundungen in Feindesland ausdrücklich verboten«. Vermisst hat sie es kaum, denn die »Organisation systematischer Aufklärung war ein geistiger Hochgenuss«. Sie allein entscheidet, wer für sie arbeiten darf. Sie nimmt Akademiker wie Arbeiter, Holländer wie Italiener, Hauptsache Menschen, die leicht »persönlichen Begierden unterliegen«, insbesondere der Geldgier.

Anfang 1916 sind Elsbeths Trefferquoten den Abwehrchefs ebenso bekannt wie ihre Arbeitsmethoden. Sie soll während der Verhöre vielsagend mit ihrer Reitgerte spielen. Oder einen Revolver streicheln. Oder von Spionen erzählen, die sie auffliegen ließ, um von wichtigeren abzulenken. Und da sie stets eine Maske trägt, können ihre Spione, selbst wenn sie enttarnt werden, ihre Identität nicht preisgeben.

Bleibt die Frage: War Elsbeth Schragmüller tatsächlich das, was zu sein sie behauptete? Jawohl. Denn es gibt einen Augenzeugen: Generalmajor Friedrich Gempp, ab Oktober 1913 der Sektion III b zugeteilt, verfasste nach Kriegsende einen Erfahrungsbericht, in dem er Elsbeths Berichte zitiert.

In einem dieser Schriftstücke geht es um die Agentin mit der Kennnummer H21 – die Kennnummer von Mata Hari. Elsbeth trifft die exotische Nackttänzerin, die Europas Männerwelt betörte, Anfang 1916 im Kölner Domhotel. Zwei Wochen lang versucht sie, der Holländerin Greta Zelle (so Matas echter Name) das Spionage-Handwerk beizubringen, und wird ihre Führungsoffizierin.

Aber eine Frau, die »wie ein Schmetterling in der Sonne« lebt, muss die selbstdisziplinierte »blonde Sirene« beziehungsweise »rote Tigerin« oder »schwarze Katze« (so bezeichnet die Presse Elsbeth) zur Verzweiflung gebracht haben. Dennoch erhofft sie sich wertvolle Informationen, denn die gealterte Mata Hari braucht Geld. »Ausgebildet« nimmt sie bereitwillig drei Fläschchen mit unsichtbarer Tinte sowie 20000 Francs Vorschuss an sich und macht sich ihre Beziehungen zu hochrangigen Offizieren und Diplomaten zunutze. Sie wird enttarnt und im Morgengrauen des 15. Oktober 1917 von den Franzosen hingerichtet: »Mata Hari war das schlechteste Pferd in meinem Stall«, stellt ihre Chefin nüchtern fest. »Sie ist wirklich umsonst erschossen worden, denn gebracht hat sie nichts, was wir nicht schon längst gewusst haben.«

Nach dem Krieg wird Elsbeth als Spionin anonym zur Fahndung ausgeschrieben, aber, da eine wertvolle Geheimnisträgerin, nicht gefunden. Sie lebt bei ihren Eltern, pflegt die schwer kranke Mutter, setzt in Freiburg bei ihrem Doktorvater ihre wissenschaftliche Karriere als erster weiblicher Lehrstuhlassistent fort, hat Knochenkrebs und verschwindet plötzlich und spurlos.

»Ich haderte mit meinen Schicksal, das mich als Frau in die Welt gestellt«

Fest steht lediglich, dass sie im Alter von 52 Jahren 1940 gestorben ist. Zu jung oder doch rechtzeitig?

Elsbeth war keine Nationalsozialistin. Aber: Hätte sie widerstanden, falls Admiral Canaris, der Chef von Hitlers Nachrichtendienst, ein Dortmunder wie sie, sie reaktiviert hätte?

Noch mehr Fragen: Hat sie je bereut, einer Heimat zu dienen, die sie zwar mit dem Eisernen Kreuz 1. Klasse auszeichnete, aber ihr keine Rente bewilligte? Von der sie zwar kurz vor Kriegsende das kaiserliche Leutnantspatent erhielt, aber die ihren Bruder bereits 1916 zum Oberleutnant beförderte? Die über zwei Millionen Menschen einem bizarren Krieg opferte? Die Quellenlage bleibt dünn.

Das »Fräulein Doktor« ist jedenfalls als ein Sonderfall in die Annalen der Spionage eingegangen. Man kann über die Moralität oder Anrüchigkeit der Spionage streiten. Dass sie im Krieg und im Frieden eine wichtige Rolle spielt, bleibt unbestritten. Für Elsbeth war sie ein »Sonderkriegsschauplatz«: »Und wer ist in diesem Sonderkampfe der Sieger? Am Ende mag der Volksmund die Wahrheit treffen: ›Die Kleinen werden gehängt, die Großen lässt man laufen.‹« Mit diesen Worten, die nach Resignation klingen, endet ihre gedruckte Beichte.

Clara
Schumann

DIE MUSIK MEHR LIEBTE
ALS IHRE MUTTERROLLE
(1819 – 1896)

»Das freut mich sehr, dass Robert
immer so teilnehmend für mein
Spiel ist, und er weiß auch, dass,
wenn er zufrieden ist, mir dies
lieber ist, als läge mir ein ganzes
Publikum zu Füßen«, schreibt die
umjubelte Klaviervirtuosin Clara
Schumann, als man an Europas
Königshöfen ihren Mann, den
Komponisten Robert Schumann, noch
lediglich für ihren mürrischen
Begleiter hält. Dennoch hat das
Traumpaar deutscher Romantik
versucht, dem Alltag und den
Konventionen zu trotzen.

Clara ist ein Wunschkind. Vater Friedrich Wieck besteht darauf, eine Tochter zu bekommen; er hält Mädchen für gefügiger und ignoriert seine drei Söhne. Als Mutter Marianne, eine Pianistin, sich scheiden lässt und ihre Kinder beim Vater bleiben, ist Clara vier, hat noch kein einziges Wort gesagt. Sie spricht erst mit fünf – da beginnt der Vater mit dem Klavierunterricht. Der Klavierhändler und -lehrer konzentriert seinen ganzen Ehrgeiz auf die Tochter.

Aus dem Scheidungskind wird ein Wunderkind. Clara ist neun, als sie in einem weißen Musselinkleid im Leipziger Gewandhaus debütiert: »Das Klatschen hat mich aber verdrossen«, schreibt sie der Mutter, die, wieder verheiratet, in Berlin lebt. Mit elf komponiert Clara ihr Opus 1 und darf dem 81-jährigen Goethe vorspielen, der meint, in ihr stecke die Kraft von sieben Knaben. Clara funktioniert fast wie ein Roboter, macht »Furore« mit Bravourstücken, die meisterliche Technik verlangen. Aber sie selbst sieht sich kritisch: »Warum mich die anderen lieben, das weiß ich nicht, ich bin kalt, nicht hübsch.«

Das beginnende 19. Jahrhundert versetzt Europa in einen Maschinenrausch. Dampfwagen, Walzwerke, Metronom – angesagt sind Tempo und Technik. Dichter und Denker lassen sich auf das neue Lebensgefühl, das seit der Französischen Revolution in den Alltag und seit Beethoven in die Musik eindringt, voll ein: Pathos, Passion, Wahn. Trommelwirbel, Trompeten. Großartige Solisten, die ihre Instrumente fast »gespenstig« beherrschen, faszinieren das Publikum, noch sind Konzertabende nicht reproduzierbare Events – das ist die Welt, in der Clara bestehen muss.

Robert Schumann übt, um Virtuose zu sein, nicht nur sieben Stunden täglich, sondern benutzt auch eine »Hände-Dehnungsmaschine«, die seinen rechten Ringfinger lähmt. Aus der Traum von internationaler Karriere. Also profiliert er sich als Journalist und nimmt Musikunterricht bei Claras Vater, will komponieren. Seit 1830 wohnt er bei der Familie Wieck zur Miete, Backfisch Clara ist verzaubert. Als würde sie spüren, dass Roberts Gefühlsüberschwang genau das ist, was sie entpanzern kann: als Künstlerin und Frau.

Sie ist 16, als er sie erstmals küsst, 14 Tage später der zweite Kuss. Aber dann – die nächste Tournee. Und Robert beginnt, sie zu vermissen, da sie seine Musiksucht wie kaum ein anderer versteht. An Claras 18. Geburtstag bittet er Wieck um Claras Hand. Der lässt ihn abblitzen und untersagt dem Paar jeglichen Kontakt: »Ehe ich zwei solche Künstler zusammen häuslich unglücklich und beschränkt sehe, opfere ich lieber meine Tochter!« Sein »Meisterstück« ist schließlich seine Altersversorgung.

»Sie müssen mir sagen, was ich tun soll. Ich bin angegriffen an der Wurzel meines Lebens«, fleht der um neun Jahre ältere Robert Clara an. Sie, härter im Nehmen, antwortet: »Eine starke Seele habe ich – sie sei Ihnen genug, um jeden Zweifel zu unterdrücken.« Aufgewühlt, wie sie ist, spielt sie plötzlich anders, gefühlvoll. Genießt die Ovationen. Und sie weiß genau, was sie will: Musik und diesen Mann – vielleicht sogar in dieser Reihenfolge.

Am 15. Juli 1839 reicht Robert einen Antrag am Appellationsgericht ein, der Wieck zwingen soll, ihre Heirat zu erlauben. Der Prozess dauert über ein Jahr. Wieck schreibt, Schumann sei »träge, unzuverlässig, kindisch, unmännlich …«. Das entscheidende Argument erwähnt er nicht. Oder ahnte er es nicht, im Unterschied zu seiner Tochter? Robert ist bisexuell. Clara bittet ihn brieflich, »das eine tue nicht, da zu schrecklich, um es bei Namen zu nennen«. Robert antwortet, diesem »Drang bin ich nicht gewachsen. Was soll ich von mir denken? Dies hast du gesagt – u. ich thue es dennoch …« Er »thut« es mit seinen »Sonnenjünglingen«, zum Beispiel mit Goethes Enkel Walther.

Dennoch besprechen sie ihre Zukunft: »Bleib ich ein Jahr in Dresden, so bin ich als Künstlerin vergessen«, meldet sie ihre Bedenken an. Er verspricht ungeahnte Freude, sobald er sie »zum Weibe macht«. – »Das erste Jahr unserer Ehe sollst du die Künstlerin vergessen … das Weib steht doch noch höher als die Künstlerin.« Sie glüht vor Ungeduld, hakt dennoch nach: »Ich will nicht Pferde, nicht Diamanten … doch aber will ich ein sorgenfreies Leben führen … Also, Robert, prüfe dich, ob du imstande bist, mich in eine sorgenfreie Lage zu versetzen. Die Liebe ist sehr schön, aber …!« Im Grunde genommen ist sie selbstsicherer, als ein Mann der Biedermeierzeit ertragen konnte. Denn: Sie ist es gewohnt, Geld zu verdienen. Robert, der Erbe eines vermögenden Verlegers, ist es nicht.

»Wenn Robert zufrieden ist, mir dies lieber ist, als läge mir ein ganzes Publikum zu Füßen«

Am 1. August 1840 erteilt das Gericht die Zustimmung zur Eheschließung. Clara hat endlich einen Partner, der sie auf Augenhöhe behandelt. Und Robert sieht in ihr tatsächlich seinen »Doppelgänger«: »Du vervollständigst mich als Komponisten wie ich dich. Jeder deiner Gedanken kommt aus meiner Seele, wie ich ja meine ganze Musik dir zu verdanken habe.« Sie veröffentlichen gemeinsam einen Liederzyklus – keiner soll wissen, wer welches Stück komponierte.

Andererseits hält er es für selbstverständlich, dass sie das Haus führt, Gäste bewirtet und ihre »ehelichen Pflichten« erfüllt. Sie darf auch nicht üben, wenn er komponiert (zu laut!), und muss Konzertangebote ablehnen, obwohl die Einnahmen aus seinen Werken nicht reichen. Clara fragt sich zum ersten Mal: Will er ein Hausweib oder eine leidenschaftliche Doppelgängerin? Und sie wird schwanger.

Jetzt muss sie konzertieren, doch er gibt ihr die Schuld am Misserfolg seiner Werke. »Ich weiß kaum mehr, wie ich noch spielen soll.« Sie verliert allmählich ihr künstlerisches Selbstwertgefühl und Robert sein psychisches Gleichgewicht: »Es geht nicht mehr mit mir. Lache nur nicht. Jetzt komponiere du nur für mich.« Sie tut, was er sagt, doch er nörgelt: »Clara hat eine Reihe von kleineren Stücken geschrieben. Aber Kinder haben und komponieren geht nicht zusammen.« Die nächste Tournee. Robert weigert sich mitzukommen: »Soll ich denn mein Talent vernachlässigen, um dir als Begleiter auf der Reise zu dienen?«

Dass ihr gemeinsamer Traum von einer doppelten Künstlerexistenz wohl doch nicht zu verwirklichen ist, wird spätestens 1844 in Moskau klar, Madame Schumann wird von der Zarenfamilie hofiert, ihn fragt man: »Und Sie? Machen Sie auch etwas mit Musik?«

Das »Ehetagebuch« wird aufgegeben, jetzt schreibt sie ihr Tagebuch, und er führt das Haushaltsbuch, in dem er nicht nur Ausgaben, sondern auch Sex festhält: »Vier Badebillets, Porto, Kaffee, Abendessen, Beischlaf.« Für Clara ist Kinderkriegen eine unabdingbare Begleiterscheinung der Ehe, aber keineswegs ihre existenzielle Erfüllung.

Darum hat man ihr vorgeworfen, eine Rabenmutter zu sein. Ihre Tochter Eugenie fragt sich in ihrem Buch *Claras Kinder*: »Gar manchmal sagten wir zueinander: Was könnte Mama wohl am ehesten aus ihrem Leben missen – uns oder die Kunst? Und fanden die Antwort nicht.«

Schumann bekommt Depressionen, sein Gehör lässt nach. Er versagt als Orchesterdirektor in Düsseldorf, wohin die ganze Familie (sie haben inzwischen fünf Kinder) umgezogen ist. Holland, 1853. Die letzte gemeinsame Konzertreise. Robert dirigiert sein Klavierkonzert, Clara ist die Solistin. Das Publikum jubelt, Studenten veranstalten einen Fackelzug vor ihrem Hotel. Schumann spürt erstmals, dass er eine europäische »Zelebrität« wird, und Clara fühlt sich mit ihren 34 Jahren verbraucht: »Ich bin so entmutigt, dass ich es gar nicht sagen kann«, notiert sie.

Am 30. September 1853 steht vor der Schumann'schen Wohnungstür der 20-jährige Johannes Brahms, um sich beim Maestro für den begeisterten Zeitungsartikel zu bedanken, dem er seinen frischen Ruf als Komponist verdankt. Clara ist von dem blonden Pianisten hingerissen: »Rein wie ein Diamant, weich wie Schnee«, sei er.

Und Brahms? Verliebt sich, fleht die um 14 Jahre ältere Clara an: »O meine Herrin«, schreibt er, »was haben Sie mir angetan, können Sie den Zauber nicht wieder von mir nehmen?« Schumann hat sich längst der realen Welt entzogen. Am Rosenmontag 1854 stürzt er im Schlafrock in den Rhein, wird gerettet und in ein Sanatorium eingeliefert. Diagnose: Melancholie mit Wahn. Hat sie ihn einliefern lassen, um sich mit dem blonden Jüngling zu vergnügen, wie die Mutter von Brahms vermutet?

Wollte er selbst in Behandlung? Warum hat sie ihn erst zwei Tage vor seinem Tod am 29. Juli 1856 besucht? Wieso besuchte Brahms ihn so oft? Hatte Schumann Syphilis?

Brahms zieht nach wenigen Tagen bei den Schumanns ein, Eugenie erinnert sich: »Über Brahms dachten wir nicht viel nach; er war eben da, aber vor allem liebten wir an ihm seine Liebe zu unserer Mutter.« Clara überlässt ihm die Kinder und muss auf Tournee: Sie ist Alleinverdienende, allein Roberts Pflege kostet 50 Reichstaler monatlich: »Ich suche meine Pflichten zu erfüllen, mein Unglück zu tragen, so gut ich es kann, aber nicht durch Beten und Lesen heiliger Bücher, sondern durch Tätigkeit und das Wirken für andre.«

Claras letztes Kind kommt am 11. Juli 1854 auf die Welt: Felix. Brahms ist überglücklich: Das Baby hat blonde Locken wie er. Seither rumort das Gerücht, Felix sei sein Sohn. Nach Schumanns Tod verlässt Brahms Düsseldorf, bleibt Single und Claras Freund, trotz gelegentlicher Dissonanzen. Nach außen hin asketische Witwe, macht sie einen von Roberts »Sonnenjünglingen«, den Organisten Theodor Kirchner, zu ihrem Geliebten.

»Die Kunst ist mir die Luft, in der ich atme«

Clara konzertiert weiter, obwohl sie immer schlechter hört. Die Kritiken sind vernichtend, aber das Publikum hält ihr die Treue, und sie beschwört sich selbst: »Darum nur ja nicht alt werden! Die Ausübung der Kunst ist ja ein großer Theil meines Ichs, es ist mir die Luft, in der ich atme!« Dennoch: Ohne Robert wird sie wieder zu jenem »Spiel-Automaten«, zu dem sie ihr Vater formte. Ihr letztes Konzert gibt Clara Schumann am 12. März 1891, sie ist 71.

Sie wurde zwar nicht Roberts »Doppelgänger«, und auch der romantische Liebesbund zweier Künstler wird zu keiner ebenbürtigen Partnerschaft. Aber ihre Beziehung war ein kühner Versuch einer künstlerischen »Kooperation« zwischen Mann und Frau. Geblieben ist, wie so oft, nur der Ruhm des Mannes.

Clärenore
Stinnes

DIE MILLIARDÄRSTOCHTER, DIE ZUR
AUTO-RENNFAHRERIN WURDE
(1901–1990)

*»Ich möchte die Welt aus eigener
Anschauung kennenlernen«, beschließt
eines Tages Clärenore Stinnes.
Ihr Vater besitzt über 1500 Firmen,
aber er traut ihr nicht zu, auch nur die
kleinste davon zu leiten. Also zieht sie
sich Hosen an und fährt Autorennen –
schneller als die Männer.*

Als sie alle Strecken kennt, wählt sie eine neue Route: einmal um die ganze Welt. Mit 26 fährt die Milliardärstochter tatsächlich los und umrundet als erster Mensch die Erdkugel im Auto. Wohlgemerkt in einer Zeit, als es vielerorts keine Straßen gibt, geschweige denn Tankstellen. Ihr persönlich brachte das wahnwitzige Abenteuer internationalen Ruhm, der deutschen Autoindustrie einen veritablen Aufschwung.

Am 20. September 1909 landet Graf Zeppelin mit seinem Luftschiff auf einer Wiese bei Essen. Die Bergleute bekommen aus diesem Anlass Sonderurlaub und die Mülheimer Kinder schulfrei, weil Hugo Stinnes es wünscht. Seit diesem Tag ist Clärenore sicher, dass ihr Vater der mächtigste Mann der Welt sei. Zu sehen bekommt sie ihn allerdings selten, da der »Ruhrbaron« sein Imperium verwalten muss, das heißt: rund 1500 Unternehmen, darunter 81 Kohlebergwerke, 56 Hütten, 50 Banken, 37 Raffinerien, Reedereien, Verlage, Zeitungen, Hotelbeteiligungen. Darf sie mal in sein Büro, lässt er sie auf einer riesigen Weltkarte nach den Stinnes-Niederlassungen suchen: Istanbul, Damaskus, Tokio, Los Angeles, Buenos Aires, Chicago, Moskau ... Namen, die nach Ferne duften.

Um 1910 ist Mülheim eine der reichsten Städte Deutschlands. Hier leben die meisten Millionäre auf tausend Einwohner, hier sind die Keimzellen eines globalen Unternehmertums entstanden, die nach den Gesetzen des Marktes agieren, jenseits von nationalen oder sozialen Erwägungen.

Clärenore tummelt sich am liebsten in Maschinenhäusern, um Zündkerzen zu reinigen oder Kupplungen zu schleifen. Mit 13 kennt die höhere Tochter alle Motor- und Autotypen: »Oft musste ich hören, dass ich mich gar nicht wie ein Mädchen zu benehmen wüsste und schlimmer noch als die Jungen sei«, schreibt sie später in ihrem Buch *Im Auto durch zwei Kontinente*. 1919 macht sie den Führerschein, kurz darauf schickt sie der Vater nach Argentinien, um für die Firma nach »lohnenden Objekten« zu suchen. Die lateinamerikanischen Großgrundbesitzer möchten der reichen Erbin Tango beibringen, sie jedoch nimmt sich ihre Bilanzen vor: »Seit ich die Schule verlassen hatte, war ich gewohnt, zu arbeiten – Arbeit in männlichen Berufen, teils um sie zu erlernen, teils im Auftrag meines Vaters.«

Der Vater ist von ihrem Schlussbericht beeindruckt, aber er will

sie trotzdem nicht in seiner Machtzentrale haben. Statt einer Aufgabe schenkt er ihr ein Auto: einen Maybach W3, Sechszylinder, 70 PS.
Clärenore, verletzt und enttäuscht, stürzt sich in das Nachtleben von
Berlin. Sie raucht Kette, ist trinkfest, bevorzugt bequeme Männerklei-
dung und tanzt barfuß im »Kempinski«. Außerdem freundet sie sich mit
bolschewistischen Diplomaten an, welche die Sitten der Kapitalisten
studieren (zwecks Vernichtung). Um dem Gefühl, nutzlos zu sein, zu
entkommen, arbeitet sie (unter Pseudonym) als Produktionsassistentin
bei der Westi-Film GmbH. Hugo Stinnes kauft die Firma. Die Tochter reagiert ihren Frust auf der Berliner Rennstrecke Avus ab (die ihrem
Vater gehört). Und nimmt sich vor, Rennfahrerin zu werden – notfalls
ohne Papas Segen.

Ein Automobil – das war in den Zwanzigerjahren des 20. Jahrhunderts Symbol des Unabhängigkeitsstrebens, es steht für Geschwindig-
keit, urbanes Lebensgefühl, grenzenlose Mobilität. Clärenores Credo
lautet: Ich fahre, also bin ich.

1924 stirbt der Magnat nach einem Kunstfehler während einer Rou-
tineoperation. Clärenores Brüder verweigern ihr den Zugang zur Kon-
zernführung. Noch im selben Jahr gewinnt
Clärenore unter dem Namen »Fräulein Leh-
mann« ihr erstes Rennen.

Bis 1927 sind es 17. 1925 wird sie zu
einer Rallye eingeladen, die von Leningrad
nach Moskau führt. Clärenore startet als
einzige Frau unter 52 Männern aus 13 Na-

> *»Bist du ein guter
> Sportler, öffnen sich
> die Türen«*

tionen – und gewinnt in ihrer Klasse. Die Frau muss aus Stahl sein, spot-
ten die Verlierer. »Sie wären«, sagt Stummfilmregisseur Murnau zu ihr,
»die ideale Besetzung der Jungfrau von Orléans.« Mit 26 Jahren ist Fräulein Stinnes die erfolgreichste Rennfahrerin der Welt. Um diese Zeit
muss ihr die Idee für ihre Weltreise gekommen sein.

Ein Jahr lang studiert sie Generalstabskarten, aktiviert ihre Bekannten in der Politik, um Reisedokumente zu beschaffen, treibt von Groß-
unternehmen wie Bosch und Aral 100 000 Reichsmark ein (von der
Familie bekommt sie keinen Pfennig). Die Adler-Werke stellen einen
dunkelgrünen Adler Standard 6 (50-PS-Motor, 3-Gang-Getriebe), weil

sie auf einem Wagen besteht, den man bei jedem Händler kaufen kann. Einziges Extra: zwei Liegesitze.

Die Reise führt durch 23 Länder der Alten und Neuen Welt. Entlang der Route müssen Depots für Benzin, Öl, Ersatzteile eingerichtet werden – eine logistische Meisterleistung. Reichsminister Gustav Stresemann verschafft Clärenore den »Ministerialpass Nr. 543«, der »alle Behörden und militärischen Dienststellen des In- und Auslands« verpflichtet, der »Passinhaberin nötigenfalls Schutz und Beistand zu gewähren«.

Ihre Fahrt soll nicht zuletzt für die Qualität deutscher Industrieprodukte werben. Einen Vertrag mit einer Zeitung und einer Filmfirma gibt es auch. Wage Neues, berichte darüber – so hat sie es vom Papa gelernt.

Die Ausrüstung besteht aus Spaten, Spitzhacken, Drahtseilen, Flaschenzügen, Dynamit und Spirituskocher. Außerdem: drei Sportkostüme, drei Nachmittags- und drei Abendkleider (für eventuelle Gala-Empfänge), 128 hart gekochte Eier als eiserne Reserve. Und: »Von den Mauser-Werken erhielt ich drei Pistolen und Munition, sodass wir uns auch wohlbewaffnet fühlen konnten.«

Die Adler-Werke stellen ihr auch einen Lastwagen und zwei Mechaniker (die allerdings schon in Moskau aufgeben). Den schwedischen »Filmoperateur« Carl-Axel Söderström hat sie selbst eingestellt. Der Kameramann hat sich bei den Stummfilmen mit Greta Garbo einen Namen gemacht, aber hasst Fahrzeuge aller Art. Andererseits, die Chance, die »Welt« mit eigenen Augen zu sehen, ist zu verlockend. »Warum ich?«, will er wissen: »Weil Sie verheiratet sind«, sagt Fräulein Stinnes. Das erscheint ihr passender, als einen Junggesellen mitzunehmen. Auch noch an Bord, da für die Power-Lady unverzichtbar: Lord, Clärenores schwarzbrauner Gordon Setter.

Am 25. Mai 1927 steht das Team in Frankfurt am Main am Start. Nur vier Tage zuvor war Charles Lindbergh nach seinem Atlantikflug in Paris gelandet. Die Welt feiert ihn und ihren Glauben an eine Technik, die das Leben besser, schöner, glücklicher machen wird. 33 Stunden hatte er gebraucht, um ein Held zu werden, Clärenore wird 25 Monate brauchen.

Schon hinter Prag ist die Kupplung im Eimer: »Es sieht nicht so aus, als wenn die Autos die ganze Reise halten würden«, schreibt Carl in

seinem Tagebuch. Hinter Belgrad gibt ein Kugellager des Lasters seinen
Geist auf. In Belgrad notiert er: »Ich gäbe alles darum, wieder zu Hause
zu sein. Und doch ist erst eine Woche vergangen von dieser entsetzlich
langen Zeit.«

Stationen einer wahnwitzigen Expedition. Vor der bulgarischen
Hauptstadt Sofia müssen sie im Bett des Nišava-Flusses fahren, da es
keine Wege gibt. Das heißt: Felsbrocken wegräumen, Löcher mit Geröll
füllen, zehn Kilometer in sechs Stunden.

In einem Gebirge hinter Ankara droht der Lastwagen umzukippen.
Sie hängen sich an die Seite, um das Gleichgewicht auf dem Pfad zu
bewahren: »Wir lernten kennen, dass es Augenblicke im menschlichen
Leben gibt, in denen man sein Herz nicht mehr fühlt und nur wartet, ob
es so oder so vorübergeht.«

In Syrien »38 Stunden am Steuer ohne Schlaf«.

Unterwegs nach Bagdad: 460 Kilometer bei 53 Grad im Schatten.

Bei minus 53 Grad warten sie, bis der Baikalsee zufriert. Als Clärenore losfährt, bricht ein halber Meter breiter Eisspalt auf. Ein Wolfsru-
del umkreist sie. Sie gibt Gas, der Wagen springt an. Ans Ufer gelangt,
bietet sie Söderström das Du an. Danach betrinkt sich Clärenore fürchterlich mit Wodka.

Mongolei. Ihr Dolmetscher erklärt den Zöllnern, dass sie aus
Deutschland kommen. »Was ist Deutschland?«, fragen die Beamten.

Bei der Dampferüberfahrt nach Japan erwischt sie ein Taifun.

Als sie die Anden überqueren, rollt der Pkw über Hochplateaus, die
so steil sind, dass Clärenore und Carl sich vor der Abfahrt voneinander
verabschieden.

Als Carl erkrankt und keine Arznei hilft, kocht sie einen Tee aus Ko-
kablättern, der ihn wieder auf die Beine bringt.

Als US-Präsident Herbert Hoover Clärenore allein nach Washington einlädt, sagt sie ab. Erst als die Einladung um Söderström erweitert
wird, erscheinen sie im Weißen Haus. Nordamerika. Endlich Asphalt-
straßen! Vorbei die Zerreißprobe für Mensch und Material. Henry Ford
führt ihnen die Fließbandproduktion seiner Autos vor. Von der Presse
werden sie wie Kriegshelden bejubelt.

12. Juni 1928, Europa. In Le Havre wartet Söderströms Ehefrau, sie

fährt mit nach Berlin. Die Fahrt verläuft einsilbig. Viel Ungesagtes liegt in der Luft.

Am 24. Juni 1929 erreichen sie Berlin. Der Tachometer zeigt 46 758 Kilometer. Die Autos werden mit Lorbeerkränzen geschmückt, Fahrerin und Beifahrer wie Lindbergh gefeiert.

Zu Ehren Söderströms beschließt Clärenore, nach Stockholm weiterzufahren. Man muss doch gemeinsam die Filme sichten, die er drehte.

»In 46 Jahren Ehe gab es keine Meinungsverschiedenheiten«

Die Wahrheit ist: Sie haben endlich eingesehen, dass sie ohne einander wahnsinnig werden. Die Hochzeit findet am 20. Dezember 1930 statt, ab 1931 bewirtschaften sie einen schwedischen Gutshof: »Der Alltag ist tatsächlich genauso spannend wie eine Weltreise im Auto«, sagt sie. Und nach seinem Tod: »Uns hätte man in der Südsee aussetzen können oder in Grönland – wir haben uns überall verstanden. In den 46 Jahren unserer Ehe gab es keine Meinungsverschiedenheiten.«

Die Welt, die Clärenore nach der Heimkehr vorfindet, ist eine andere als diejenige, die sie 26-jährig verlassen hat. Es gibt Tankstellen, Tonfilme und die Frauenbewegung. Richtig, sie ist in einem Männeranzug losgefahren, um den Herren zu beweisen, dass sie besser fahren, organisieren, trinken, herumkommandieren kann als diese. Aber sie erkannte: »Frauen sind nicht besser, aber genauso gut wie Männer.« Und: Sind die Männer in Krisen- und Kriegszeiten erschöpft, schlägt die Stunde der Frauen.

Beate
Uhse

EIN VIBRIERENDES LEBEN

(1919–2001)

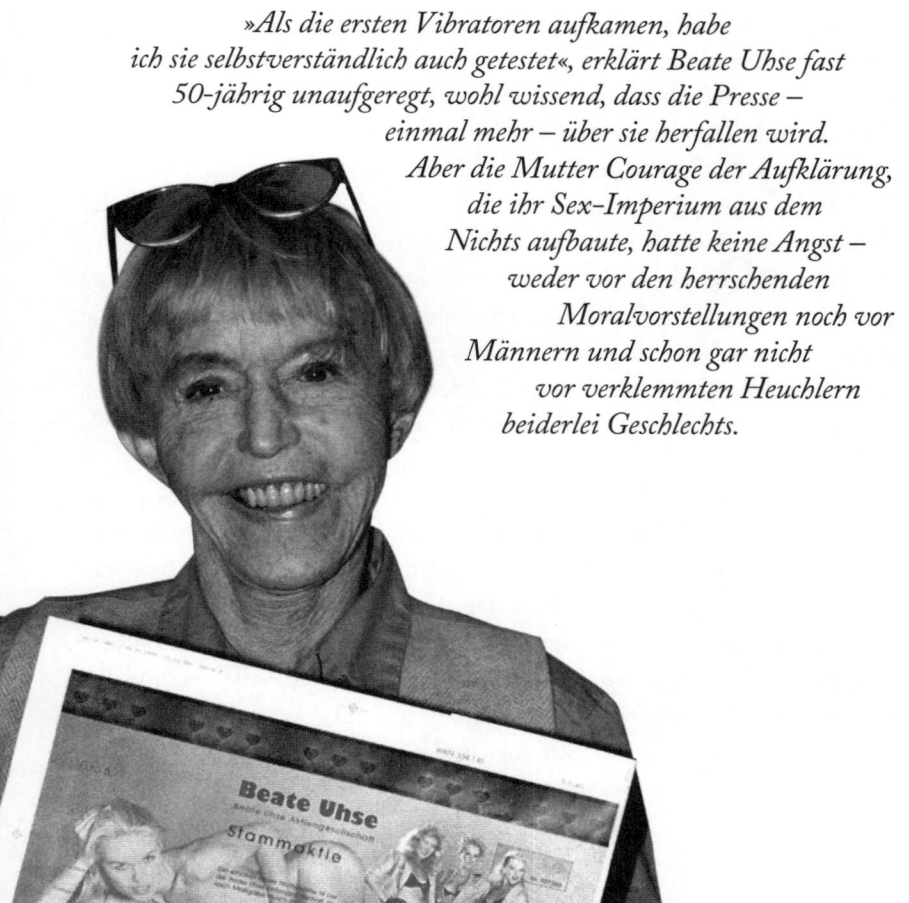

*»Als die ersten Vibratoren aufkamen, habe
ich sie selbstverständlich auch getestet«, erklärt Beate Uhse fast
50-jährig unaufgeregt, wohl wissend, dass die Presse –
einmal mehr – über sie herfallen wird.
Aber die Mutter Courage der Aufklärung,
die ihr Sex-Imperium aus dem
Nichts aufbaute, hatte keine Angst –
weder vor den herrschenden
Moralvorstellungen noch vor
Männern und schon gar nicht
vor verklemmten Heuchlern
beiderlei Geschlechts.*

Beates Mutter Margarete Köstlin-Räntsch wollte Medizin studieren. Da man dazu Abitur benötigte, was es seinerzeit nur auf Schulen für Jungen gab, überzeugte sie ihre Eltern, sie in eine reine Jungenklasse einzuschreiben. Sie wurde eine der ersten Ärztinnen Deutschlands. »Das war eine Pionierleistung«, schreibt die Tochter in ihren Memoiren, »sie war schon emanzipiert, ehe es das Wort gab.« Auch nach der Heirat mit dem Landwirt Otto Köstlin und dem Umzug von Berlin nach Ostpreußen auf das Gut Wargenau (heute das russische Selenogdansk) praktiziert sie weiter als Kinderärztin. Es war die Bedingung für ihr Jawort, ihren Beruf nicht aufgeben zu müssen.

Das Mädchen Beate spielt mit Jungen Indianer, trägt Lederhosen und kurzes Haar. Sie ist ein schlaksiges, burschikoses Landgör, das sich nichts gefallen lässt. Der Vater zeigt ihr, wie sich Pferde und Kühe paaren, Mama empfiehlt: »Lass doch den Badeanzug weg«, wenn sie in der Ostsee schwammen: »Nacktheit war mir zu etwas Vertrautem geworden.« Ebenso wie das Liebemachen. Frau Köstlin erklärt ihrer jüngsten Tochter früh, Geschlechtsverkehr sei eine wunderbare Sache. Und man könne ja auch aufpassen, es gebe Kondome. Aufgeklärt war sie. Die Liebe jedoch, dieses romantische Herzflattern, rote Ohren beim Anblick des Geliebten – »die war mir unheimlich«.

Beate beschließt, weder Ärztin wie Mama zu werden noch Gutsdame, wie es der heiß geliebte Papa wünscht, sondern Pilotin. Man lässt, ja ermutigt sie: »Wenn du etwas als Frau wirklich willst, dann schaffst du es!«, verkündet der Vater. Das prägt. Beate lernt als Kind nie den Reiz des Verbotenen kennen, später wird sie sich als Unternehmerin nie als Tabu-Brecherin verstehen.

In Rangsdorf bei Berlin werden 59 Männer und »Maxe« (Beates Spitzname) zu Piloten ausgebildet. Angst vorm Fliegen? Von wegen, eher »das wunderbare Gefühl absoluter Freiheit«. Den Flugschein schenkt sie sich zum 18. Geburtstag. Einer der Gratulanten ist auch ihr charmanter Fluglehrer Hans-Jürgen Uhse. Sie treffen sich monatelang heimlich, »ich schaute zu ihm auf«, er bittet sie, »alles zusammen zu tun, was ein Liebespaar miteinander tut«. Das »erste Mal« hat sie keinen Orgasmus, aber er war zart und geduldig. Und so »erlebte ich seinen Orgasmus wie ein faszinierendes Naturwunder«.

Der »furchtbare Schrecken« stellt sich erst ein, als er sie heiraten will, denn »die Fliegerei wollte ich unter keinen Umständen aufgeben«. Da ist sie ganz die Mutter. Am 28. September 1939 wird »Maxe« Frau Uhse, den Blumenstrauß für die karge Kriegstrauung pflückt sie sich am Straßenrand zusammen. Romantik ist was anderes.

1943 wird ihr erster Sohn Klaus geboren und von einer Amme umsorgt, da die junge Mutter Sturzkampfbomber an die Ostfront überführt. 1944 stirbt ihr Mann bei einem Unfall. Sie fühlt sich leer: »Nun war nichts mehr.« Aber sie fliegt weiter.

Im April 1945 kapert sie in Berlin ein Flugzeug, um vor der Roten Armee fliehen zu können, und landet samt Sohn und seinem Kindermädchen in Schleswig-Holstein. Am Kriegsende ist sie verwitwet, enteignet, alleinerziehend und verwaist – auch wenn sie erst später erfährt, dass die Eltern von den Russen erschossen wurden.

Im nordfriesischen 300-Seelen-Dorf Braderup heißt es für die Flüchtlinge: »Rüben hacken, Kartoffeln häufeln, Torf stapeln – so gingen die Tage dahin.« In der Westzone gab es weder Butter noch Kondome, also »wurde ich ein kleiner Schieber«. Irgendwann merkt die Witwe, wie unvorbereitet die jungen Frauen dem Sexhunger ihrer Heimkehrer (»›Kriegt man Kinder vom Küssen?‹, fragten sie mich«) ausgeliefert sind. »Da fiel mir wieder ein, was mir meine Mutter erklärte, nämlich dass man sich mit der Knaus-Ogino-Verhütungsmethode schützen kann.«

Beate schreibt auf, was zu tun ist, um ungewollte Schwangerschaften zu verhindern, und lässt ihren Text unter dem geheimnisvollen Titel »Schrift X« 10 000 Mal als Postwurfsendungen gegen fünf Pfund Butter drucken. Sie fordert, »die Befriedigung des Sexualtriebs von der Zeugung scharf zu trennen«, denn »es macht die Menschen kaputt, wenn sie ihre Bedürfnisse unterdrücken müssen«. Mamas Tipps sind ein Renner. 1947 verkaufen sie sich schon 32 000 Mal. Das schafft Startkapital.

Vier Jahre später gründet sie mit vier Angestellten ihr »Versandhaus Beate Uhse«, das erst einmal Kondome und Bücher zum Thema »Ehehygiene« anbietet. Das Geschäft floriert. 1962 eröffnet die Jungunternehmerin – zu Weihnachten! – in Flensburg den ersten Sexshop der Welt, allerdings unter dem keuschen Namen »Fachgeschäft für Ehe-

»Zum Sex bin ich gekommen wie die Jungfrau zum Kind«

hygiene«. Rückblickend gibt sie zu Protokoll: »Zum Sex bin ich gekommen wie die Jungfrau zum Kind.« Und: »Mir ging es im Prinzip um das Recht auf den Orgasmus.«

Die »Sexy Sixties«. 1960 fragt Elvis »Are You Lonesome Tonight?«. Angesagt sind Hotpants und Haschisch, die Flower-Power-Kinder skandieren: »Make Love, not War«. Die 68er glauben an Gruppensex und Partnertausch, die Rolling Stones singen »(I Can't Get No) Satisfaction«. Und Beate Uhse ist der größte Steuerzahler in Flensburg. Doch der Tennisclub verweigert ihr die Aufnahme »wg. allgemeinen Bedenken«. Also baut sie sich einen eigenen Tennisplatz.

1967 beschäftigt Beate Uhse mehr als 100 Mitarbeiter, hat zwei Millionen Kunden in der Kartei und einen Umsatz von 23 Millionen Mark: »Ich glaube, wenn ich ein Mann gewesen wäre, wäre es mir nicht gelungen. Die Tatsache, in so einem diffizilen Metier als Frau und Mutter von Kindern tätig zu sein, hält die Kritiker im Zaume. Während bei einem Mann schnell gesagt wird: Dieses dreckige Schwein.« Tatsache ist, dass sich ihre Mitbewerber hinter Fantasienamen verstecken, sie jedoch von Anfang an Flagge zeigt. Sie steht für ihre Produkte mit ihrem Gesicht und ihrem Namen: Beate Uhse.

Obwohl sie inzwischen mit Ernst-Walter Rotermund verheiratet ist, genannt Ewe. Sie haben einander an einem FKK-Strand kennengelernt, der ehrbare Flensburger Kaufmann ist sportlich, begeisterungsfähig »und ein bisschen wahnsinnig«. Er bringt zwei eigene Kinder in die Beziehung, ihr gemeinsamer Sohn Ulrich kommt 1949 unehelich auf die Welt, denn Ewe segelt nach Argentinien, um sich »zu verwirklichen«. Als ihn seine Familie zwingt, den Sohn zu legitimieren, wird schnell geheiratet, aber ohne Ringe: »Wir haben kein Geld für so'n Käse«, erklärt er und kündigt an, ab 40 nicht mehr arbeiten zu wollen, was er auch wahr machen wird.

Vorher jedoch fängt er eine Affäre mit dem Hausmädchen an: »Mein Mann war zwar treu – aber seiner Freundin Helga«, schreibt die Unternehmerin in ihrer Autobiografie. Ewe besteht darauf, dass seine Geliebte mit seiner Familie unter einem Dach wohnt. Millionen Ehen hat Beate

Uhse gekittet, ihre eigene kann sie nicht retten. Sie muss weg. Weg von Ewe, Firma, Deutschland: »Ich buchte die Bahamas.«

Schon am ersten Abend trifft sie John. Er ist 25 Jahre jünger als sie, Lehrer in New York und schwarz: Sie bleiben fast zehn Jahre ein Liebespaar, trennen sich im Guten, weil er Kinder will und sie keine mehr haben kann. »John tat mir gut. Seine Lebenslust war ansteckend. Er forderte nichts. Er gab mir Sicherheit, Sex und Selbstachtung.« Die »Porno-Tante« und ein »schwarzer Affe« (für Ewe). Nichts haben ihr die deutschen Männer und die Presse so übel genommen wie diese Beziehung. 1972 verbreitete die Deutsche Bürgerinitiative per Flugblatt, Beate Uhse sei »das Symbol für den Untergang eines großen Kulturvolkes«.

Am 9. Mai 1972, dem 18. Geburtstag ihres gemeinsamen Sohnes, wird Frau Rotermund von Ehemann Ewe geschieden: »Bei mir stellte sich ein wunderbares Gefühl ein: Du kannst das. Du schaffst es auch allein.« Und lässt sich liften.

1975 wird in Deutschland Pornografie für Erwachsene erlaubt. Uhse steigt voll in das Geschäft ein – mit Filialen in allen großen Städten, Blue-Movie-Kinos, selbst verlegten Büchern; später wird sie als eine der Ersten beim E-Commerce mitmachen, auch der Börsengang kommt lange vor dem Aktienboom. »Spaß am Sex ist ein legitimes Recht«, predigt sie. Und macht sich damit nicht nur Freundinnen: 1988 wird sie zur Zielscheibe von Alice Schwarzers Anti-Porno-Kampagne: Beate Uhse sei eine »Emanze, die es mit Kerlen hält. Gestern mit Bombe. Heute mit Pornos«. Das tut weh.

Frauen-Solidarität erfährt sie dafür aus einer unerwarteten Ecke: Als man bei Beate Uhse 1983 Magenkrebs diagnostiziert, soll sie im katholischen Marien-Krankenhaus in Hamburg operiert werden. Sie hat Angst, die Ordensfrauen, die dort als Schwestern arbeiten, würden sie für ihre »Sünden« büßen lassen. Das Gegenteil passiert. Sie erfährt Mitgefühl wie sonst kaum: »Wir werden Sie so gut betreuen, wie wir können, und alle meine guten Gedanken werden bei Ihnen sein‹, sagte die Oberschwester. Mir kamen die Tränen.« Beate Uhse überlebt, ihr erster Sohn Klaus stirbt 1984 – an Krebs.

Mit 75 Jahren macht Beate Uhse ihren Tauchschein: »Du kannst einer Schildkröte hinterherschwimmen und sagen: ›Hallo, Putzi, wie geht's da unten?«« 1995 steigt sie in den E-Commerce ein, die *Computerwoche* lobt ihren »Pioniereinsatz«. Ihr ein Jahr später eröffnetes Erotikmuseum in Berlin ist das größte Europas. Und mit 79 Jahren bringt sie ihr Imperium an die Börse.

> »*Ich bin weder stolz noch schäme ich mich*«

Auch die Kirche versöhnt sich mit der neunfachen Großmutter und bringt an dem Flensburger Pastorat der St. Marienkirche, in dem sie einst mit Ewe wohnte, eine Gedenktafel an. Es folgt das Bundesverdienstkreuz. Während des Festaktes muss sie an ihre unbeugsame Mutter denken, die ihr den Drahtseilakt zwischen Anpassung und Eigenständigkeit als Erste vorlebte.

1999 beschäftigt sie 779 Mitarbeiter und darf sich in das Goldene Buch der Stadt Flensburg eintragen.

Nach der Trennung von John bleibt sie unbemannt. Die deutschen Männer wissen zu viel von Beate Uhse. »Sie finden es toll mit mir, sie trinken mit mir Whisky, aber wenn es ernst wird, gehen die Seelenschotten runter.« Von wegen Lotterleben. Männer haben Angst vor emanzipierten Frauen. »Die erwarten einen eingesprungenen Axel rückwärts vom Küchenschrank. Aber ich bin ja eine ganz normale Frau.« In drei Männer war sie verliebt, mit insgesamt fünf hat sie geschlafen.

2001 stirbt Beate Uhse fast 82-jährig in St. Gallen. Ihr Lebenswerk ist es, den Menschen nahegebracht zu haben, was stets ihr eigenes Credo war: »Erst die Liebe macht das Leben lebenswert.«

Cosima
Wagner

MUSE, MANAGERIN,
MATRIARCHIN
(1837 – 1930)

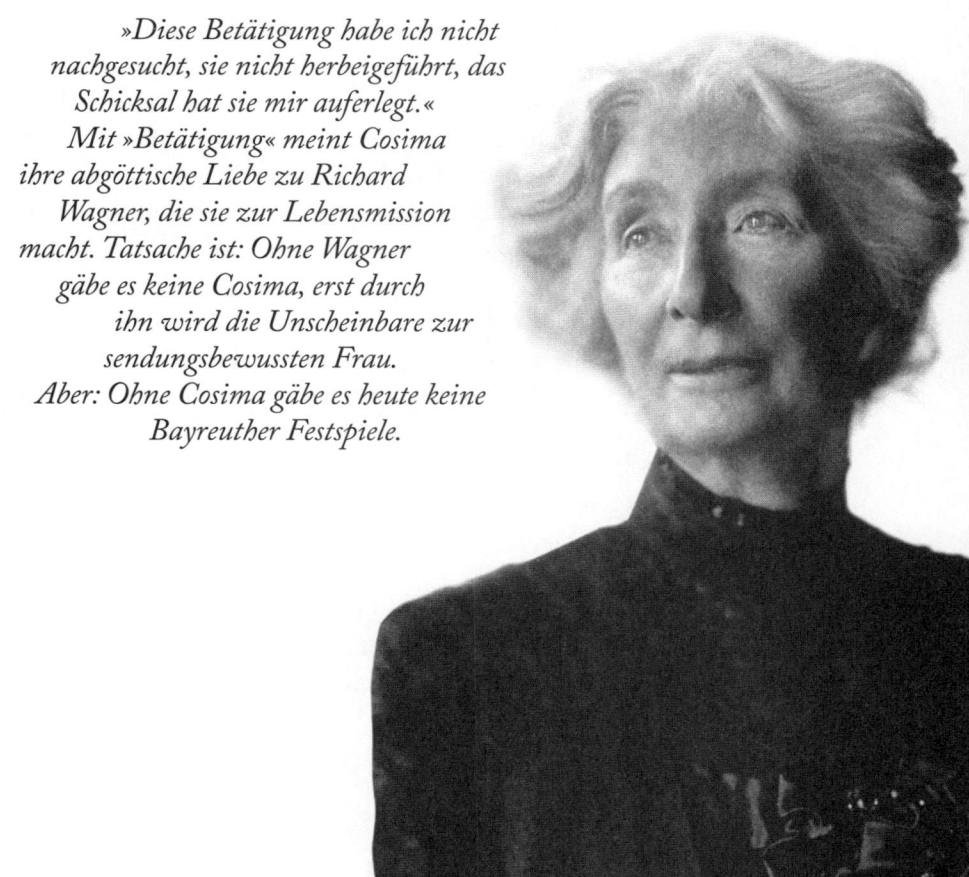

»Diese Betätigung habe ich nicht
nachgesucht, sie nicht herbeigeführt, das
Schicksal hat sie mir auferlegt.«
Mit »Betätigung« meint Cosima
ihre abgöttische Liebe zu Richard
Wagner, die sie zur Lebensmission
macht. Tatsache ist: Ohne Wagner
gäbe es keine Cosima, erst durch
ihn wird die Unscheinbare zur
sendungsbewussten Frau.
Aber: Ohne Cosima gäbe es heute keine
Bayreuther Festspiele.

Richard Wagner ist Ende 1882 mit der Familie nach der triumphalen Uraufführung seiner Oper *Parsifal* in Bayreuth nach Venedig gereist, um sich zu erholen. Er schreibt einen Essay: »Über das Weibliche im Menschlichen«. Die Oper hat er bereits revolutioniert, jetzt gedenkt er, auch die Menschheit umzukrempeln. Plötzlich hört ihn seine Frau Cosima stöhnen. Der Arzt kann nur noch seinen Tod feststellen.

Cosima bleibt erstarrt neben dem Leichnam sitzen. 25 Stunden. Als sie endlich bereit ist, sich hinzulegen, muss man den Toten neben sie legen, sie schläft mit dem Kopf auf seiner Schulter ein. Sie will, nach 20 Jahren einer beispiellosen Lebens- und Schaffensgemeinschaft, mit ihm im »Liebestod« vereint bleiben, wie Tristan und Isolde. Dann schneidet sie sich die Haare ab, legt sie in seinen Sarg, trägt ab sofort nur Schwarz und überlebt ihn um 47 Jahre.

Erstmals begegnen sich die beiden am 10. Oktober 1853 in Paris. Wagner, nach *Lohengrin* bereits berühmt, aber wegen seiner Teilnahme an der Märzrevolution 1848 steckbrieflich gesucht, erscheint auf Einladung von Cosimas Vater und liest aus seinen Werken. Die 15-Jährige ist hingerissen. Dem Meister fällt ihre »anhaltende Schüchternheit« auf, das Ergebnis der andauernden Dressur ihrer Gouvernante; sie wird ihr Leben lang gerade sitzen und blind gehorchen, da schon als Backfisch mit dem Fluch der Selbstverleugnung infiziert.

Cosima ist ein Kind besonderer Eltern: Der Ungar Franz Liszt ist ein Jahrhundertpianist, die Mutter Comtesse Marie d'Agoult eine verheiratete Society-Lady, Romanautorin und Ehebrecherin. Das Paar erübrigt keine Zeit für seine drei Kinder, die bei Liszts Mutter aufwachsen. Cosima lernt früh, auf sich selbst angewiesen zu sein: »Ich ordne Papiere, die mir wiederum klar zeigen, dass ich weder Vater noch Mutter gehabt«, schreibt sie am 23. März 1871 in ihr Tagebuch.

Cosima ist musikalisch, verschlingt jedes Buch, das ihr in die Hände kommt. Liszt bewundert Wagner ebenso wie sein Lieblingsschüler, der Berliner Klaviervirtuose und Kapellmeister Hans von Bülow, ein Mann mit ungeheurem Einfluss in der Musikszene, aber gequält von Minderwertigkeitskomplexen. »Ich schufte wie ein Neger«, sagt er, aber nur als Interpret. Daher seine fast krankhafte Hingabe an den Schöpfer-Gott Wagner.

Liszt bittet Bülows Mutter, seine Töchter aufzunehmen, also wird Cosima aus dem lebenslustigen Paris in das ernste Berlin verpflanzt. Sie spürt: Sie gehört zu niemandem und nirgendwohin. Um sich zu schützen, mauert sie sich ein: »Tränen sind nur Wasser!«

Bülow hört sie Klavier spielen und sagt: »Sie haben nicht etwa Talent, sondern Genie.« Auch sie bewundert sein Können. Als er nach einem Konzert – er dirigiert Wagners *Tannhäuser* – ausgebuht wird, tröstet ihn Cosima. Er gesteht, er zittert vor dem Augenblick, an dem sie das Haus verlassen würde. »Dann bleibe ich«, antwortet sie. Im August 1857 heiraten sie, wohl eher aus gegenseitigem Respekt und Mitleid statt aus Liebe: »Wie es kam, dass wir heirateten, weiß ich jetzt noch nicht« (Cosima). Die Hochzeitsreise verbringen die beiden bei Wagner in dessen Züricher »Asyl«-Haus, das ihm ein Freundespaar »gebührenfrei« zur Verfügung stellte. Wagner verdient zwar nicht wenig, aber sein ungezügelter Hang zum Luxus frisst alle Gagen und Tantiemen auf: »Die Welt ist mir schuldig, was ich brauche«, meint er. Bülow soll seine neue Oper *Tristan und Isolde* dirigieren. In dieser Zeit muss Cosima akzeptiert haben, dass sie selbst niemals eine große Künstlerin sein wird, und für sich die Rolle der

»Für Richard zu leben und zu sterben musste ich als meinen Beruf erkennen«

»Geburtshelferin« von Genies gewählt haben. Dienen will sie. Denn auf diese Weise kann doch auch sie an der Entstehung von Meisterwerken teilnehmen!

1860 bringt Cosima eine Tochter zur Welt. Weder der Vater noch die Großeltern begrüßen die Geburt mit der Freude, die einem solchen Ereignis normalerweise zuteil wird. Monate später taucht Wagner in Berlin auf. Während Bülow eine Orchesterprobe leitet, unternehmen Cosima und der Gast eine Kutschenfahrt: »Wir blickten uns stumm in die Augen, und ein heftiges Verlangen ...« An diesem 28. November 1863 werden sie ein Liebespaar. Er ist 24 Jahre älter (und 15 Zentimeter kleiner). Cosima spürt Liebe, die sie bislang für ein leeres Wort hielt: »Wie könnte ich es R. jemals genügend danken, was seine Liebe an mir vollbracht?«

Wohlgemerkt: Cosima hat diesen Ehebruch nicht gedankenlos begangen. Sie wird sich niemals von ihren Schuldgefühlen befreien, aber ihre Liebe ist stärker als alle Gewissensbisse, alle Vernunft und die Angst vor einem Skandal.

Auch ein weiterer Mensch ist Wagner hoffnungslos verfallen: Ludwig II., seit 1864 König von Bayern. Er fleht den Komponisten an, nach München zu kommen: »Heiß Geliebter! Mein Einziger!«, schreibt er, »bis in den Tod, Ihr Ludwig.« Der »Kini« bezahlt Wagners Schulden, schenkt ihm Geld, überlässt ihm ein Landhaus am Starnberger See und eine Stadtvilla. Wagner fehlt zur vollkommenen Glückseligkeit nur eines: Cosima.

Also lädt er von Bülow »mit Weib, Kind und Magd« nach Bayern ein. Das künftige Dreiecksverhältnis wird besiegelt. Neun Monate später, im April 1865, bringt sie Wagners erste Tochter Isolde zur Welt. Bülow dirigiert an diesem Tag die erste Orchesterprobe von *Tristan*.

Ludwigs Liebe für Wagner ist so enorm, dass sie auch Cosima und Bülow umfasst. Auf Wagners Bitte ernennt er den Berliner zum »königlichen Vorspieler«, die Bülows ziehen um nach München, Cosima verwaltet beide Haushalte und verwandelt sich in Wagners Managerin. Sie dient, das aber aus voller Überzeugung: »Jedes Wort von ihm ist mir ein Glaubenssatz.«

Aber im Unterschied zu Bülow darf Ludwig als katholischer König Wagners ehebrecherische Beziehung nicht dulden. Er verweist ihn des Landes – und Wagner landet, einmal mehr, in der Schweiz. Hier, in der Villa Tribschen bei Luzern, verbringt er sechs glückliche Jahre, komponiert die *Meistersinger* (für Bülow das »deutscheste, reifste Kunstwerk«), hier kommt seine zweite Tochter Eva auf die Welt. Als Bülow von der Geburt erfährt, eilt er zu Cosimas Bett und sagt unter Tränen: »Ich verzeihe!« Ihre Antwort: »Nicht verzeihen, verstehen muss man.« Und nun geschieht das Unfassbare: Sie zieht mit dem Baby in Bülows Münchner Wohnung ein. Um Wagner zu schützen? Fest steht: Bülow ist kein lächerlicher Hahnrei, eher eine tragische

Gestalt. Seine Ehe ist doch schon längst eine platonische, seine Hingabe an seinen »Meister« zu bedingungslos. Er duldet, was nicht zu ändern ist. Und bringt der Kunst ein einmaliges »Freundschaftsopfer«. Die Bülow-Töchter nennen Bülow »Vater«, ihren Stiefvater Wagner »Papa«.

Es ist Cosima, die beschließt, dass es nicht so weitergehen kann. Sie will die Scheidung. Bülow lehnt ab. 1869 kommt Stammhalter Siegfried auf die Welt. Wagner zerfließt in Tränen. Endlich willigt auch Bülow ein, sich scheiden zu lassen. Mit Wagner spricht er nie wieder ein Wort. Am 25. August 1870, dem Geburtstag von Ludwig II., nimmt Wagner Cosima zur Frau. Wagner jubelt: »Wir sind nicht von dieser Welt, du, Er (der König) und ich.« Sie: »Je tiefer ich leide, je stärker bildet sich in mir diese seltsame Wollust des Leidens!«

Er nennt sie »Mein Alles'chen«, sie ihn »Erretter meiner Seele«. Er bringt ihr Whist bei, aber sie muss ihn gewinnen lassen. Jeden Abend spielt er ihr vor, was er komponierte. Sie betet oft, schickt die Kinder in die Kirche, er fühlt sich vom Buddhismus angezogen. Er ist verschwenderisch, sie versteht, dass »Luxus in der Not« sein Weg ist, sich aufrechtzuhalten. Friedrich Nietzsche kommt 23 Mal zu Besuch. Sie steckt Richards einjährige Affäre mit einer Französin als ein Symptom seiner »Torschlusspanik« weg. Als 1870 Frankreich Preußen den Krieg erklärt, schreibt die gebürtige Französin in ihr Tagebuch: »Wie hassenswürdig erschien die französische Nation!«

Auch vom ultimativen Luxus träumt er schon, spätestens seitdem Bismarck 1871 das Reich eint, Wilhelm I. in Versailles zum Kaiser erklärt wird: Er will »nationale Festspiele«, bei denen man seine Opern, allen voran die geplante Tetralogie *Der Ring des Nibelungen*, aufführen könnte – im eigenen Festspielhaus. Der Plan ist gut, aber es mangelt an Geld. Wagner setzt alle Hebel in Bewegung, Cosima organisiert Kampagnen, lockt Sponsoren und empfindet sich nicht mehr als ergebene Gefährtin eines launischen Genies, eher als Teil einer »nationalen Institution«.

Am 22. Mai 1872, an Wagners Geburtstag, wird der Grundstein für das Bayreuther Festspielhaus gelegt. Vom 13. bis 17. August 1876 gehen die ersten Festspiele über die Bühne. Zur Eröffnung erscheinen unter anderen Kaiser Wilhelm I. und Dom Pedro II. von Brasilien. Das Ergebnis: gespaltene Kritiken und ein Verlust von 170 000 Mark.

Nun geht es Cosima um den Erhalt einer »nationalen Institution«. Sie schickt ihn auf Konzertreise (wo er unter anderem von Königin Victoria von England empfangen wird), kämpft mit ihm um ein gemeinsames Ziel – und übernimmt dabei auch Richards grotesken Antisemitismus. Dass Bayreuth später zum Mekka der Nazis wird, ist zwar eher die Folge einer politischen Tendenzverschiebung in der Wagner-Rezeption. Cosimas Kult um Wagner wird jedoch zum Fundament des militanten Deutsch-Nationalismus.

Als Wagner stirbt, telegrafiert Bülow: »Schwester, du musst weiterleben!« Das wird sie, aber nur um Wagners Vermächtnis zu konservieren. *The Show must go on*: »Groß aber kann an mir nur die Widerspiegelung seines Wesens sein.« Die Witwe führt Regie, bestimmt Besetzung, korrespondiert mit Politikern, verhandelt mit Banken, streitet um Aufführungsrechte und Tantiemen. Neues lehnt sie ab. Wagners Villa Wahnfried wird zur Kommandozentrale. 1908 übergibt sie den Chefposten an ihren »Meistersohn«. 1913 wird er einen Überschuss von sechs Millionen Mark erwirtschaften (heute 27 Millionen Euro). Eine Sorge hat die »hohe Frau« noch: den Erhalt der Spiele als Familienunternehmen. Als Sohn Siegfried, die »Wiedergeburt ihres Richards«, 47-jährig Vater eines Sohnes wird, setzt sich Cosima zum ersten Mal seit Wagners Tod an den Steinway-Flügel und spielt »Siegfrieds Idyll«.

»Mir blieb nur die Wahl, die keine Wahl war«

Nach ihren zwei Schlaganfällen lässt sich Cosima von ihren Töchtern umsorgen; je zwei hat sie von Bülow und Wagner. Jetzt lebt sie in ihren Erinnerungen und in ihrem »Museum«. In Wagners Zimmer muss alles so bleiben, wie es an jenem Tag war, als sie 1883 nach Venedig abreisten: seine Brillen in der Schreibtischschublade, seine Schmetterlingssammlung, sein Sessel, in dem keiner sitzen darf.

Die Witwe bastelt sich einen urgermanischen Wagner, den man wie Wotan anbeten kann. Sie fälscht seine Tagebücher, frisiert seine

Autobiografie, verbrennt alles, was ihr als »eines deutschen Helden unwürdig« erscheint. Sie will nicht, dass die Nachwelt erfährt, dass er Bismarck für einen »schlechten Menschen« und Goethe für einen »Schafskopf« hielt.

Und sie schafft es, Wagners Musik zu einer Sache der Deutschen zu machen. Auf ihrer Chaiselongue ruhend, diktiert sie Briefe. Tochter Eva notiert alles, was Cosima sagt: »Ich wollte dich fragen, hörst du die Stille?« Oder: »Nur die Sterne möchte ich noch sehen.« Sie ist völlig blind. Sie wird neben Wagner im Garten der Wahnfried-Villa begraben.

Eigentlich hat Cosima alles erreicht, was sie sich einst als elternloses, ungeliebtes Kind vorgenommen hatte. Und doch heißt es: »So gerne ich gelebt habe, ich möchte lieber nicht wiedergeboren werden.«

Weil das Leben so mühsam war? Oder weil sie selbst weder Pianistin wie ihr Vater noch Komponistin wie »ihr« Genie wurde?

Clara
Zetkin

DIE ROTE MUTTER COURAGE
(1857 – 1933)

*»Ich frage bei meinen persönlichen Beziehungen
in erster Linie nicht nach Parteizugehörigkeit,
sondern nach dem Menschen.«
Aber was für die Privatperson Clara gilt,
verpflichtet noch lange nicht
den Parteisoldaten Zetkin. Also wird
die »rote Emanze« mal heroisiert,
mal dämonisiert.*

Moskau, 20. Juni 1933. Es war wohl das größte Begräbnis aller Zeiten. 600 000 Menschen sind gekommen, um Clara die letzte Ehre zu erweisen. Manche halten ihr Bild vor sich wie eine Ikone, Tausende von Rotarmisten präsentieren das Gewehr, als Parteichef Stalin (für Clara ein »gehirnkrankes Weib in Männerhosen«) eigenhändig ihre Urne in die Kremlmauer einsetzt. »Ich will dort kämpfen, wo das Leben ist«, betonte sie stets. Gestorben ist sie in Russland, einem von Kommunisten zermürbten Land, in dem ein Menschenleben weniger wert war als ein Hundeknochen.

Clara ist 18 und besucht ein Lehrerinnenseminar in Leipzig, als sie Ossip Zetkin in einem Studentenzirkel kennenlernt. Der Russe, ein leidenschaftlicher Marxist, der vor der zaristischen Polizei fliehen musste, wird Claras erster Liebhaber.

Eine gewisse Schwäche für soziale Utopien erbte Clara ohnehin von ihrer Mutter Josephine: Deren Vater zog mit Napoleon für die Ideale der Französischen Revolution »Freiheit, Gleichheit, Brüderlichkeit« in den Krieg. Von ihr »lernte ich, dass man für seine Überzeugung kämpft und stirbt«. Aber Mama redet nicht nur, sie organisiert auch, sprich: Sie gründet einen Turnverein für Frauen, was Claras Vater, der als Dorfschullehrer zur Lokalprominenz gehört, nur widerwillig duldet.

Als jedoch Josephine von ihrer Tochter verlangt, sich von dem »Nichtsnutz« Ossip zu trennen, weigert sich Clara: »Ich kann nicht gegen meine Überzeugung handeln.« Wohlgemerkt – sie sagt nicht: um meine Liebe kämpfen! Sie ist mittlerweile eine überzeugte Sozialistin und bereit, ihrem Glauben Opfer zu bringen. Zum Beispiel ihre Stelle als Hauslehrerin. Eine Berufung ist doch wichtiger als Brotberuf!

Sie liest August Bebels Buch *Die Frau und der Sozialismus*, seine Argumente für »die volle Gleichberechtigung der Frau« fühlen sich wie eine Offenbarung an. 1878 tritt sie Bebels Sozialistischer Arbeiterpartei bei, die 1890 in Sozialdemokratische Partei Deutschlands (SPD) umbenannt wird.

Ossip wird 1880 (das »Sozialistengesetz«, mit denen Bismarck die Genossen bekämpft, ist seit 1878 in Kraft) auf einer Versammlung mit Bebel festgenommen und des Landes verwiesen. Clara folgt ihm und wohnt seit 1882 in Paris. Ihr erstes Exil. Das Paar lebt am Rande des

Existenzminimums, Clara versucht sich als Journalistin und Wäscherin: »Geld ist zwar Dreck«, klagt sie in einem Brief, »aber Dreck ist leider kein Geld.« Sie trägt Ossips Namen, aber geheiratet hat sie nicht, vermutlich um ihre deutsche Staatsbürgerschaft nicht zu verlieren. 1883 kommt ihr Sohn Maxim auf die Welt, zwei Jahre später Kostja: »Ich bin Hofschneider, -koch, Wäscherin etc., kurz ›Mädchen für alles‹. Dazu kommen die beiden Pipischlinge, die mir keine ruhige Minute lassen.«

Als Ossip an Rückenmarkschwindsucht erkrankt und Clara nicht nur ihre Kinder versorgen, sondern auch den Gelähmten pflegen muss, erfährt sie Solidarität. Aber nicht von ihren Genossen, sondern von russischen Emigranten: »Unter den Russen habe ich jung meine Heimat gefunden.« 1889 stirbt Ossip. Im gleichen Jahr beginnt Claras politische Karriere.

Paris, 19. Juli 1889, Claras erste große Rede. Sie spricht auf dem Pariser Gründungskongress der Zweiten Internationalen (dem weltweiten Zusammenschluss der Sozialdemokraten). Fordert »ökonomische Unabhängigkeit vom Manne, die der politischen und gesellschaftlichen Vormundschaft über das Weib den Todesstoß versetzt«. Sie hat das Thema ihres Lebens gefunden, wird zur Programmpolitikerin der sozialistischen Frauenemanzipation.

Claras Standpunkt: Die »Frauenfrage« ist vor allem eine ökonomische. Die Voraussetzung für Gleichberechtigung ist die Erwerbstätigkeit, die finanzielle Unabhängigkeit garantiert: »Wie der Arbeiter vom Kapitalisten unterjocht wird, so die Frau vom Manne.«

Sie fordert: rechtliche Gleichstellung, gleiche Bildungschancen, Recht auf gleichen Lohn bei gleicher Arbeit. Wahlrecht, staatliche Kinderbetreuung, Teilung der Hausarbeit und Kindererziehung und die Abschaffung des § 218 (der seit 1871 den Schwangerschaftsabbruch verbietet).

»Arbeiter müssen aufhören, in der Arbeiterin eine Frau zu sehen«

Das Ziel: Die Frau soll ein selbstbestimmter »weiblicher Vollmensch« sein. Clara appelliert an die Frauen, sich selbst zu befreien. Es ist zu schaffen, aber nur wenn man sich

»die Zeit einteilt, vertrödele sie nicht beim öden Klatsch oder seichter Unterhaltungslektüre!«.

1890, nach dem Fall des Sozialistengesetzes, kehrt Clara zurück nach Deutschland, wird in Stuttgart Chefredakteurin des Parteiblattes für Frauen *Die Gleichheit* und predigt: »Nur mit der proletarischen Frau wird der Sozialismus siegen!« Das Blatt hat 1892 2000 Leserinnen. 1914 gibt es 250 000 Abonnentinnen. Und mit der Auflage steigt auch Claras Macht, sie kritisiert die Frauenfeindlichkeit der Sozialdemokraten: »Die Arbeiter müssen aufhören, in der Arbeiterin in erster Linie eine Frau zu sehen, der man, je nachdem sie jung, hübsch, sympathisch, heiter oder es nicht ist, den Hof macht und der gegenüber man sich Rohheiten und Zudringlichkeiten erlaubt.«

Das nervt die Herren im Parteivorstand zunehmend. Was sie aber auch nicht abkönnen, ist Claras »unordentliches Verhältnis«: Clara (sie spendet regelmäßig für die Armenkasse, liebt kalte Duschen, frische Luft und fordert voreheliche sexuelle Enthaltsamkeit beider Geschlechter) lebt seit 1896 mit dem Maler Friedrich Zundel zusammen, zunächst in »wilder Ehe«.

Aber nicht einmal ihre Hochzeit ändert die Tatsache, dass er 18 Jahre jünger ist, was nicht nur den bürgerlichen Moralvorstellungen widerspricht. Sogar ihr Förderer, der Vorsitzende August Bebel, schreibt der Zetkin, sie müsste die abträgliche Wirkung nach außen bedenken. Das Paar (und Claras Söhne) bezieht 1904 sein neues Landhaus in Sillenbuch, das bald zum Treffpunkt der roten Prominenz wird. Bebel, Liebknecht, Lenin genießen den luxuriösen Lebensstil: riesiger Park, Personal, wunderbare Küche. Zundel schafft sich 1907 das erste Auto im Ort an, mit Chauffeur.

Zur allgemeinen Verwunderung geht die Ehe gut. Erst als sich Zundel 1914, obwohl Pazifist, als Freiwilliger zum Kriegsdienst meldet, deuten sich Differenzen an. Und als er sich in Paula, die Tochter der befreundeten Industriellenfamilie Bosch verliebt, ist das Ende nahe.

Clara muss an zwei Fronten kämpfen. Privat verliert sie, Zundel verlässt die Zetkin 1922, sie zieht nach Berlin um, erst 1928 folgt die Scheidung.

Die zweite Trennung ist nicht weniger dramatisch: Sie verlässt 1917 die SPD, der sie ihre beispiellose Karriere verdankt (sie gehört seit 1901 dem Parteivorstand an) und die zur Plattform ihrer Frauen-politik wurde. So organisiert sie zum Beispiel bereits 1910 (gegen den Willen ihrer männlichen Kollegen) die Zweite Internationale Sozialistische Frauenkonferenz.

Kopenhagen, 27. August 1910. Claras zweite große Rede. Sie plädiert für die Einführung eines jährlichen »Internationalen Frauentages«, um die Solidarität der Frauen zu stärken, wird zur Sekretärin der neu gegründeten Sozialistischen Fraueninternationale gewählt. Am 8. März 1921 demonstrieren Millionen Frauen für ihre Rechte: »Die Frau dem Mann gleich? Lächerlich!«, schreibt Genosse Victor Adler. Während des Ersten Weltkrieges zerfällt die Internationale der Männer, die Genossen werden Nationalisten und sterben in den Schützengräben. Clara beruft 1915 eine Frauenkonferenz in Bern ein. Der internationale Zusammenhalt der Frauen aller Kriegsländer ist ein Schlag ins Gesicht der Macho-Sozis, im Hauptquartier der Partei wächst die Aversion gegen die eigenständige Politikerin.

Am 15. Mai 1917 wird der Chefredakteurin der *Gleichheit* eine fristlose Kündigung zugestellt. Sie reagiert mit Pathos: »Mein Herr ist der gewaltige Gedanke des internationalen Sozialismus. Ihm fühle ich mich verantwortlich in jeder Minute meines Wirkens und vor einem strengeren Tribunal als jedem Parteitag: vor meinem Gewissen.« Obwohl sie 60 und sicher ist: »Materiell wird meine Existenz so gut wie ruiniert sein.«

Sie wechselt zur Kommunistischen Partei, die am 1. Januar 1919 von der Gruppe »Radikale Linke« um Karl Liebknecht und Rosa Luxemburg gegründet wurde. Am 23. März 1919 wird ihr die Chefredaktion der *Kommunistin* übertragen, sie wird ins Politbüro gewählt, ist Parteisekretärin, hat Funktionen in internationalen Gremien inne. Von 1920 bis 1933 sitzt Clara Zetkin als erste kommunistische Abgeordnete im Deutschen Reichstag, fordert Solidarität mit der Sowjetunion und vertieft die Freundschaft zu Wladimir Iljitsch Lenin. Lenin selbst verkörpert in ihren Augen den »neuen Menschen. Kommunist sein, das heißt: ein besserer Mensch sein, ein selbstloser Mensch, ein tatendurstiger, kühnerer Mensch, als ihn die kapitalistische Moral zu erzeugen vermag.« Auf dessen Anregung hin entwirft sie Richtlinien zur kommunistischen Frauenarbeit, von ihm lässt sie sich »disziplinieren« (so nennen Kommunisten die Gleichschaltung).

»Mein Leben ist das Leben der Partei«

Zum Lohn wird die »Parteisoldatin« mit Ehrenämtern überhäuft und lebt seit 1923 in Russland. Diesmal residiert sie in einem Hotel, und man stellt ihr eine Datscha zur Verfügung. Sie gehört zum Establishment, für den Kreml verkörpert die »Grande Dame des Kommunismus« die ungebrochene Geschichte der Arbeiterbewegung. In Wirklichkeit ist sie nach Lenins Tod kaltgestellt, wohl auch, weil sie die Methoden seines Nachfolgers Stalin kritisiert.

Clara spürt das Alter, ist fast erblindet, hat Depressionen, erträgt kaum »meine tagdiebende, nutzlose, überflüssige Existenz«. Sie ekelt sich »bis zum Erbrechen vor der konventionellen Heuchelei« derer, mit denen sie »in Kampfgemeinschaft verbunden« sei. Die deutschen Kommunisten verteilen zu ihrem 70. Geburtstag 1,7 Millionen Flugblätter, 129 000 Postkarten und 1 Million Klebemarken mit Zetkins Konterfei.

Berlin, 30. August 1932. Claras dritte große Rede. Ihre letzte. Sie eröffnet als Alterspräsidentin den Reichstag, das Plenum wird von Faschisten dominiert, mit 37,4 Prozent die stärkste Fraktion. Unter Nazi-Gejohle appelliert sie an die »Einheitsfront aller Werktätigen, um den Faschismus zurückzuwerfen«. Und sie warnt die Frauen vor dem Faschismus, »in dem die Frau nichts sein soll als Gebärmaschine und dienende Magd des Mannes, ihres unumschränkten Herrn und Gebieters«. Dann übergibt sie die Präsidentschaft statutengemäß an Hermann Göring, den Vertreter der stärksten Fraktion. Die Machtübernahme der Nazis erlebt sie in Moskau.

Sie polarisiert ein Leben lang. Friedrich Engels imponiert ihre »ungeheure Schaffenskraft und ihre leicht hysterische Begeisterung, aber ich habe sie sehr gern«. Kaiser Wilhelm II. hält sie für »die gefährlichste Hexe des Deutschen Reiches«. Wie war sie wirklich? Wie glaubwürdig ihre Maxime, dass es keinen »Zwiespalt zwischen sozialen Idealen & dem persönlichen Charakter« geben darf? Einerseits lässt sie sich ungeschnürt, ohne Korsett fotografieren, ist aber andererseits nicht bereit, auf kostbare Pelzkragen und Perlenketten zu verzichten. Ihre bürgerlichen Wurzeln hadern mit ihren gesellschaftlichen Utopien.

Clara muss trotz aller Widersprüchlichkeit ein integrer Mensch gewesen sein, denn sie besteht ihre größte Feuerprobe: 1906 wird Sohn Kostja Geliebter ihrer besten Freundin und Kampfgenossin Rosa Luxemburg. Sie ist 14 Jahre älter, umschwärmt ihren »geliebten Bubi«. An manchen Tagen schreibt Rosa an beide, an den Sohn und seine Mutter: »Niuniu, Liebling ... Ich küsse dich« und »Liebes Klärchen ... Ich küsse dich vielmals«.

Empfindet Clara die Liebe der Freundin zu ihrem Kind nicht fast wie einen Inzest?

1910, auf dem Höhepunkt der Affäre, marschieren die Frischverliebte und die Mutter ihres Liebhabers zum Parteitag in Magdeburg. Hat Clara in Berlin zu tun, wohnt sie bei Rosa. Nachdem sich das Paar trennt, lädt Clara Rosa ein, mit ihrer Familie Weihnachten zu feiern. Indem Clara diese »unordentliche« Liebe nicht nur toleriert, sondern sie so sogar verteidigt, überflügelt sie jene Genossen, die in ihrer Doppelmoral verhaftet geblieben sind. Und wird ein »weiblicher Vollmensch«.

NACHWORT

Starke Frauen gab es schon immer, und zwar lange bevor das Wort »Emanzipation« von der Frauenbewegung beschlagnahmt wurde. Daher verstanden sie sich auch nicht als »Emanzen«, sondern waren vor allem damit beschäftigt, ihr Königreich, ihr Kloster, ihren Betrieb, ihre Familie usw. auf Vordermann zu bringen. Und verglichen mit der heutigen, eher überschaubaren Anzahl der Frauen in den Chefetagen (2,3 Prozent) war die »Quote« der Frauen in »Führungspositionen« früher vermutlich deutlich höher, führt man sich all die Regentinnen, Äbtissinnen, Heiligen, Hexen, Heilerinnen und vor allem die vielen Witwen, die »übernahmen«, nachdem ihre Männer in Kriegen, Kreuzzügen oder sonstigen Scharmützeln ums Leben kamen, vor Augen.

Dabei ging es keiner dieser Top-Frauen darum, »die Erste« – Päpstin, Ärztin, Pilotin etc. – zu sein, denn auf einen Wettkampf mit den Männern hatten sie es nicht angelegt. Das Ziel war nicht, sich in einer Männerwelt durchzusetzen, sondern das selbst gesteckte Ziel zu verwirklichen. Sie wollten gar nicht *wie* ein Mann sein, dachten nicht im Traum daran, ihre weiblichen Eigenschaften abzulegen oder sich gar wie die männertötenden Amazonen zu verstümmeln, um gesellschaftliche Bereiche für sich zu erobern.

Kurz: Sie verglichen sich nicht mit dem anderen Geschlecht, definierten sich nicht durch die Männer. Und vor allem – sie bekämpften sie nicht. Eine starke Frau kämpft also nicht *gegen*, sondern *um* die Männer, verwechselt ihre Wesensstärke nicht mit Dominanz und jagt ihren Partnern folglich keine Angst ein. Wenn Königin Luise sagt, »Ich lebe zum Vergnügen meines Mannes« (dem sie zeitlebens das Rückgrat stärkte), heißt dies nicht, sie hätte Preußen vergessen und sich auf die Pflege der königlichen Unterhosen beschränkt.

Ist der Mann kein Klassenfeind, wird die Quote obsolet – die paradoxerweise von Feministinnen gefordert wird, obwohl sie diskriminierend ist, guten Frauen Rechtfertigungsbedarf aufbürdet und Männern Überlegenheitsgefühl beschert: *Die* hätte es ohne Quote nie geschafft, heißt es dann doch. Womit die Herren recht haben. Eine Frau, welche die Quote braucht, ist nicht stark. Nur wer sich fordert, wird gefördert, nur wer sich aussetzt, hat die Chance, mehr aus sich zu machen als durch das Schicksal vorgesehen: »Ich fühlte meine Untüchtigkeit, und dennoch musste ich alles in mir selber finden ... Da stand ich nun ganz nackend«, berichtet Herzogin Anna Amalia. Auch Romy Schneider bestätigt: »Ich habe mein Schicksal selbst geschmiedet, und ich bereue nichts.« Und Alma Mahler-Werfel, eine Femme fatale par excellence, weiß: »Jeder Mensch kann alles, aber er muss auch zu allem bereit sein.« Um ans Ziel zu kommen, braucht eine starke Frau Mut, Können, Willen und, wie Männer auch, den einen oder anderen Förderer.

Ich glaube also, die starke Frau ist kein Männerschreck, aber auch kein anschmiegsames Kuschelweibchen. Was, wie aber *ist* sie?

Anstelle einer Definition hier eine wahre Geschichte: Es geschah 1230 in Marburg. Ein Mönch befiehlt einer jungen Frau, sich bis auf die Unterwäsche auszuziehen. Und dann peitscht er sie eigenhändig »mit recht groben und langen Gerten bis aufs Blut« aus, wie Zeitzeugen berichten. Die Gezüchtigte war Elisabeth von Thüringen, von Geburt Königstochter, ihr Peiniger Konrad von Marburg, den sie Jahre zuvor zu ihrem Seelenführer erkor. Doch je rechthaberischer er wurde, umso entschlossener verfolgte die junge Witwe ihr Anliegen: Sie möchte ein Hospital bauen. »So will ich denn tun, woran Ihr mich nicht hindern könnt«, verkündet sie und erklärt ihrer Magd mit beeindruckender Gelassenheit, warum sie Konrad gewähren ließ: »Es ist mit uns Menschen wie mit dem Schilf, das im Fluss wächst. Schwillt der Fluss an, so wird es hinuntergedrückt und neigt sich. Das Wasser fließt darüber, ohne es zu knicken. Hört die Überflutung auf, so richtet sich das Schilf wieder empor und wächst in seiner Lebenskraft lieblich und schön.«

War die Heilige eine starke Frau? Oder muss man sich unter einer starken Frau eher eine »Marianne« vorstellen, die, barbusig und bar-

fuß, in der Rechten die französische Trikolore, in der Linken ein Gewehr, auf dem berühmten Gemälde von Eugène Delacroix das Volk,
das sich gegen die Obrigkeit erhob, auf die Barrikaden führte?

Zwei Frauen, die auf den ersten Blick unterschiedlicher nicht sein
könnten. Und doch bieten beide die Stirn der Gewalt, die sie biegen,
und einer Welt, die sie brechen möchte. Die eine mit den Waffen der
Männer, die andere wie Schilf, das sich biegen, aber eben doch nicht
brechen lässt.

Wie es scheint, ist eine starke Frau *gerne* Frau (was vertrackter ist,
als es klingt). Sie empfindet ihr Geschlecht weder als fatale Bürde noch
als ungerechte Strafe, ist kein Mode- und Make-up-Muffel, genießt
es, schön und sexy (und schlau) zu sein, wohl wissend, dass Schönheit
das Leben einfacher machen kann, Frauen wie Männern. Daher heg-
te und pflegte Clara Zetkin, diese »Parteisoldatin« der Kommunisten,
ihre Pelze und Perlen, und Hildegard von Bingen ermutigte ihre Nonnen, Schmuck und hübsche Schleier zu tragen.

Und sie verweigert sich auch nicht der »Doppelbelastung« beziehungsweise den berüchtigten »drei Ks«. »Und vielleicht noch ein kleines, ganz kleines Baby? Werde ich nie eins haben dürfen? Nie?«, bettelt die Revolutionärin Rosa Luxemburg ihren Geliebten an. Auch
die Küche ist kein Ort der Schande. »Ich glaube, ich war stolzer auf
meinen speziellen Ruhm als gute Köchin als auf die ›Filmlegende‹«,
tut Marlene Dietrich kund.

Kinder? Mit Freuden. Küche? Mit Köpfchen. Und mit der Kirche,
der dritten Macht, mit der die patriarchalische Gesellschaft die Frau-
en »knebelt«, kommen sie auch klar. Lou Andreas-Salomé erschafft
sich schon als Kind ihren »ganz alleinigen Spezialgott« und weigert
sich, zum Konfirmationsunterricht zu gehen.

Vielleicht übertreibe ich ein wenig, aber nur um den Gegensatz
zwischen einer wesensstarken Frau und einer Feministin zu verdeut-
lichen, die alles Weibliche als »Rollendrill« verteufelt und folglich bemüht ist, ihre Gefühle (die »schwach« machen) zu unterdrücken. Eine
starke Frau hingegen kann nur antreten, wenn sie begehrt, liebt. Nicht
nur einen Mann, auch ihre »Sache«.

Und da Liebe per definitionem nicht beherrschen will, ist starken

Frauen jene Machtgier alias »Durchsetzungsvermögen« fremd, die man den karrieresüchtigen Männern nachsagt. Soll heißen: Starken Frauen geht es nicht primär um *Macht* (was etliche Feministinnen als Schwäche deuten), sondern um ihr *Anliegen*: »Ich habe versucht, immer nach dem Höchsten zu streben. Man muss sich selbst vergessen, wenn man die Welt ändern will«, gibt Petra Kelly zu Protokoll.

Wohlgemerkt, diese weibliche, »liebende« Stärke lässt sich nicht messen. Die männliche Stärke hingegen ist objektiv: Wer springt weiter, hat das dickere Konto? Wer aber möchte entscheiden, ob Elisabeth von Thüringen, die die Kranken mit größter Nächstenliebe pflegte, stärker war als die »grüne Jeanne d'Arc« Petra Kelly?

Und dann gibt es noch eine Eigenschaft, die mir an starken Frauen besonders imponiert: Sie solidarisieren sich mit anderen Frauen, vor allem in Zeiten der Not. Als Jenny Marx wieder einmal »guter Hoffnung« ist, verstößt sie ihr Hausmädchen Helene Demuth nicht, obwohl ihr Mann Karl »Lenchen« gleichzeitig schwängerte. Und Johanna Schopenhauer empfängt Christiane Vulpius in ihrem Salon, obwohl die Weimarer Gesellschaft Goethes »Proleten-Gattin« schneidet. Sie begegnen der anderen also mit Anstand und auf Augenhöhe, egal ob sie promoviert oder »nur« von Gottes Gnaden herrlich gewachsen, egal ob sie reiche Erbin oder Selfmade-Millionärin, ein hingebungsvolles »Muttertier« oder kinderloser Single, eine hörige Gattin oder lesbische Lebensgefährtin ist.

Ganz anders die Feministinnen. Esther Vilar wurde in den Siebzigern, der Hochzeit des Geschlechterkampfes in Deutschland, von vier fanatischen Feministinnen auf einer Damentoilette zusammengeschlagen. *Emma*-Chefin Alice Schwarzer, deren Verdienste um die Frauenbewegung unbestritten sind, attestiert der *Spiegel*, dass »sie mit Männern oft besser als mit Frauen kann«. Und die große Psychoanalytikerin Margarete Mitscherlich (Ex-Mitstreiterin von Alice Schwarzer) erkennt sogar: »Der größte Feind der Frauen ist die Frau.« Allerdings nur jene Frau, die stark wie ein Mann sein möchte und die ihre ureigene Stärke verkümmern lässt.

Richtig: Mann und Frau müssen rechtlich gleichgestellt sein. Deshalb müssen sie aber noch lange nicht *gleich* sein, denn bei Gleichheit

aller geht die Individualität verloren. Erst die persönliche Einzigartig-
keit macht die Menschenwürde aus. Schaut man genauer hin, wirkt
die neuzeitliche Frauenbewegung wie eine »rauschhafte Überzeich-
nung« (Gertrud Höhler). Unglaublich erfrischend. Aber vor allem: ni-
vellierend. Und ihre Wirkung ist überschaubar. Die kinderlose Frau,
männergleich, als Teil der Arbeitswelt, wird wohl niemals mehrheits-
fähig sein. Und die »Nur-Hausfrauen« vermissen immer noch die ent-
sprechende Wertschätzung (von Männern wie Feministinnen).

Wie also ist die starke Frau der postfeministischen Ära? Da wären
einerseits die »Mütter« einer nahezu vaterlosen Gesellschaft (Angela Merkel, Alice Schwarzer, Marie-Luise Marjan), allesamt kinderlos und androgyn anmutend; und die Germany's-Next-Topmodels,
die nicht mehr als emanzipiert gelten wollen, sich durch konventionelle Rollenklischees verwirklichen. Andererseits zeigen sich immer
mehr Frauen bereit, beides zu meistern, ihren Beruf und ihre Familie.
Wie zum Beispiel Bundesministerin Ursula von der Leyen, ihrerseits
siebenfache Mutter, die die Männer ermahnt, mehr Verantwortung
in ihren Familien zu übernehmen – oder wie einst die Klaviervirtuosin Clara Schumann, ebenfalls sieben Kinder, die die Führung ihres Haushalts, nachdem Gatte Robert erkrankt war, Johannes Brahms
übertrug.

Fazit: Wie Hildegard von Bingen nehmen die starken Frauen von
heute Anpassung manchmal in Kauf. Auch diese Nonne war schließlich von der Duldung der Männerwelt abhängig. Den Männern gebührten Amt und Weihe, ihre Hierarchien waren heilig. Hildegard
hatte nur eine Chance, gehört zu werden: wenn sie strategisch handelte und die Rolle spielte, die man von einem so »armseligen Geschöpf«
erwartete. Obwohl sie nicht daran zweifelte, dass sie den Männern
ebenbürtig war, und ihre Meinung sogar theologisch begründete!

Die Frau ist kein Abklatsch des Mannes, predigt sie. Mann und
Frau sind gleichrangig, obwohl unterschiedlich: »Gott schuf den
Menschen, und zwar den Mann von größerer Kraft. Die Frau aber
mit zarterer Stärke.« Das ist eine Win-Win-Situation, die beide Geschlechter stark werden lässt, auf ihre ureigene Art und Weise. Und
so rät Hildegard den Männern, im Namen Gottes umzudenken. An

der Spitze der christlichen Tugenden steht schließlich nicht »stark« oder »männlich«, sondern »schwach«. Wer Gott dienen, das »Wort Gottes wie eine Frau ein Kind empfangen« wolle, muss mütterlich sein.

Die wahren starken Frauen setzten Hildegards Vermächtnis um. »Ich glaube, ich bin 100 Prozent Mann und 100 Prozent Frau«, sagt Leni Riefenstahl. Clärenore Stinnes, die als erster Mensch in einem Auto die Welt umrundete, meint: »Frauen sind nicht besser, aber genauso gut wie Männer.« Clara Zetkin kämpfte um ein Bildungssystem, das Frauen wie Männer zu »Vollmenschen« erzieht.

Starke Frauen schaffen es in der Regel tatsächlich, Vollweib und Erfolgsmensch, zielstrebige Kämpferin und philanthropische Liebende, empfindsamer Familienmensch und im Job knallharte Entscheiderin gleichzeitig zu sein. Frei nach dem Motto: Dienen – und dennoch prägen. Sich anpassen – und dennoch sich selbst treu bleiben. Sich hingeben – und trotzdem bewegen.

Bleibt die Gretchenfrage: Sind starke Frauen, die selbstbewusster, selbstbestimmter leben, deshalb auch glücklicher? Ich weiß es nicht, da Glück – gottlob! – nicht messbar ist.

Sommer 2011
Dana Horáková